全国创意农业精品教材暨乡村振兴丛书

南开大学休闲农业与乡村旅游研究中心系列成果

中央高校建设世界一流大学（学科）和特色发展引导专项资金项目（019520017）

2018年度天津市教委社会科学重大项目（2018JWZD20）

乡村旅游创意开发

徐虹
朱伟 | 主编

中国農業大學出版社
CHINA AGRICULTURAL UNIVERSITY PRESS
·北京·

内容简介

本书系统介绍了乡村旅游的概念、本质、需求和建构方向等问题，根据开发原理从乡村旅游市场、资源、环境、营销、产品、服务等多方面进行创意开发，通过乡村农业园、休闲采摘园、休闲菜园、游赏花园、休闲茶园、田园综合体、休闲牧场、休闲农庄等乡村旅游产品将理论应用于实践，结合浙江湖州鲁家村、莫干山民俗、宁波大桥生态农庄、瓯海白云山农业观光园区、天宫庄园都市休闲农业、仙居油菜花节、东岙渔家乐、班竹村古村落、葛岭人家乡村、千岛湖最美乡村、陕西袁家村等乡村旅游创意开发经典案例，提供经验借鉴与案例评述，以期推动我国乡村旅游的创意开发与可持续发展。

图书在版编目(CIP)数据

乡村旅游创意开发 / 徐虹，朱伟主编. —北京：中国农业大学出版社，2019.12(2022.2 重印)
ISBN 978-7-5655-2324-3

Ⅰ. ①乡… Ⅱ. ①徐…②朱… Ⅲ. ①乡村旅游-旅游资源开发-经验-中国
Ⅳ. ①F592.3

中国版本图书馆 CIP 数据核字(2019)第 281488 号

书　　名 乡村旅游创意开发
作　　者 徐　虹　朱　伟　主编

策划编辑 张　玉　张　蕊　　**责任编辑** 张　玉
封面设计 郑　川
出版发行 中国农业大学出版社
社　　址 北京市海淀区学清路甲 38 号　　**邮政编码** 100083
电　　话 发行部 010-62818525,8625　　读者服务部 010-62732336
编辑部 010-62732617,2618　　出　版　部 010-62733440
网　　址 http://www.caupress.cn　　**e-mail** cbsszs @ cau.edu.cn
经　　销 新华书店
印　　刷 涿州市星河印刷有限公司
版　　次 2019 年 12 月第 1 版　2022 年 2 月第 2 次印刷
规　　格 787×1 092　16 开本　17 印张　370 千字
定　　价 54.00 元

全国创意农业精品教材暨乡村振兴丛书
编辑委员会

编委名单

全国创意农业精品教材暨乡村振兴丛书
总　序

每个人都有一种田园情结。

田园是生活，田园是浪漫，田园是文化，田园是快乐。

杜甫一句“清江一曲抱村流”，把幽静浪漫的乡村生活描写得淋漓尽致，他在《江村》中说：“清江一曲抱村流，长夏江村事事幽。自去自来堂上燕，相亲相近水中鸥。老妻画纸为棋局，稚子敲针作钓钩。但有故人供禄米，微躯此外更何求？”

田园美，是一种生活美。田园诗人陶渊明在《归田园居》中这样写道：“种豆南山下，草盛豆苗稀。晨兴理荒秽，戴月荷锄归。道狭草木长，夕露沾我衣。衣沾不足惜，但使愿无违。”种豆南山下的田园劳作之情，在他笔下成为一种优美人生。

田园美，是一种写意美。唐代大诗人王维在《渭川田家》中用夕阳西下、牛羊回归、老人倚杖、麦苗吐秀、桑叶稀疏、田夫荷锄白描式方法写，充分展现了田园诗画特色：“斜阳照墟落，穷巷牛羊归。野老念牧童，倚杖候荆扉。雉雊麦苗秀，蚕眠桑叶稀。田夫荷锄至，相见语依依。即此羡闲逸，怅然吟式微。”

唐代孟浩然欣然把酒话桑麻，让人对田园生活十分向往，在《过故人庄》中他写道：“故人具鸡黍，邀我至田家。绿树村边合，青山郭外斜。开轩面场圃，把酒话桑麻。待到重阳日，还来就菊花。”

田园革命是美学的革命。

人人对诗意般的田园和神韵山水充满向往，农耕生活、田园放歌是艺术治疗的理想方式，也是养心怡神的舒心之旅。五千年的农耕文化，五千年的田园颂歌，打造美学田园，需要诗意般的生活，发展创意农业，需要更多更好的乡村诗歌。诗人与田园结缘，文化与乡村联姻，是乡村振兴的希望。

未来十年，乡村艺术消费将保持连年增长态势。

望得见山，看得见水，记得住乡愁，村里人不想走，城里人一有时间就来村里住。

让番茄听音乐、草莓听小夜曲、猪听交响乐，快乐农业越来越流行。

从创意农业大数据、创意农业5G场景经济、农产品电商全球单品冠军打造、跨境电商产业园构建，到“一带一路”农产品产销对接、“成都+跨境电商”成功模式、农产品跨境电商国际联盟搭建，乡村传统产业正在步入国际化发展之路。

田园革命需要大力发展创意农业“4S”经济。

20世纪80年代以来，中国创意农业1.0版以农科村农家乐为代表；创意农业2.0版以成都五朵金花艺家乐创意集群为代表；创意农业3.0版以中国南京农业嘉年华和成都温江区全域旅游田园综合体、战旗村一二三产业融合发展整村打造为代表。创意农业4.0版将以成都公园城市建设为代表，以“农商文旅体养”融合发展为基础，以世界文化名城和世界旅游目的地建设为目标，以“天府三九大，安逸走四川”为追求的全域旅游、全域审美、全域康养、全产业链创意建设为标志，推进幸福美丽乡村由“一处美”向“一片美”，“生产美”向“生活美”，“形态美”向“创意美”迈进，不断满足人民对美好生活的向往。

打造创意农业4.0版，要以建设世界级优美乡村为基础，以打造世界创意农业名城为目标。世界级创意农业名城的“4S”经济——首经济、赏集群、尚产业、诗田园将蔚然成风。首经济：发展首城经济，建设首善之城，推进资源要素向产业头部和首店经济集中，呈现首长重视，引进城市首店、培育首店经济，通过首企（总部企业）支撑，呈现首展众多、首秀精彩、首城繁华七首共聚的动人局面。赏集群：建设一批“国际范”的赏花基地、赏果基地、赏美基地，发展赏花摘果旅游产业集群，打造发展面向世界的赏花经济、桃花农业和康养农业。尚产业：推进“时尚+”战略，大力发掘农业时尚资源，培育农业时尚元素，促进时尚消费由城市向农村延伸，构建形式多样、生动活泼的时尚农业产品、时尚生活方式和服务体系，大力发展“农业时尚经济”，积极探索具有浓郁天府文化特色的时尚农业发展模式，建设中国时尚农业第一城。诗田园：将乡村文化融入乡村发展的细微肌理，用美色、美味、美形、美质、美感、美景、美心“创意农业七美”标准构建现代田园生活方式，推进养生养老、养心养美和寿养康养型美学经济，把田园风光、秀美乡村变成聚宝盆，展现“诗”和“远方”的融合，让人们通过旅游获得审美上、心灵上、精神上的享受。

中国创意农业发展论坛自2008年在四川师范大学举办以来，连续举行十二届。作为国内外公认的首个“一带一路”最有影响力的创意农业高层次智库和创意农业高端品牌论坛，带来大量人流、物流和信息流，将有力地促进优势资源向创意农业产业聚集，带来了创意农业产业投资新机遇。十二年的坚持，来源于对“三农”的情怀，对美学的热爱，对创意的追寻，对乡愁的眷恋。

作为全国首部创意农业系列教材，在编辑出版过程中我们十分注重对创意农业和乡村振兴专业课程体系、教材使用、课程大纲和内容的严格梳理和评估，力争编写出适合中国国情、村情，受到全国大学生和新型职业农民欢迎的高质量高水平教材，以服务于乡村产业振兴、乡村人才振兴、乡村文化振兴、乡村生态振兴和乡村组织振兴，推动创意农业发展。

全国创意农业精品教材暨乡村振兴丛书是我国创意农业学和乡村振兴领域第一次量身定做的权威性教材。本教材编写内容以推进乡村振兴和发展创意农业为主线，作为大学本科、专科院校农学、农业经济学、风景园林学、乡村旅游学、康养农业、休闲农业学和农业管理学等学科专业学生的首选教材，同时也是新型职业农民、大学生村干部、农业农村干部和涉农人员的重要参考教材。出版本教材的中国农业大学出版社是教育部主管、中国农业大学主办的中央级重点大学出版社，标志着创意农业学正式进入大学本科教育，对呼应新时代全国城乡居民发展新期待、引领农业现代化发展和社会主义新农村建设以及农民教育科技文化进步，培养造就一支懂农业、爱农村、爱农民的“三农”工作队伍有着现实的意义。

十三年来，不能忘却的是全国政协副主席厉无畏先生的大力支持，民革中央副主席钮小明先生的热情鼓励，还有已经离开我们的四川省社会科学院副院长万本根先生的积极参与和推动。特别感谢来自北京大学、清华大学、中国农业大学、中国农业科学院、南京大学、南开大学、浙江大学、武汉大学、安徽大学、四川大学、电子科技大学、西南交通大学、西南财经大学、四川农业大学、四川师范大学、四川旅游学院、成都大学、成都信息工程大学、成都农业科技职业学院、宣汉职业中专学校和民革中央、四川省政协、民革四川省委、四川省农业农村厅、成都市农业农村局、成都市科协等单位的众多专家学者，以及家人的关心支持！感谢中国农业大学出版社副总编刘军、中国农业大学出版社职业教育部主任张蕊和策划编辑张玉，对全国创意农业精品教材的关心和付出。特别感谢朋友们为创意农业和农业农村发展作出的巨大贡献！

2006 年 2 月 21 日，新华社全文公布了以“建设社会主义新农村”为主题的 2006 年中央一号文件《中共中央国务院关于推进社会主义新农村建设的若干意见》。2006 年 9 月 19 日，全国工商系统推进社会主义新农村建设经验交流会在四川省成都市召开。感动于中国共产党新农村建设工程的伟大，我将美学融入新农村建设与发展，创建了创意农业学，从此，为创意农业美学惠及广大农民而坚持不懈，并得到了无数人的支持与鼓励。要特别感谢我心中的恩师——中国美学大师王朝闻教授，这位受到毛主席称赞的美学家，在我十八岁那一年走进我的人生。从学习《美学概论》的1982年，我在王朝闻大师的影响下踏上美学人生之路。后来又学习了朱光潜的《谈美书简》、宗白华的《美学散步》、李泽厚《美的历程》，改变了我的人生观。特别是深受王朝闻大师的影响，把美学研究当作最值得坚持的爱好，一直到现在美学是最喜欢的研究方向。无论在泸州小乡村，还是在成都大城市，都没有间断对美学的学习和研究，37年始终如一。

城市需要优雅，农村需要创意，农民需要美学。人生需要美感，心灵需要美养。

让城乡“各美其美，美美与共”。

章继刚

2019年5月6日于成都

主编寄语

“望得见山、看得见水、记得住乡愁”是美丽乡村最好的阐释。乡村以其特有的恬适安逸、烂漫优雅、稚拙纯朴、和谐欢畅……营造着中华儿女世世代代的精神家园；乡村闪耀着中华五千年农耕文明的光彩，充满着华夏绚丽的历史气息，是千百年来中国人魂牵梦萦的思念，是人们心中永远的“世外桃源”和人类心灵的“栖息地”，这种田园情结正是乡村旅游最根本的需求动机。

中国是世界上唯一不曾中断的文明古国，农业历史悠久、农业文化灿烂辉煌，劳动人民创造了举世瞩目、彪炳千秋的农业文明，也让我国成为世界上农业起源较早的国家。中华文明起源于农耕生产方式，根脉系于农耕劳作，其对中华民族的生存方式、价值观念和文化传统都产生了深刻的影响。农业是国民经济的基础，农业丰则基础强，农民富则国家盛，农村稳则社会安。加强“三农”工作，积极发展现代农业，扎实推进社会主义新农村建设，是全面落实科学发展观、构建社会主义和谐社会，建设美丽乡村和实施乡村振兴战略的必然要求，是加快社会主义现代化建设的重大任务。

土地是生命之本，乡村是人文之源。作为传统时代的标志性存在，乡村在悠远的历史发展过程中形成了完整的自我协调系统和运行规则，建构了世代承传的文化秩序和价值体系，积淀了独特的文化精神底蕴，孕育了丰富的意义象征体系，是人类永恒的生命根基与精神家园。但当下城市化、现代化、全球化大背景下，在生产主义、消费主义语境中，远离土地、失去故乡的人们漂泊他乡，再也找不到家的方向。乡村旅游成为他们在精神和审美上皈依故乡的方式，成为我们对乡村不能忘却的纪念。

乡村旅游需要以一种生活的姿态融入乡村，在我们生命与生产起源的故乡，重新理解生命存延的根基与本真的意义，而不是利用它去构建一种别样的人生，更不是去攫取乡村的资源或控制权。我们和我们的祖先、我们的文化与传统都来自这片充满诗意又饱含艰辛的土地，将我们的智慧投入美丽乡村建设的工作与其说是反哺，不如说是自救。城市不再是我们希冀的家园，乡村可能就是我们最后的归宿！高傲的屈尊俯就和假冒的对乡民的关心其实也只是一种自欺欺人。当学会严肃对待乡村原始单纯的生存实在时，我们将进入一种人生至境。

徐虹　朱伟

2019 年 7 月于津门

前言

自从接受全国休闲农业和乡村旅游产业联盟主席章继刚的邀请着手进行本教材的编写任务后感觉压力很大，因为乡村旅游是近些年才逐渐发展起来的一种新兴业态，创意开发的实践尚在摸索之中，而从理论研究上来看也是刚刚起步，专业教育方面更是空白，所以可资借鉴的理论、经验与做法都不够成熟，而作为教材建设的话应该是比较成熟且得到基本共识下的原理阐述更为恰当。但是在党的十九大提出乡村振兴战略的指引下，我国的乡村面临着重构与建设的巨大历史机遇，如何适应新时代乡村全面振兴的需要，用好旅游扶贫的各项政策，更好地满足当今旅游市场对乡村旅游产品升级换代的需求，已成为迫切需要面对的当务之急。作为高校教学研究人员理当有责任探索未知，为国家建设做出贡献，因此无法等也不能等，只能以积极的态度和变革的思维面对新形势下的新需要，总结借鉴国内外乡村旅游开发的经验做法，大胆尝试编写一本乡村旅游创意开发的教材供需要者使用、借鉴、批判、改进，以期为我国乡村旅游发展尽一点绵薄之力，启发更多的人关心该领域建设，共同提升该领域的发展水平。

此教材的编写汇集了众多人的智慧和力量几经反复才得以完成。在章继刚老师的带领下，提出了丛书编写的总体要求和编写规定，为确保教材编写质量奠定了基础。主编按照总体要求提出了编写大纲，由于涉及的资料和案例搜集及初稿编写任务较重，筹备期间组织了我带的研究生及国内高校来我院的访问学者等开展了前期工作及部分初稿的写作，他们主要包括：博士生王彩彩、杨红艳、秦达郅，硕士生郭昕悦、奚丽、韩林娟、郭连文，来我院的访问学者主要有：桂林旅游学院的张翔云教授、谭燕瑜老师，天津职业大学旅游管理学院庄佩芳老师、广西师范学院张志宏老师、浙江师范大学刘会燕老师、滨州学院代福梅老师、方荣辉老师、山西长治学院李鹏学老师、包头职业技术学院张冰老师、延边大学呼延文娟老师、山东女子学院薛美花老师、泰山学院孟华教授等。在大家共同努力下，部分初稿完成后感觉与最初的计划目标还有出入，于是我又邀请天津农学院朱伟副教授对全书进行了再次加工修改，我与朱伟老师讨论中有一些新的想法，在结构内容上也做了较大修订变化。经过几轮反复后终于完成了书稿的写作。在此要特别感谢以上各位成员前期对本书的完成所做出的贡献！

乡村旅游创意开发尚在实践之中，教材中许多国内外案例是大家广泛搜集起来的，尤其是其中许多珍贵的照片也被引用在教材中，但是因无法一一与原作者取得联系，在此特别感谢这些为乡村旅游振兴提供无私帮助的人们，才能让本教材有更加丰富的图片供乡村旅游从业者和学生阅读感受创意设计的魅力和影响，进而提高对乡村旅游创意开发的认识。可以看出来，为了乡村旅游健康发展，为了让更多人介入乡村旅游开发中为市场提供合格的产品，社会各界都倾注了各自的力量尽其所能地帮助乡村发展建设，在此把特别的感谢献给你们！

本教材的出版是在南开大学休闲农业与乡村旅游研究中心的资助下实现的，也是该中心的年度系列成果之一。为本教材的出版，出版社的编辑老师也是十分认真地给予校对审稿帮助，为本教材出版默默地奉献着出版人的激情和耐心，在此一并表达我们的感谢之情！

总之，为了乡村振兴的伟大目标我们走在了一起，为了让学生们更好地了解乡村旅游如何创意开发我们走在了一起，为了让广大村民了解乡村旅游创意开发原理和理论我们走在了一起。为了心中的梦想和情怀，我们一起尽绵薄之力，这是一件很有意义、有价值的事情！虽然我们努力了，但是限于我们的视野和能力尚有不足，教材中难免有不足或错误的地方，请大家不吝赐教，我们会认真听取并修改完善的。

再次感谢所有参与的人！

徐　虹

写于南开园

2019 年 8 月 26 日

目录 Contents

第一章

旅游本质与乡村旅游概述

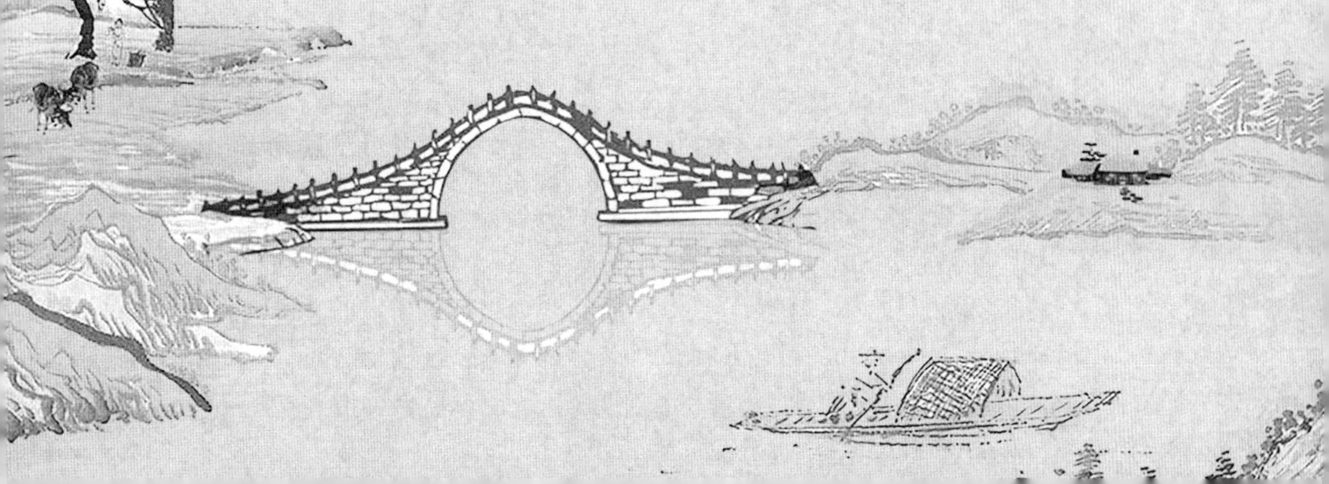

结合旅游活动发展与演变的历史分析其主要矛盾和永恒主题，运用现象分析法探讨旅游的文化与心理本质，分析不同历史阶段旅游活动的特征与未来发展趋势。探讨乡村旅游在旅游可持续发展战略中的重要地位与未来发展定位。解析旅游与乡村旅游发展中的问题与根源所在，提出旅游革命理念和思路：从大众旅游—大旅游到乡村旅游—小旅游—游憩时代的转型。

第一节　旅游的本质

一、旅游本质申论

从旅游者的旅游需要到旅游动机的产生，从旅游过程中的旅游思想到旅游行为的基本特征，从旅游资源的开发导向到旅游产品的设计策略，都是由旅游的本质所决定的，同时又反映着旅游活动的本质。因此，研究乡村旅游的理论体系，首先要把握旅游活动的本质。

作为一种基本生存需求之上的活动或现象，旅游已走过了几千年发展历程。20 世纪五六十年代人类迎来了大众旅游时代，旅游成为普遍的社会现象深入人心。而今，旅游已成为现代生活不可或缺的组成部分，甚至成为一种逐渐流行的现代生活方式，或者说生活旅游化正在成为一种趋势。然而，旅游的本质这一最基本的问题至今仍是学术界颇有争议的问题。一些功利性的、泛化论的旅游观点仍弥漫在学术丛林，主导着社会的旅游认知，并进一步影响着旅游发展的方向。但也不乏执着于基础理论研究的学者，努力探索旅游的科学内涵，试图构建旅游研究的科学体系。

旅游本质的探讨由来已久却方兴未艾，学者们基于各自不同的学科与研究背景分别从经济、文化审美、旅游体验、社会人类学等角度做了诸多有益的探索和论述，立场不同，各圆其说。从哲学角度看，本质就是剥掉装饰和遮掩灵魂的外衣暴露出来的根本性矛盾。自古及今，旅游的表象可能发生了很大变化，但旅游核心的诉求犹如人们对生命意义的追寻质朴而永恒。因此，旅游本质的探讨，需要通过引致表层旅游行为动机所蕴含的心理诉求的深层价值观指向来考察，是显性或隐性的深层心理需求表达为行为层的旅游动机，从而决定了旅游活动的本质内涵。

经济论者所谓旅游是在异地的消费，拉动了目的地经济增长的观点，主要源于旅游研究伊始基于旅游的经济影响，混淆了旅游目的与影响的关系，或者混淆了旅游业的目的与个人旅游的目的，目前这种说法已经日渐微弱。

文化审美论者认为旅游的本质是基于审美诉求的异地文化消费体验。王柯平认为旅游是一种综合性的审美实践。冯乃康也认为，旅游是一种以通过获取美感享受而开展的综合性精神审美活动。谢彦君也曾经认为旅游的本质是旅游审美愉悦的追求，后来又做了修正，将世俗愉悦追求纳入旅游追求的范畴。

旅游体验论者代表人物是科恩（Cohen）。20纪60年代，布斯汀（Boorstn，1964）将旅游定义为一种流行的体验消费行为，但他看不起那些做作、浅薄体验的大众旅游，甚至哀叹出自追寻真实体验的纯粹性旅游的日渐式微，批判现代大众旅游者基于流行时尚追风逐浪式的标签性旅游。麦肯奈尔（Maccannell，1973）则认为旅游体验是人们抵抗现代生活造成的人生困窘状态从而对“本真”体验的一种追求。科恩将旅游体验定义为个人实现“中心”（每个个体的精神家园）皈依的追寻体验，认为旅游体验对于不同社会背景和生活环境的旅游者而言具有不同的价值和意义，因此不同的人旅游需要各不相同，并基于此建立了休闲、消遣、经验、实验、存在五种旅游体验范式。国内也在形成以谢彦君为代表的旅游体验论学派，包括龙江智、徐菊凤、曹诗图等，但对体验的内涵又有不同见解。

在旅游本质研究方面，谢彦君是坚持不懈的探索者。他应用现象学方法探讨旅游研究的内核，构建旅游质性研究的框架，认为旅游的根本目的是寻求愉悦体验，旅游的本质即由愉悦体验这一内核所决定，“旅游是个人利用其自由时间并以寻求愉悦为目的而在异地获得的一种短暂的休闲体验”。王玉海对谢彦君的“愉悦”说提出质疑和批评，强调旅游休闲体验的非惯常环境性。曹诗图否定了王玉海“环境体验”说和徐菊凤“休闲体验活动”说，重申了谢彦君“愉悦”说的客观科学性，但更强调旅游的身心自由体验目标，旅游是基于愉悦体验之上追求身心自由的休闲活动。

曹诗图以科考、修学、宗教、探险等旅游诉求类型反驳谢彦君的休闲体验说，其实之前“愉悦体验”这一概念就曾受到不少人的质疑。谢彦君在不同场合从哲学角度对这一概念做过详细的回应和解释，认为愉悦不仅仅是快乐，而是一种紧张或失衡的心理获得释放和平衡的满足感，是一种淋漓尽致的畅快感的获得，当然它可以表现为快乐、兴奋，也可以表现为悲伤或震撼……而旅游愉悦则通过发生在旅游世界的体验活动得以实现。因此，愉悦体验既能涵盖消遣、求知、审美、宗教等大众性旅游诉求，也能涵盖探险甚至“黑色旅游”体验。曹诗图的身心自由追求与谢彦君的愉悦体验硬核并没有旅游活动范畴的不同，只是，身心自由的极致体验是旅游愉悦诉求的最高境界。

社会人类学者主要从“通过”式表达性仪式本质和扩张殖民特征的建构性仪式本质来探讨旅游的本质。美国著名旅游人类学家纳尔逊·格雷本认为旅游度假是作为一种人生阶段仪式的表达手段，而探险旅游、野外生存等则是人生考验仪式的界标性表达。经过这种切换生活场景的“仪式”的表达，人们宣告了旧的阶段的过去，面对新的生活展现新的精神面貌去迎接新的挑战。同时，旅游通过对惯常生活环境的突破，实现了旅游者视野、消费能力、文化影响、活动范围的扩张，表现出一种优势话语对于弱势、边缘文化的霸权展示和殖民化倾向。人类学教授爱德华·布汝勒认为现代旅游是优势阶层权力膨胀意识形态下进行空间扩张的一种形态，戴尼逊·纳什认为旅游活动是一种具有帝国主义本质的文化接触和交往的方式。

实质上，体验是伴随着整个人生从不停歇的过程，旅游是人类体验愉悦的途径之一；

现代消费主义社会中，部分旅游又被作为一种身份地位的标志符号或生活阶段的仪式表达手段。同时，人类任何一种主动性文化、经济或政治交往都具有自我扩张的效果，部分旅游也具有扩张与霸权的意识。这些看法都是从不同历史阶段和不同角度对旅游的观察和解读，我们说，只有古今中外所有旅游活动都具备的特征才是旅游最本质的东西。

孔子学生曾点描述自己的志向："暮春者，春服既成，冠者五六人，童子六七人，浴乎沂，风乎舞雩，咏而归。"孔子喟然叹曰："吾与点也。"（《论语·先进》）能够从刻板的社会桎梏和烦琐的生活重压下解脱出来，达致一种随心所欲而不逾矩的理想境界，这种飘忽悠然的暮春之舞、陶然之咏自然是中国人历来人生至高境界的一种表达，享受生命和自然之美方是人生存在的终极意义。"游"是中国士人对理想人生境界与审美生存方式的颖悟和畅想，和对诗意人生由来已久的行为表达方式。

从文献来看，我们的先人曾对旅游活动的本质做出了质朴的解释。《说文解字》说："游，旌旗之流也。"旌旗之流没有任何实用价值，它的存在只是起一种装饰作用，是为了满足人们的审美需要，所以，"游"字又被引申来指称人们审美娱乐方面的活动，即《广雅释诂三》"游，戏也"之谓。"游"又引申为"出游，嬉游"（《说文》段注），"游，乐也"（《吕览·贵直》）；"游者，玩物适情之谓"（朱熹《四书章句集序》）等意义，《诗经·小雅·采菽》云"优哉游哉"；《孟子·梁惠王下》云"吾王不游，吾何以休；吾王不豫，吾何以助"；郑玄云"游，谓闲暇无事之游，然则游者不迫遽之意"（《礼记·学记》注）；孔颖达亦云"闲暇无事谓之游"（《周易正义》）……可见，"游"其核心意韵恰恰指向旅游活动审美性的本质内涵。

中国历史上以游著名的莫过于谢灵运与李白。山水诗鼻祖谢灵运同时也以第一旅行家的身份彪炳史册，认为"夫衣食，人生之所资；山水，性分之所适"，好营园林，游山水，尽幽居之美，纵山水之乐，屏尘世之忧，并制作出专门的登山鞋"谢公屐"；当然不得志也是其出游的因素之一，但不是主要因素。伟大浪漫主义诗人李白不甘人后，"脚蹬谢公屐，身登青云梯""五岳寻仙不辞远，一生好入名山游"，放声歌唱于名山大川、五湖四海，倾诉衷情于明月清风、松间花下；但后期也因不能见容于权贵，隐游四方。山水比德是中国文化的传统，寄情山水是仕宦游人的精神，游目所骋是作为审美愉悦的对象，在传统的旅游时代，娱乐性世俗愉悦的追求比较少见，作为符号或标志手段的旅游也不存在，旅游的扩张与殖民倾向是罕见的。

就现代大众旅游来看，纯粹的山水比德型审美旅游承续不断，探新求异增长见识的传统旅游市场仍是旅游大军的主流，通过陌生环境的新体验和高度参与的活动体验达到彻底放松身心从而逃避社会与环境压抑的旅游市场形势看涨，新兴的奢华娱乐、康体等旅游诉求也渐成潮流，但不论是审美愉悦还是世俗愉悦的旅游诉求，终极的目标都是通过"旅且游"这一途径从物质束缚或精神压抑中解脱出来，实现精神的满足，达到身心的自由，旅游作为一种得以超越物外获得精神自由和解放的技术手段自古而然。其实，就终极目标来看旅游的本质，旅游行为只是表象，精神文化是背景基础，愉悦体验是技术手段，心灵的解放与人格的发展则是核心诉求。因为，“所有外在的追寻，其实都在完成一个内心旅程”。申葆嘉教授基于对国外旅游学研究状况的系统考察提出，旅游活动具有“经济的外壳”和“文化的内涵”，旅游研究应从经济中进去，从文化中出来，并建议广泛地使用文化人类学和社会学的方法研究旅游，这是一个经济学者难能可贵的自我扬弃。很显然，旅游与文学阅读一样，其终极目的是解放与发展诉求的仪式性实现，是以主体的情感释放与个性张扬为旨归的，只是阅读审美的载体是文本，而旅游审美的载体是实景实物。

但在大众旅游时代，审美体验与世俗体验在旅游诉求中同时并存，面对消费主义、多元文化冲突、信仰缺失与人性异化，旅游的功能似乎更加丰富起来，现代旅游的意涵显然更为丰富和复杂。Nelson 认为现代旅游已经成为赋予生活以某种意义的制度或仪式；麦肯奈尔则谓之现代大众的宗教替代品；王宁分析了旅游与现代性之关系，认为出游是为了更好地回家，且大众的旅游业已成为一种现代新民俗；杨振之根据海德格尔的诗意栖居理论提出旅游的本质是寻找诗意栖居的所在。无论是制度、仪式、宗教、民俗还是诗意栖居，无论是单纯审美诉求还是世俗感官刺激的追求，其中审美的线索或精神依然清晰可辨。同时，在社会异化大背景下，旅游异化也不能幸免，黄晨晨所谓云南、西藏、新疆等远离东中部人口中心的旅游目的地的崛起和嬗变以及可能存在的倒“L”形转弯等现象反映了学术界和旅游者对旅游异化与后现代旅游的反思。诗意栖居是一种生命联系大地本真状态的追求，而旅游审美则是一种生命行走方式的取向。游之意不仅在览，可能更重在离，是一种生命游离于栖居之外的审美姿态。人生活在喧嚣、孤独、焦虑的世界，空虚感是现代世界人们最主要的心理问题，其根源在于“自我感的丧失”。人是意义动物，存在于世界上的意义和价值对人来说是生命存续的精神支撑。通过旅游体验而获得自我价值和存在感的重新认知，成为人原乡性诉求获得满足的最佳途径。

二、关于旅游概念与范畴的思考

关于旅游概念的界定学术界至今尚未达成共识，由此导致学者们对旅游功能的认知也是自说自话，所谓旅游研究的泛化倾向也成为学界的热门话题而但又无可奈何，就是旅游基础理论研究公认的资深学者谢彦君也举棋不定，其实质是人们潜意识里想找到一个能够调和理论研究与实践操作的同一概念，这样就陷入了学术研究与统计操作概念均被质疑的泥潭。

通常，旅游概念的界定要遵循以下原则：

首先，政府和经济等相关部门需要的是旅游经济计量操作统计的方便，他们的统计世界可以有他们的统计标准，当然，包括旅游计量经济的研究也不妨使用这种统计标准的旅游概念，而旅游学定性研究的学者不必干预统计世界的旅游概念。

其次，旅游学的社会学研究应该关注的是旅游的质性特征，其概念界定的标准要从旅游的本质属性出发，不具备旅游本质属性的活动均应排除在旅游范畴之外，不能用经济的标准来界定精神文化范畴的概念。

最后，旅游概念的外延要涵盖所有具备旅游本质特征的现象，不能因其计量的微不足道而否定其本质的旅游属性。

谢彦君关于旅游活动属性和特征的论述明晰而完整，而在旅游范畴的界定上也陷入一种调和思维模式。我们借用谢教授建立“旅游与各个相关范畴之间的区别与联系”这一模型图（图 1-1）对旅游的范畴做一个重新剖析。

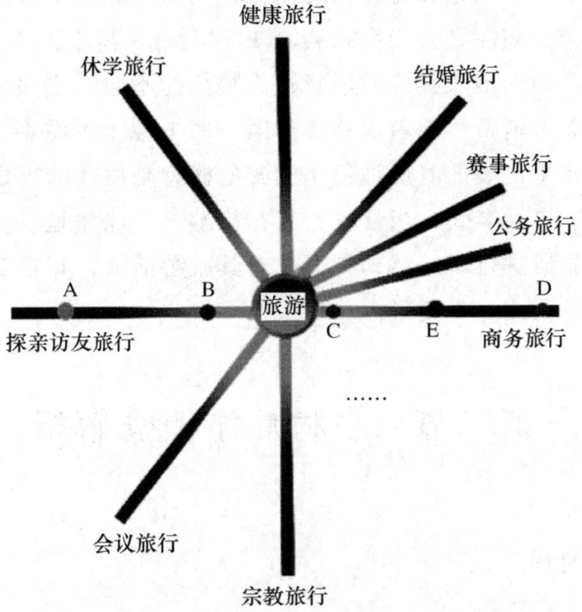

图 1-1　旅游与各个相关范畴之间的区别与联系

资料来源：谢彦君．旅游的本质及其认识方法——从学科自觉的角度看[J]. 旅游学刊，2010，25(1)：30.

目前，由于经济统计的需要，涉及商务、会议、探亲访友、宗教、修学、健康等内容的行为均被界定为旅游活动，理由是这些活动往往附带有旅游环节，但是不附带旅游环节的这类活动也被列入统计范畴中，从事定性研究的学者们虽有异议但又无能为力，不能给出一个让人满意的清楚的界定标准。旅游与旅行等相关概念的混淆和使用，源于这些概念指涉的活动都具备异地性、暂时性、跨越空间等共同特征。而旅游作为旅游者的活动与这些有相同特征的活动根本不同的特征是其目的上的愉悦体验性和时间范畴的休闲性。这一根本区别使得旅游研究必然在对象范畴、本质核心、概念体系、方法规范等方面区别于其他研究，也成就了旅游学作为独立学科的理论依据之一。

但是在实际生活中，我们发现旅游经常与商务、修学、会议等活动相伴而行，这就造成了旅游经济统计区分的尴尬，但对这些活动的质性区分并不是那么困难。在谢教授的模型图中，按照文中根据目的主次来识别是旅游还是其他行为的逻辑，认为位于 A 点上这种以探亲访友为主附带旅游的情况因其主要活动是探亲，我们应该将其视为探亲访友者；位于 B 点上以旅游为主附带拜访亲友的行为因其主要目的是旅游，所以应将其视为旅游者；

位于C点、D点上的商务旅行者依例视之，那么位于E点上的商务旅行者怎么办呢？尽管谢教授力倡旅游学术研究应以界定纯粹现象进行质性研究为根本和起点，但遇到这样具有典型综合行为性质的情况，谢教授依然不能给出一个清晰界定的科学方法，相信以这样一种逻辑我们对模型中可能存在的诸种行为的界定和判断依然感到无所适从。

无论是位于A点、B点还是C点、E点、D点上的行为者，当他在进行探亲访友或商务活动时，他不是旅游者；当他在进行旅游体验活动时，无论旅游是他此次出行的主要目的还是次要目的，他都是旅游者。当在A点或E点上时，其旅游活动的差异只在于他是以什么身份参与旅游的，因而造成其旅游消费行为特征的不同，比如A点上的游客因为是探亲身份的游客，他的旅游消费可能追求物美价廉，而E点上的游客出于商务身份的需要可能更看重其旅游消费水平代表的身份地位。旅游的概念是质性的界定，旅游者身份具有暂时性，无论贵贱贫富、男女老幼，当且仅当其在旅游时，他才是且他就是旅游者。旅游学术研究主要是关注其旅游进行时的活动特征及对其旅游活动、其自身和旅游目的地等产生影响的其他相关社会特征或身份要素。

第二节　乡村旅游概念解析

一、乡村旅游内涵

世界旅游组织（UCWTO）在《地方旅游规划指南》中将乡村旅游界定为：旅游者在乡村（通常是偏远地区的传统乡村）及其附近逗留、学习、体验乡村生活模式的活动。该村庄也可以作为旅游者探索附近地区的基地。与乡村旅游密切相关的主要有农村观光旅游、农庄旅游、村庄旅游等相关概念。农村观光旅游是指在农村地区展开的观光游览活动，是乡村旅游和农业旅游中的一种旅游形式，是其极小的最为单纯的一个分支。农庄旅游（farm tourism）是在农业庄园/农场开展的一系列旅游活动，譬如农庄观光、农事体验、休闲度假等。农庄旅游离不开农场或庄园，是存在于农庄经济的国家和地区的社区单位，我们国家则很少有。村庄旅游则是在村庄聚落区域较为狭小的范围内开展的一系列旅游活动，包括农家乐旅游、村庄民俗风情游、村庄观光、村庄度假等，其关注的焦点在村落的人文内容。村庄旅游在农庄经济为主的国家和地区较为少见，我国比较多。因此，农庄旅游、村庄旅游都是乡村旅游的分支，农庄旅游与农业旅游又是一种交叉关系，村庄旅游与农业旅游则没有多大联系。

通常，乡村旅游的内涵应从以下四个方面来认知和把握：

1. 乡村旅游的地域范围

乡村旅游资源是位于乡村这个特定地域范围内的一切“乡村性”旅游资源。“乡村性”强调：①以耕地为主要生产对象（生产对象不是以林牧渔为主），适耕地在土地幅员中比例高。②以栽培农作物和饲养牲畜的生产事业为主业（活动方式和主收入不是以林牧渔加工业为主）。③有以栽培农作物为主业的人口聚居。④农村具有一定空间尺度。工业化被认为转变了乡村生活的基础；逆城市化加剧了乡村社会的变迁；乡村旅游活动等的普遍增长也是乡村社区变迁的主要影响因素；全球化及新闻媒体和互联网对乡村社区变迁也产生了越来越深刻的影响。乡村性决定了乡村旅游地是与都市具有一定距离的乡村社区。

2. 乡村旅游的景观与内容

乡村旅游资源包括乡村聚落景观、乡村自然生态景观、乡村经济景观、农业劳作景观、乡村民居建筑景观、乡村农耕文化及民俗文化景观等，即“乡村性”景观是乡村旅游的核心魅力所在。从乡村旅游活动内容看，乡村旅游包括乡村观光、参与农业劳动体验、乡村民俗节庆体验、乡村休闲度假等活动。而在乡村地区开展的城市型度假村旅游、高科技农业园区观光、主题公园旅游等活动以及在城市开展的乡村型度假村旅游、乡村民俗园旅游、高科技农业园区观光等活动都不属于乡村旅游。因此，在人们心底积淀的乡土意象和乡土情结是乡村旅游吸引力的内在支撑。

3. 乡村旅游的规模及层次

乡村旅游的规模是乡村的，即无论是建筑群还是居民点都是小规模的；社会结构和文化具有传统特征，变化较为缓慢，旅游活动常与当地居民家庭相联系，乡村旅游在很大程度上受当地控制；目前充斥我国乡村旅游市场的“农家乐”形式的乡村旅游是一种低层次的大众旅游，在发展乡村旅游的过程中，生态化旅游的意识还比较薄弱。真正高品位的乡村旅游应是一种能够给游客提供深度文化体验的高层次文化旅游产品，是传统的文化内涵与村寨田园风光完美结合的产物；同时乡村旅游应该成为隶属于生态化旅游的一种专项旅游形式，其发展必须与生态环境保护相协调，坚持可持续发展原则。

4. 乡村旅游的客源市场

国内众多学者将其目标市场定位为有别于乡村的城市居民，特别是高度商品化的大都市居民。这一结果虽然在一定程度上符合目前我国乡村旅游客源区位的基本状况，但客源市场的定位也应从旅游目的地自然景观和人文景观的特色及差异入手，在充分考虑到区位条件的基础上，覆盖到所有与旅游目的地景观有较大差别的区域，包括乡村居民以及入境旅游者，即乡村旅游的目标市场是居住地域环境、生活方式及经历、劳作方式等有别于当地乡村社区的居民。

由此可见，尽管关于乡村旅游的研究多是根据自身的研究需求来界定其内涵，但我国学者在以下几方面已基本达成共识。①乡村旅游发展的地域范围为“乡村”，它是针对“城市”而提出的。尽管随着城乡一体化建设进程的加快，城乡地域范围逐步模糊，但就目前乡村旅游在我国的发展来看，它被赋予了太多除了经济功能以外的使命，往往被政府和当地居民作为改善生活环境、提升人民素质、美化自然生态、加强城乡文化融合、促进乡村精神文明建设的重要载体和途径，乡村和城市的二元特色明显；②乡村旅游的主要客源地是城市，客源市场是城市居民。乡村地区主要依托独特的田园风光、民俗风情、乡村聚落、乡村文化、农耕劳作、乡村居所等吸引物来吸引城市居民观光游览乡村风光，体验、感受和城市不一样的生活环境、生活状态；③乡村旅游作为旅游活动的一种，可以满足城市居民“吃”“住”“行”“游”“购”“娱”、体验、学习、度假等多方面的需求，可以开展多种旅游活动，乡村旅游资源可以开发拓展高、中、低档多层次，以及观赏性、体验性、参与性等多样化的旅游产品；④乡村旅游的特色主要体现在“乡村性”。乡村旅游产品的开发必须依托独特的乡村性旅游资源，要体现乡村特色和文化内涵。乡村旅游资源是以乡村所在的自然环境为背景，不仅包括乡村范围内人文、建筑景观、聚落、文化景观，还包括乡村的民风民俗、服饰餐饮、日常农业劳作等景观。游客不仅要游览观赏乡村优美的自然景观、特殊的文化习俗，更要体验乡村的宁静、广阔、亲切、友好、放松的氛围。

因此，可以认为乡村旅游是发生在乡村地域范围内，以乡村自然、人文景观为旅游对象的旅游活动。它和农业旅游有着截然不同的区别。农业旅游的划分角度是和工业、服务业相对的，是按照产业的划分方法来进行区分的，主要依托农业种植、农业生产、农事体验等来开展旅游活动；乡村旅游是和城市相对的，主要体现了地域范围，强调所发生的旅游活动是在乡村所管辖的范围之内，主要包括乡镇一级所管辖的范围，通常排除了国家直接管辖的森林保护区、风景名胜区、地质公园、自然保护区等范围。

综上所述，乡村旅游是以远离都市的乡村社区为其活动场所，以乡土文化为吸引核心，以乡村自然生态景观、乡村聚落景观、农业劳作景观、乡村经济景观、乡村农耕文化及民俗文化景观、乡村民居建筑景观等即“乡村性”景观为旅游资源，以乡村地域环境、乡村生活方式及乡村经历、乡村农事劳作方式有别于当地乡村社区的居民为目标市场，以满足旅游者休闲观光、回归自然与求知学习等需求，着眼于生态环境保护与可持续发展的一种旅游形式。这种形式的乡村旅游开发促进了当地社区自然、社会、经济的可持续发展，因而既属于生态化旅游的范畴，也是属于乡村旅游的形式。

二、乡村旅游理论体系模型构建

乡村旅游研究的任务：第一是申明其存在的哲学基础，即乡村旅游动力机制根系统；第二格物致知的基础工作是从时间和空间角度对事物有一个高屋建瓴的把握，此处即是明了乡村旅游的纵向变迁、横向扩张与层次升级；第三是要厘清乡村旅游的形象结构与大众认知；第四是从理论层次全面把握乡村旅游客体、主体、媒体各个维度的研究向度；第五要清楚地认识影响乡村旅游发展的环境制约与因变要素。这五个子系统——动力机制根系统、地面三维坐标系统、旅游形象干系统、结构要素树冠系统、影响要素环境系统，构成了乡村旅游理论体系内在逻辑与架构关系的五个维度。基此构建乡村旅游理论体系树模型如图1-2 所示，并描述了各维度的主要研究向度。每个维度的研究向度又是开放性的，即随着实践和研究的深入，研究的向度还可以相应增减和修正，在示意图中用“……”表示。

乡村旅游动力机制根系统。主要维度有乡村旅游的历史传统积淀与中国人的田园精神、人的亲土习性与心理结构、人对乡土的哲学认同与回归诉求、现代旅游的社会背景与人性异化、全球化文化冲突与民族社会的身份认同、乡村旅游的文化建构功能开拓等。

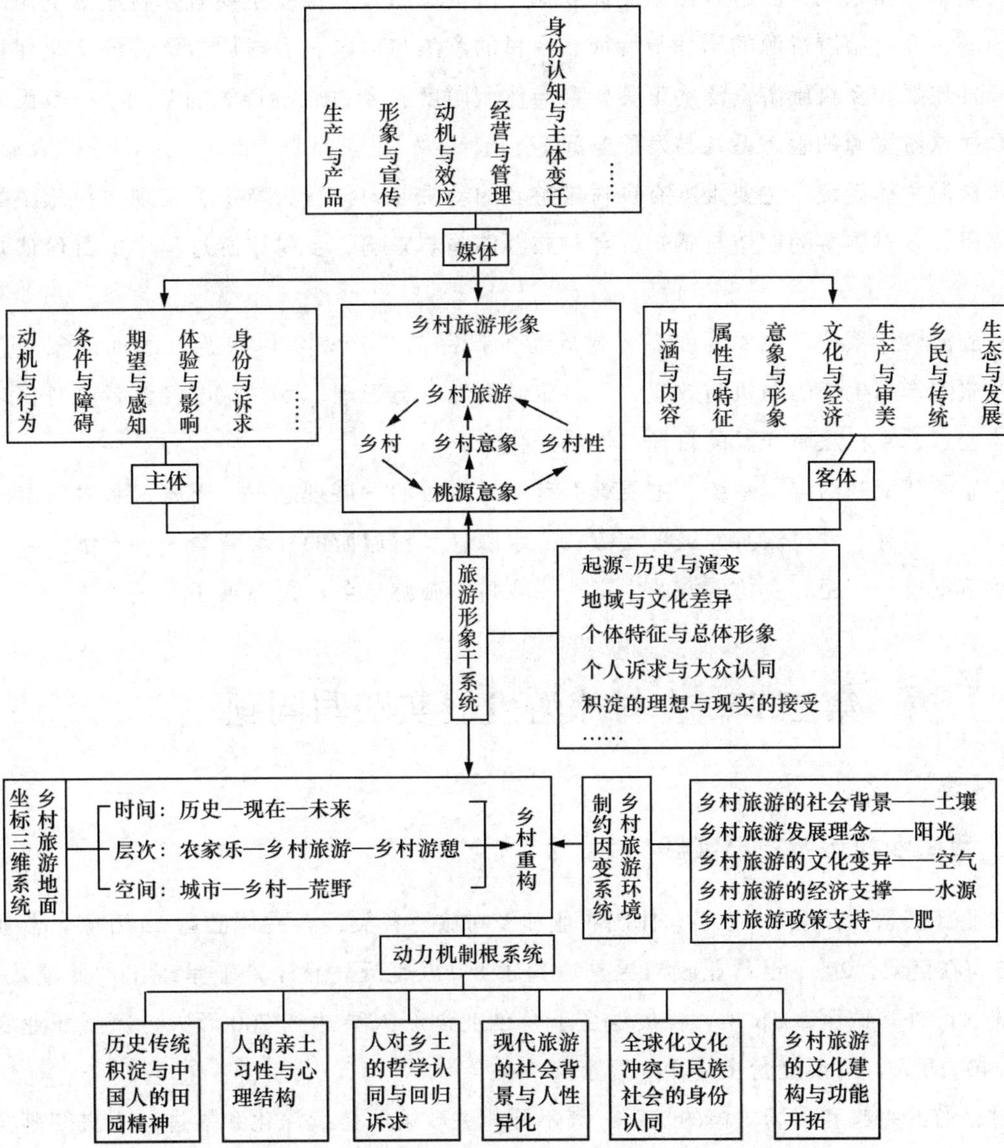

图 1-2　乡村旅游理论体系树模型示意图

乡村旅游三维系统。主要维度有乡村旅游纵向变迁：历史—现在—未来；乡村旅游横向扩张：城市—乡村—荒野；乡村旅游层次升级：农家乐—乡村旅游—乡村游憩、乡村旅游与乡村重构等。

乡村旅游形象结构与生成干系统。梳理各种影响要素与因变历史，乡村旅游形象结构与生成系统的核心在于乡村意象的历史生成与环境因变，主要研究维度有起源－历史与演变、地域与文化差异、个体特征与总体形象、个人诉求与大众认同、积淀的理想与现实的接受等。

乡村旅游客体系统。旅游客体系统即乡村旅游资源的研究维度主要有乡村旅游资源的内涵与内容、乡村旅游资源的属性与特征、乡村的意象与形象、乡村旅游资源的文化建构与经济开发禀赋、乡村旅游资源的审美要素与休闲向度、乡村旅游资源的基础——乡民与传统、乡村旅游资源的生态系统与发展空间等。

乡村旅游主体系统。主要维度有乡村旅游者的动机取向与行为特征、实现乡村旅游的条件与障碍、乡村旅游的期望与感知、乡村旅游体验与影响、乡村旅游过程中的身份认知与诉求等。

乡村旅游媒体系统。主要维度有乡村旅游的产品与生产、乡村旅游目的地形象与宣传、乡村旅游产品生产的动机与效应、乡村旅游的经营与管理、乡村旅游经营者的身份认知与主体变迁、乡村旅游开发的目标与性质演化等。

乡村旅游环境制约因变系统。主要维度有乡村旅游的发展理念——阳光、乡村旅游的文化变异——空气、乡村旅游的经济支撑——水源、乡村旅游的社会背景——土壤、乡村旅游的政策支持——肥、乡村旅游的生态——乡村小旅游与乡村大游憩等。

第三节　乡村旅游发展实践与问题

一、我国乡村旅游发展实践

从农业部获悉，截至 2017 年，休闲农业和乡村旅游各类经营主体已达 33 万家，营业收入近 5 500 亿元，2018 年营业收入更是达到了 8 000 亿元，整个产业呈现出“井喷式”增长态势。此外，截至 2018 年，各类返乡下乡创业创新人员达到 700 万人，新型职业农民超过1 400 万人，新型经营主体 290 万家。

乡村旅游的兴起和市场规模的扩大，离不开相关政策的持续深化和推进。为贯彻落实十多年来中央一号文件及相关会议关于“三农”问题的精神、统筹城乡政策与社会主义新农村建设的部署，更好地发挥旅游业在带动经济发展和促进美丽乡村建设中的作用，原国家旅游局一直把乡村旅游作为我国旅游业发展的主题。1998—2010 年十三年中原国家旅游局四次以“乡村游”为主题，“吃农家饭、住农家院、做农家活、看农家景、享农家乐”“新农村、新旅游、新体验、新风尚”等主题宣传口号，明确乡村旅游的内涵，倡导乡村旅游新风，给予乡村旅游大力政策支持。在 2007 年全国旅游工作会议上原国家旅游局提出在全国推出 100 个特色县、1 000 个特色乡、10 000 个特色村的百千万工程。

2018 年 10 月，国家发展改革委等 13 个部门联合印发《促进乡村旅游发展提质升级行动方案（2018—2020 年）》，提出“鼓励引导社会资本参与乡村旅游发展建设”，加大对乡村旅游发展的配套政策支持。2018 年 12 月，文化和旅游部、国家发展改革委等 17 个部门联合发布《关于促进乡村旅游可持续发展的指导意见》，指出要优化乡村旅游环境，丰富乡村旅游产品，到 2022 年，实现乡村旅游服务水平全面提升，基本形成布局合理、类型多样、特色突出的乡村旅游发展格局。

我国乡村旅游是在国家调整农业产业结构、统筹城乡发展、突破农业经济增长瓶颈和城市化大背景下，顺应人们回归自然、重返家园的旅游需求潮流中应运而生的。乡村旅游作为调整农业产业结构、实现农村劳动力就地非农化、持续促进农村经济多元发展、重塑现代乡村美丽形象的重要途径，在大江南北、长城内外各个省份均受到越来越多的重视。

（一）乡村旅游客源市场定位

国内学术界和乡村旅游业界基本将客源市场定位于城市居民，特别是高度商品化的大都市。这一结果基本符合目前我国乡村旅游客源区位的现实状况。但从长远来看，目标市场的定位应从区域景观与文化特色差异、社会经济发展水平的提高以及整体社会意识形态背景和人们旅游观念的变化等方面综合考量，覆盖到所有与旅游目的地景观有较大差别的区域，包括乡村居民以及入境旅游者，即包括自然地域环境条件、社会生活方式与文化结构、成长与生活经历、耕作方式与生产协作关系等有别于目的地乡村的居民都是乡村旅游的潜在市场。就市场特征来看，可从年龄、收入水平、职业、客源地四个方面分析把握（表 1-1）。

表 1-1　乡村旅游市场细分及需求特征

细分依据	细分市场	需求特点
年龄	青少年市场	探奇性、娱乐性、品尝性、习作性等，关注农产品价格、新奇性
	中年市场	观光、健身、购物等功能，关注农产品的价格和质量
	老年市场	休闲、度假、文化、购物等内容，关注旅游接待服务条件及质量
收入水平	工薪族假日市场	观光、休闲、度假、娱乐性，注重消费实惠性
	白领市场	健身、文化、休闲、猎奇内容，关注旅游接待质量和农产品质量
	富豪市场	高层次、高消费的度假、休闲、健身
职业	专业市场	省、市、县、乡主管农业和旅游业的干部、农业科技人员、专家等，关注观光、学习、观摩、科研等内容
	学生市场	关注农业知识认识，体验农家生活和农业生产劳动，接受乡土情感教育
	商贸市场	关注购物、产品加工、品尝、度假等内容
客源地	市内大众市场	民情、民俗、观光、购物、品尝、娱乐、健身
	市外大众市场	一般意义上的观光、猎奇、购物

(二)乡村旅游成长模式

我国目前的乡村旅游基本上是依托四种资源成长起来的，一是依托较大的城市客源市场，二是依托传统的风景名胜或文化古迹，三是依托特色民族村寨，四是凭借优越的气候环境条件建设的都市型度假村。这样就相应形成了六种基本成长模式：城郊型（客源地依托模式）、景观型（目的地依托模式）、田园风光型、民族村寨风景型、非典型性度假村、复合型。就具体开展的内容来看，这几种模式主要发展了以下诸种类型的产品：游憩农园型（江南田园型、蔬果采摘型、花木赏游型、农耕文化展示型、农园餐饮娱乐型、休闲渔场型、康体疗养型）、农事体验型、乡村游学型、乡村度假型、认识学习型（考察、写生、实习、夏令营）、复合型。

(三)乡村旅游经营模式

由于各乡村资源特征、客源市场、区位条件、经济文化发展状况的不同，根据经营主体的不同，我国的乡村旅游主要发展了以下几种经营模式。

(1)企业为开发经营主体开发模式，主要包括企业独立经营模式、企业独立开发经营社区居民参与模式、股份合作制企业经营模式三种类型。

(2)村集体为开发经营主体开发模式，主要包括村集体经济体开发模式、村集体组织全民参与开发模式两种类型。

(3)村民自主开发模式，主要包括政府推动村民自主开发模式、社区旅游机构组织农户自主参与开发模式两种类型。

(4)政府主导村民参与开发模式。一些分布在政府开发的大型旅游景区内部或周边的乡村，政府授权社区居民经营景区一些旅游或服务项目。

(5)混合型开发模式，包括“公司+农户”开发模式、“企业+村委会+农民旅游协会”开发模式、“企业+村委+农户”开发模式、村集体组织村民自愿自主参与开发模式四种类型。

(四)乡村旅游产品类型

乡村旅游产品开发是建立在乡村地域空间和自然与文化资源基础上的，随着人们深入体验和参与性要求的提高，乡村旅游产品层出不穷，异彩纷呈。按照具体的活动方式和内容来看，其表现形式主要有乡村 DIY 产品、乡村俱乐部活动产品、乡村博物馆、遗产廊道、乡村田园公园、乡村分时度假产品、乡村野营地、乡村认养产品等类型。

(五)乡村旅游发展的效应

中国的乡村旅游从 20 世纪 80 年代开始至今已走过了三十多个年头，在三十多年的发展中取得了令人瞩目的成就。一方面，乡村旅游适应城市群居民日益增长的周边短途休闲度假消费需求的独特优势，呈现出超出一般旅游业态的蓬勃活力，在提高城乡居民生活质量、促进贫困地区脱贫攻坚等方面发挥了越来越重要的作用。另一方面，随着中国新农村建设和城乡一体化融合发展，休闲农业和乡村旅游市场迅速增长。从品牌建设方面看，不仅有上海各区的菜园果园田园、北京各区的台林湾沟、四川成都的五朵金花等国内品牌，还打造了以徽文化为基础、以山野江水景观和明清古村落为核心的皖南古村落，以小桥流水人家意境为核心的江南水乡古镇，以西南少数民族地域景观与文化风情为核心的云贵民族村寨，以新疆维吾尔民族风情与绿洲文化为核心的新疆吐鲁番等国际知名品牌。

1. 经济效应

乡村旅游给农村带来的经济效益主要体现在能给当地乡村社区带来直接的经济收益，增加当地的财政收入，给当地乡村地区提供大量的就业机会，有利于农业产业的发展，还可以起到促进产业结构调整，实现产业结构的优化升级，进一步激发和唤醒乡村的生机与活力，推动乡村振兴。

从经济收入来看，2018 年全国休闲农业与乡村旅游年营业收入超过 8 000 亿元，同时农业产业链得以延伸，农民收入提高，农产品附加值增加。截至 2018 年底，农业农村部已创建 388 个全国休闲农业和乡村旅游示范县（市），推介了 710 个中国美丽休闲乡村。数据显示，2017 年中国乡村旅游接待游客 28 亿人次，占国内游客接待人次的 56%；营业总收入超7 400 亿元，占国内旅游总收入的 16. 2%。我国乡村旅游游客人数占国内游客比重在历经 2012—2015 年的快速增长后，2016—2017 年保持平稳增长，而乡村旅游收入比重更是保持稳定增长趋势。见图 1-3、图 1-4。

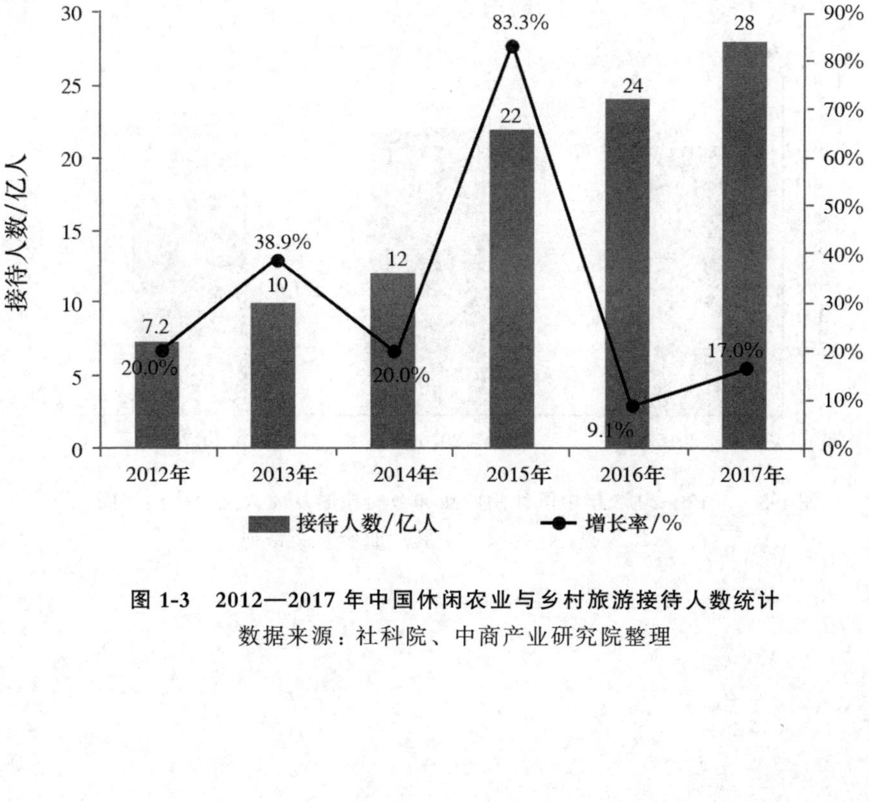

图 1-3　2012—2017 年中国休闲农业与乡村旅游接待人数统计

数据来源：社科院、中商产业研究院整理

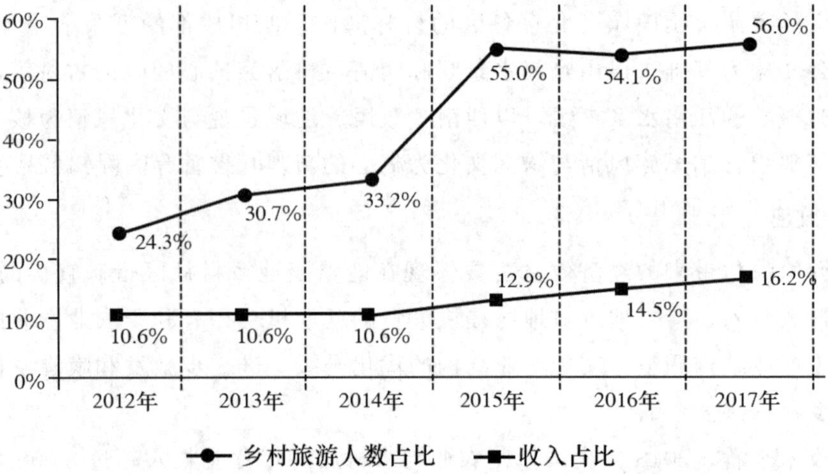

图 1-4　2012—2017 年我国乡村旅游占国内旅游比重

数据来源：社科院、中商产业研究院整理

从带动就业来看，乡村旅游提供了大量工作机会，农民就业途径增多。2017 年我国休闲农业和乡村旅游从业人员 900 万人，带动 700 万户农民受益，已成为农村产业融合主体。截至 2018 年，各类返乡下乡创业创新人员达到 700 万人，新型职业农民超过 1 400 万人，新型经营主体 290 万家。见图 1-5、图 1-6。

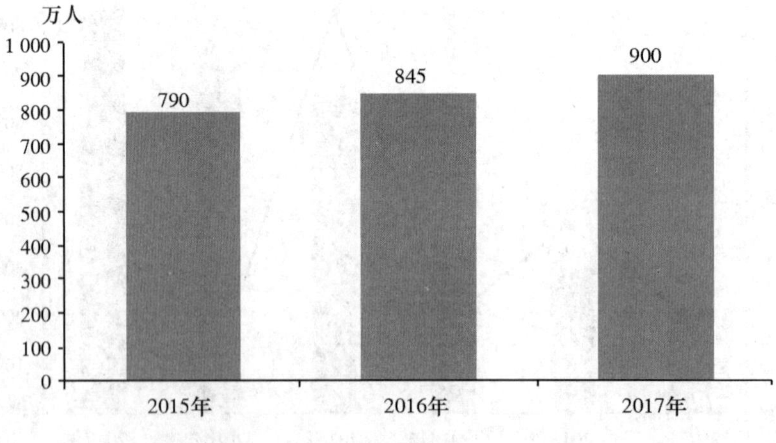

图 1-5　2012—2017 年中国休闲农业和乡村旅游从业人员变化趋势图

数据来源：社科院、中商产业研究院整理

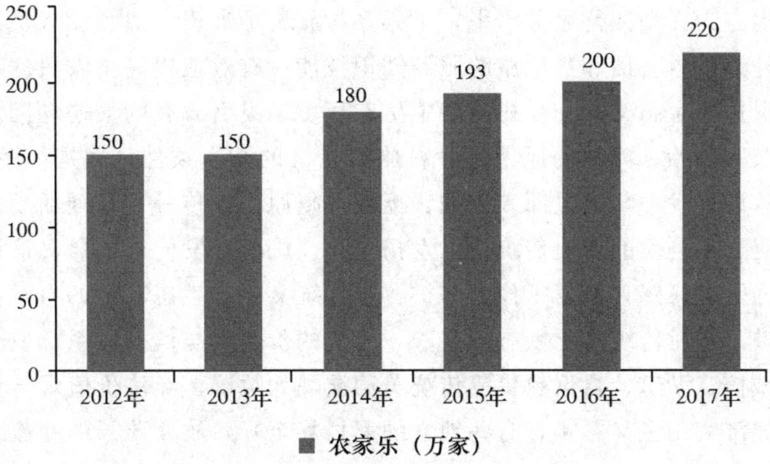

图 1-6　2012—2017 年我国乡村旅游农家乐数量统计

数据来源：社科院、中商产业研究院整理

2. 社会效应

这里的社会效应主要是指旅游的发展促进乡村社会产业结构、组织结构、地方知名度、基础设施、对外交流等方面的综合效应。乡村旅游发展改善农村环境，提高农民生活水平。大部分游客对乡村旅游目的地的餐饮、住宿卫生状况、接待服务水平、旅游接待地居民态度等方面十分关注，尤其是对卫生与安全的要求更高。这必然促使乡村旅游景区加大基础设施投入改善人居环境健全农村社会化服务体系，如给排水建设、美化洁化、道路改善、住房改造、卫生厕所建设、垃圾处理等生活细节的处理，从而使当地居民客观上享受到现代化生活。

乡村旅游发展使乡村基础设施得以改善，促进了乡村包括旅游、商贸、服务等第三产业发展的同时，也刺激乡村邻里和谐关系向竞争关系的演进，以血缘、地缘为纽带和谐安定的乡土社会人际网络与社会格局被打破，并使居民因丧失决策权和话语权感觉被边缘化，加之利益分配不均导致居民、政府、外来企业彼此之间的深刻矛盾，削弱了聚落群体的凝聚力；改变了乡村聚落的特征和生活方式，促成一些地方传统聚落中新型城市化建筑的出现和现代娱乐场所的建造，纷繁喧闹的商业氛围打破居民自给自足的生活状态，旅游性新成员的加入和乡民不同性别对旅游业参与程度的差异还造成部分乡村社会成员的成分构成和地位变化；有些乡村从封闭走向开放，有些乡村因旅游的开发而声名远播。这些改变可能还有其他方面如新农村建设、统筹城乡发展、城市化进程的影响，可以说乡村旅游与这些因素共同促进了乡村的现代重构。

3. 文化效应

乡村旅游的发展使得乡民视野得到拓展，主动采撷现代文化，民主开放意识进一步增强；有些濒临灭绝的文化遗产得以保护和传承。乡村旅游的发展促进城乡精神文明对接。

在旅游过程中农户必然参与到游客的高品位精神追求中去，从而丰富自己的精神世界和文化生活。有些地方为提高接待服务水平，举办乡村旅游培训班，对从业人员进行培训，学习接待礼仪、外语口语会话和其他旅游服务知识技能，有效地提高了农民的素质。发展乡村旅游有利于保护原生态文化，乡村旅游中生态环境是吸引游客的最初动因，保持和突出农村自然特色及其原始、淳朴的风情是乡村旅游景区的基本条件，也是村民的首要职责。在规范的乡村旅游开发中，通过深入挖掘、拯救、复原、宣传等一系列活动，原本鲜为人知、已濒临绝迹、不再生的历史传统得以发扬光大。旅游开发使当地居民认识到了历史文化的价值，增强了自豪感，激发了他们保护自身传统文化和生态环境的自觉性。同时，多元文化冲突打破了乡村传统文化生态的宁静，传统的价值观与信仰体系都发生了变化，有些地方勤俭、诚信、孝道、自然敬畏等传统美德被视如敝屣，经济价值观与消费主义意识开始形成，受经济实用主义影响，有些地方的家长甚至开始放弃孩子的受教育机会；一些地方传统文化如语言、服饰、手工艺等在慢慢消失，一些民俗、手工艺等开始舞台表演化、标准生产化。这种乡村文化商业化扭曲了文化与乡村的真实性，改变了乡村的属性特征。

总体来看，发展乡村旅游改变了乡村地区的生存文化。在市场机制作用下，伴随着乡村旅游的发展，原本自给自足的小农经济模式已经被打破，新的生存文化正在形成。

一是服务理念逐渐形成。乡村地区经济落后，信息闭塞，以自我家庭为中心的理念根深蒂固，服务理念缺失。在发展旅游初期，村民自以为最好的住宿环境、饭食都未见得满足游客需求，根源就在于服务理念缺失。随着乡村旅游的发展，住宿环境不断改善，暖气、洗浴、WiFi 等设备不断完善；饭菜花样增多、摆盘漂亮、饭食结构也不断合理；村容村貌不断改进，厕所革命有效推进，乡村公共环境不断优化，这些变化正是由服务理念催生的。服务理念的形成不仅满足了游客需要，提升了游客体验，同时也提升了村民自身生活水平。

二是法治观念日益提升。市场机制的重要特征之一就是契约精神，而契约的保护正需要依靠法治力量。长期以来，乡村地区是熟人社会、封闭社区，相互交易依靠的是口碑、信用、血缘、亲情。随着大量外来游客的进入，乡村地区陌生人日渐增多，并超过本地人，原来的交易模式已经不能适应市场的快速变化，合同交易模式逐渐建立。通过法律来实现交易、维护自身权益、获取救济的观念逐渐深入人心。

三是经济模式逐渐改变。自给自足小农经济的主要特征是低投入低产出，更加注重自身温饱的满足。乡村旅游的发展，首先引发了高投资。村民不再局限于投资农药、化肥、种子等农业生产物资，房屋改造、种植推广等投资开始出现。其次引发了高消费。为了满足游客需要，各种超出基本生活保障的消费开始出现。最后提升了加工水平，初级农产品的深加工产业链开始形成。

4. 环境效应

长期以来，土地是乡村地区主要收入来源。为了扩大收入，开荒拓地是乡村地区的普遍现象，加上农村基础设施落后，垃圾处理不完善，乡村环境破坏现象较为严重。习近平总书记“绿水青山就是金山银山”的理念逐渐深入人心，随着乡村旅游的发展，保护好环境也能带来收入的切身体验，让环保理念在乡村地区逐渐形成。乡村环境得以改善，恰恰是保护了乡村旅游发展的核心资源，会进一步吸引游客，形成良性循环。诚然，乡村旅游开发对目的地乡村的环境效应同样包括积极和消极两个方面。首先，为了吸引游客的到来，必须积极营造宜游的接待环境，整洁、清新、方便的生态与设施环境。其次，为了经济收益的提升，旅游企业需要建设回报率较高的农事活动、民俗演出、现代娱乐、时尚游憩等设施环境。这些建设一方面改善了目的地乡村的基础设施和生活环境，提升了乡民休闲活动环境质量，同时也可能使得乡村生态化的宁静环境遭到破坏，一些新的设施建设与原有乡村属性特征不协调，甚至破坏了乡村的整体生态环境系统，造成乡村自然与文化生态系统的紊乱。

（六）乡村旅游发展中存在的问题

1. 多功能性不强

由于多年来对乡村价值的认识是单一的简单的，或者说仅从生产的功能认识乡村，而缺乏从更多角度体悟乡村多重价值，因此乡村旅游产品的多功能性挖掘不强，如乡村的生态保护功能、生活美化功能、文化传承功能、生命教育功能等没有充分体现出来，与目前市场对乡村旅游多功能发挥的需求不相吻合，制约了需求的满足。

2. 景观开发不鲜

乡村旅游观光是聚焦于乡村地域范围内的一种观光活动，通过欣赏乡村独特的绿水青山、田园风光、乡土文化的外在展示景观获得一种独特体验和放松心灵的视觉感知活动。目前乡村旅游景观缺乏艺术设计感和酷炫时尚感，缺乏有画面感的看头、千篇一律的景观难以引发当代主流消费者的参与热情。虽然保持乡村性是乡村旅游生命力所在，但是没有市场的响应也不是成功的乡村旅游开发所期望的。时代在进步，对乡村景观的呈现方式也需要进步。

3. 产品种类不全

由于旅游者对乡村旅游需求具有多样性，如物质的安全需求、审美的愉悦需求、精神的健康需求、文化的求知需求等，因此旅游产品开发应该丰富化和多样化，正如有的学者提出的游客具有需求的“十二头”（即有看头、有玩头、有吃头、有住头、有买头、有说头、有拜头、有疗头、有行头、有学头、有享头、有回头），那么对应的旅游产品应该系列化，种类应该齐全或丰富些，才能让游客从认知、认可到认购，采取消费行动。目前乡村旅游产品远没有达到足够丰富的程度，还大多停留在“吃农家饭、住农家屋、采农家果”的初级阶段，创意设计与科技支撑也不够，致使游客停留时间有限，满意度较低。

4. 乡村文化不明

中国 5 000 年文明不曾中断的主要原因是耕读文明很好地平衡了物质文明与精神文明

之间的关系，契合了人类进步的需要。我国乡村社会拥有丰富和多样化的文化资源，乡村社会特有的农作物、农业器皿、乡村建筑、传统的生产生活技术、乡村风俗以及田园景观、自然风光和地方化的饮食、服饰等文化资源都是发展乡村旅游的独特资源。但是目前乡村旅游发展中不愿或不知如何将这些丰富的文化资源加以有效利用和开发，要么视而不见，要么肤浅地利用形成“两张皮”现象，总之，将乡村文化与旅游业发展融为一体的实践还有待深化，乡村文化在旅游开发中体现不鲜明，缺乏地方独特性。

5. 服务质量不高

乡村旅游作为一种独特的体验活动离不开高质量服务作为载体来传播独特的服务价值，服务质量感知是游客在与服务者的交互中感知的，因此需要良好的服务设计、有水准的服务人员和有品质的物质设施支撑。然而目前乡村旅游发展中，从基础设施配套上、服务体验产品与环境设计上、服务人员态度与能力匹配上都难以满足日益提高的旅游市场消费需求，尤其是人员服务上差距更大，反映出乡村旅游中人才奇缺带来的严重后果。伴随着消费转型升级的变化，乡村旅游服务质量亟须从物质与精神两方面全面提升。

以上仅列举了乡村旅游发展中的若干问题，这些问题的产生主要源于政府有关的政策导向、人们对旅游消费的观念、旅游开发的可行性、旅游规划的科学性、旅游经营模式、游客及当地居民对乡村旅游的理解认知等几个方面。比如对于推动城市居民下乡休闲度假这一政策导向的制定、理解与把握，缺少对我国城乡实情的考察，加上社会某些畸形的旅游消费观念，比如攀比心理、贫富差别等级消费观念、旅游权利观念、利益攫取意识等方面的原因导致游客与游客之间、游客与目的地居民之间、目的地居民之间、目的地居民与有权阶层之间在精神文化、经济收益、社会地位、文化经济结构等方面的矛盾与不公。以及由于旅游开发可行性研究不慎重、旅游经营模式采用不当或管理不善导致旅游飞地与旅游殖民化的倾向和乡村产业结构失衡，甚至出现“旅游废墟”现象；由于旅游规划不科学导致旅游孤岛、景观城市化、农业耕作业衰退等问题；由于游客及当地居民对旅游消费与供给的错误认知导致民风民俗商业化、乡风不再。这些问题严重影响了乡村旅游与乡村本身的可持续健康发展，必须从实践上不断深化改革创新，适应时代变化需要，探索更多更好地适应国情需要和旅游业发展要求的新路径，与此同时，从理论上和理念上正确引导乡村旅游的科学发展也是迫不及待的任务。

二、乡村旅游研究述略

（一）乡村旅游研究简况

1. 乡村旅游概念与内涵

在乡村旅游的概念和内涵方面，熊凯（1999）首先将“意象”引入乡村旅游概念研究中，丰富了乡村概念的文化内涵。谢彦君（1999）、杜江认为乡村旅游是以都市居民为目标市场的一种旅游。Reichcle Arie（2000）强调“乡村性”是乡村旅游整体推销的核心和独特卖点。何景明（2003）比较了国内外学者对乡村旅游概念的界定和理解，着重分析了乡村旅游与相关概念的关系及乡村性的界定问题，对乡村旅游概念作了较为全面的论述。彭兆荣（2005）从人类学视角探讨乡村旅游的本质诉求，沈刚（2007）基于生态系统的视角探讨了乡村旅游的空间地域性。王艳平（2006）、陶玉霞（2009）分别从认知过程与发展目标的角度提出了二层级说、三级概念说。从概念体系的整体认知看，刘英杰（2006）从客体、主体、目标三个模块探讨乡村旅游的概念体系，陶玉霞（2009）从需求、供给、层次、开发和消费导向四个方面来把握乡村旅游的子系统，试着构建乡村旅游的概念体系。

2. 乡村旅游发展模式

在乡村旅游的发展模式和存在问题方面，Sharpley（2003）指出，未来乡村旅游发展的核心问题在其可持续性与生态环境的保护，而实现可持续发展的本质途径就是本地化（Localization），并确保开发的经济力度与规模保持在环境与社会承载力之内。吴建华、郑向敏（2004）探讨了我国乡村旅游在思想认识、乡村旅游统筹规划与开发管理等方面存在的问题。邹统钎（2005）以成都农家乐与北京民俗村为例探讨了中国乡村旅游初级阶段的发展模式，李开宇（2005）认为目前国民人均收入水平还较低，以满足其日常游憩与旅游需求的短程旅游活动具有较广泛的适应性和实现性。黄成林（2006）认为乡村旅游地应以原生态的“三农”“三生”和乡村民舍吸引和接待游客，不宜专门设计旅游性体验活动。郭焕成（2010）介绍了中国各地典型乡村旅游地的发展模式和台湾省观光乡村旅游以及乡村民宿产业发展方面的经验。马波（2011）认为乡民对乡村旅游绩效的认同度是评价乡村旅游的最有效指标，否则，为保护乡村而发展旅游的逻辑就会崩溃，周春发（2012）通过深入分析徽村村民在旅游场域中日常抵抗性的拆建房风波，探讨了由于旅游分红不公导致的新村建设难产、村落保护失效、社区迅速衰退的社会问题，魏小安（2011）总结了中国乡村旅游发展的基本模式与延伸模式，探讨了中国作为中国乡村旅游转型升级的新型发展模式，张树民（2012）基于乡村旅游系统理论及其驱动因素归纳了我国乡村旅游的发展模式类型与特点，单福彬（2014）从产业价值体系角度探讨了乡村旅游产业升级的理论路径，马勇（2014）从产业融合角度探讨了乡村旅游全价值链体系的构建。

在旅游乡村的建设模式或规划途经方面，近年来也有新的成果。肖飞（2011）认为旅游村镇建设政府行为是关键，特色村镇产品开发要尊重村民，融入村民元素，走休闲化、体验化之路。贺勇（2011）从乡村的角度关注传统文化的变迁，注意到“新农村建设”背景下乡村建筑风貌的布景化特征，提出站在村民主体角度利用乡村自组织性系统顺应乡村建造规律与特点、反映居民生产、生活与土地关系的建造模式。于东明（2011）就峨庄乡调查提出了村落规划编制、新型民居模式探索、空废房屋功能转换、延伸写生产业链条等发展写生基地古村落等建议。曹兴平（2012）探讨了利用文化绘图工具对文化乡村旅游产品进行规划和管理及对社区文化资源进行管理的理论意义与实践的新途径。

3. 乡村旅游产品开发

乡村旅游产品开发及与国际乡村旅游的比较与借鉴方面，王云才结合国际乡村旅游发展政策经验，指明要结合我国实际情况，注重规划的规范、科学与有效管理，并在此基础上进一步探讨了现阶段我国乡村景观规划的核心内容。黄洁（2003）从“乡土情结”这一驱动力角度谈乡村旅游产品开发。尹振华（2004）提出在乡村旅游开发规划中，旅游产品的设计应注意融入农耕文化要素，加强农耕文化与现代文化的“和谐相融”；旅游开发中秉持“做减法”的原则，减少对乡村环境的干扰和破坏。戴斌（2006）从发展背景、进程和模式方面分析比较国内外乡村旅游的异同，提出了发展中国乡村旅游的政策建议。刘海鸿（2007）从定义、起源、发展动因以及双向影响方面对国外乡村旅游理论研究与发展实践梳理评介，提出自然文化环境保护、政府调控、参与性体验性强化和精神诉求满足方面的重要启示。陈辰（2011）从乡村旅游影响、发展策略、旅游供需、与可持续发展之关系及相关利益者等方面探讨了国外乡村旅游研究的内容、方法及对国内研究的启示。

4. 乡村旅游可持续发展

关于乡村旅游可持续发展与统筹城乡及新农村建设，Brohman（1996）提出本地人所有、小规模经营、社区参与、文化与环境保护是保持乡村旅游可持续发展的关键，但现实的发展却在摧毁这一基础。陈文君（2003）认为遵循景观生态学原理实施城乡旅游开发一体化战略，构建大区域旅游网络系统是促进乡村旅游健康持续发展的保证，周玲强（2004）强调了适应生态环境容量、居民日常生活环境容量、农业生产容量承载许可范围的旅游规划的重要性。左晓斯（2010）认为不平等权力关系、话语权缺失、发展定位与导向问题及技术管理落后是乡村旅游可持续发展的主要障碍，政治变革、经济重构、社区参与及发展的重新定位是问题解决的根本途径。杨振之（2011）提出了土地流转条件下农业与乡村旅游、其他现代服务业、文化创意产业、现代科技、信息产业进行产业融合实现农业产业化的路径。何景明（2011）提到的城乡统筹发展中游客直接参与乡村管理、遗产“符号化”及“新穷人”等现象令人深思。汪宇明（2011）认为缓解“三农”问题的关键是纠正“城市中心主义”和乡村旅游功能目标的偏向，要全局统揽乡村旅游的发展，重新认知乡村旅游发展的国家战略定位、还原产品社会价值的高端品位、加强遗产保护力度和生态文明建设、尊重农民意愿、改善发展与体验环境。Erik Holm Peterse（2011）基于乡村游带来的社区分裂、社会摩擦、社会结构嬗变，稀缺资源争夺等负面影响，提出通过对产品进行卓越设计和组织创造出强有力的供给驱动发展模式，引领都市人乡村需求消费。

同时，也有不少学者从乡村旅游发展中面临的问题入手探根溯源，开始关注乡村旅游的异化（吴巧红，2014），对乡村旅游开始批判性反思（左晓斯，2013），有学者针对国家近些年的土地流转政策对乡村旅游发展的影响提出自己的担忧与见解（左冰，2012；吴冠岑，2013；周扬，2014），寻求解决问题的新思路。

5. 乡村旅游的影响

对于乡村旅游的经济作用，Walmsley 警告说乡村旅游开发并不一定是发展农村经济的灵丹妙药，但人们对这一问题主要持乐观态度。Deller S（2010）认为乡村旅游资源的旅游经济价值要大于其作为传统资源属性价值在经济增长中的贡献。赵磊（2011）通过实证检验发现旅游发展有利于促进农村地区经济增长，但影响效应程度较小，这与其旅游发展基本保障体系尚不健全有关；旅游发展有助于提高人均收入水平，但对减小城乡收入差距效果不明显。许峰（2011）认为乡村旅游是推进新农村经济发展的重要途径，分析了真实性在促进乡村可持续旅游经济开发中的作用机理，提出了促进乡村经济发展的真实性角度的管理策略。尤海涛（2014）分析了各种身份的乡村旅游参与者在乡村旅游发展中的寻租行为从而导致乡村旅游巨大的经济效益漏损及相应的一系列问题。

近些年来，人们开始更多地关注乡村旅游的文化影响。阮洛瑶（2004）注意到乡村旅游中民族文化因涵化、商品化失去原有的庄严感和神秘感，以及民族文化被假借或恶意曲解而制造的伪文化等现象。何丽芳（2006）着重从传统文化基础、传统乡村景观、传统文化发掘与传统文化保护等方面系统介绍了乡村旅游的文化影响。江立华（2010）认为乡村旅游必须努力实现旅游与农耕文化、乡土文化、民俗文化的融合，而传统文化的时间形塑与空间错位必然会改变传统文化原有的结构，同时也使其功能得到延伸，文化价值得以拓展。孙九霞（2011）总结了“人类学与社会学视野中的旅游”学术研讨会提出的一系列问题，如旅游业对人们生活观念与方式的影响，对人们文化理解的影响，其带来的文化与传统表述的构建与文化传承之间在认识论上的关系，及其在地方化与文化多样性诉求中的作用等。于东明（2011）在山东省淄博市峨庄乡的调查中注意到乡村旅游对乡村重构的影响。左晓斯（2011）也非常关注乡村旅游引发的乡村重构现象。邱洁威（2011）认为乡村旅游有利于城市居民采借传承优秀传统文化元素，推动城乡文化融合，保护乡村弱势和边缘文化。伍乐平（2012）以日本为例，探讨了乡村旅游对强化地方文化认同、影响传统文化重构和再创造的作用。郭凌（2014）以红砂村为例应用空间生产理论分析了乡村旅游开发促使乡村文化空间再生产从而导致乡村原文化的异变机理。

（二）乡村旅游研究简评

多年来经济理性主导着旅游研究者的思维，在旅游需求方面，主要关注城市特别是大都市客源市场，对乡村居民作为现代国民平等需求的研究不足。因此，大多数研究着眼的旅游目的地也主要是城市周边，对偏远区域的潜在开发目的地研究不足。在经营模式方面，看到了由于经营主体的利益追求、目的地经济支撑力度弱小、管理权力阶层与民众利益争夺等原因造成的飞地、殖民化、不公平等问题，提出了相应的解决方案，但着眼点主要局限于经济收益，对于旅游如何促进社会公平、文化传承和乡村性发展研究不足。在产品开发与国际经验借鉴方面，对我国乡村实情把握不够，对游客旅游消费的公平性与健康性研究不足，缺乏关于产品开发对我国乡村重构影响的认识。在乡村旅游与统筹城乡及新农村建设方面，缺乏对统筹城乡及新农村建设政策的深入理解，对三者之间的关系和相互作用认识不足。同时，这一领域的研究对文化学、社会学、人类学等相关理论的应用不够，或相关研究缺乏哲学深度，对乡村旅游的需求机制、形象生成与演变、环境因变影响因素、问题分析的整体框架与维度等缺乏研究。从研究的趋势来看，近些年对乡村旅游的理论研究越来越少，着眼于系统性理论研究的成果几乎没有；研究成果的建设性和开拓性意义不够，大多成果偏重于对具体问题零散的评价和分析，微观的研究缺乏严谨性和理论深度，宏观的论述缺乏系统性和发展理念。总的来说，学术界对乡村旅游尚缺乏整体性和哲学深度的认识，乡村旅游研究的理论体系建构需要给予足够的关注，以利于更好地指导实践。

第二章

乡村旅游创意开发理论基础

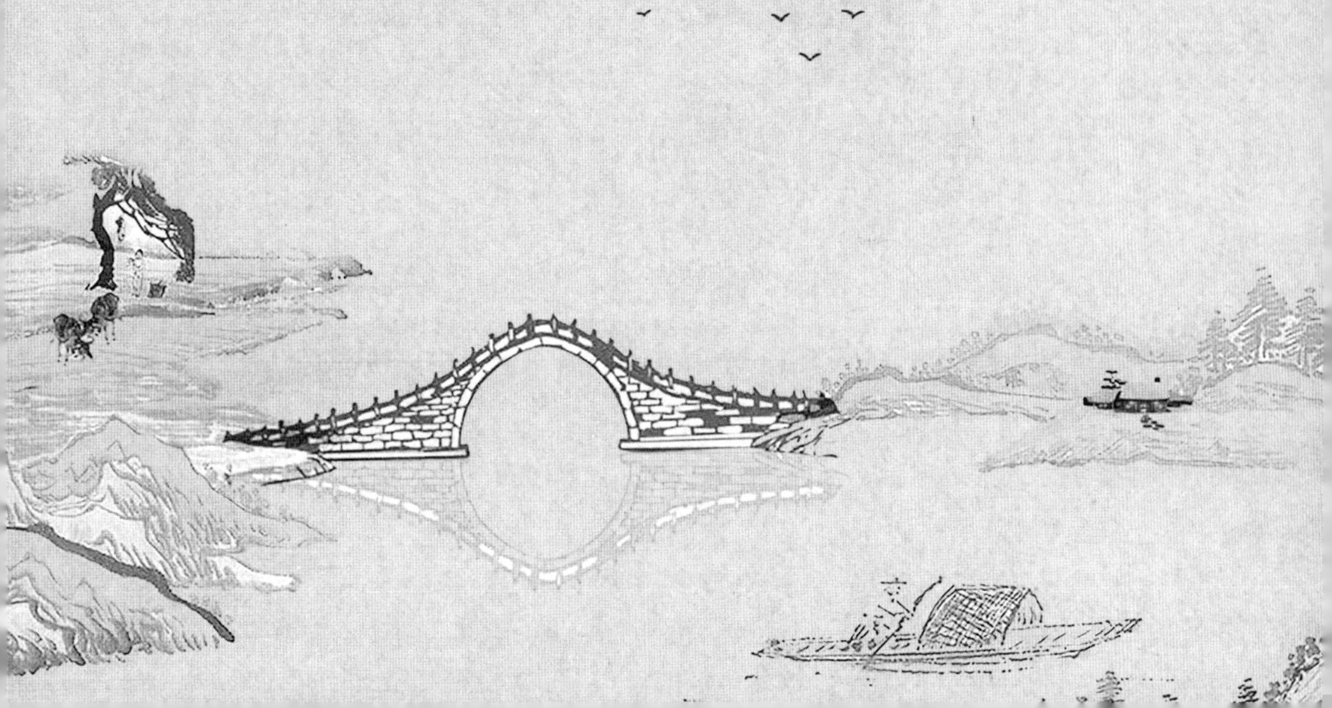

乡村旅游创意开发研究的理论基础主要有产业经济学的产业融合理论、旅游现象学的旅游体验理论、创意产业理论、旅游产品开发理论、旅游社会学的旅游凝视理论与旅游心理学的格式塔理论。从旅游供给和需求层面来划分，可以把这些理论分为供给视角下的理论基础和需求视角下的理论基础两大类。

第一节　供给视角下的理论基础

乡村旅游创意开发研究的供给视角理论主要有产业经济学的产业融合理论、创意产业理论和旅游产品开发理论。

一、产业融合理论

所谓融合，是指朝着一个点运动或者是两个或更多要素的汇合（Merriam Webster，2000），或者是几种不同事物合成一体。20 世纪 70 年代以来，计算机、通信、广播电视、印刷等产业企业间的竞争与协同促进了新兴信息通信产业的出现，学术界把这种经济现象称为产业融合。随着越来越多产业之间的互动与融合，产业融合成为了新经济时代的一个重要主题。

日本学者植草益从产业融合的原因和结果来解释产业融合化的内涵，他认为产业融合化就是通过技术革新和放宽限制来降低行业间的壁垒，加强行业企业间的竞衡合作关系。也有学者将产业融合化定义为不同产业或同一产业内的不同行业相互渗透、相互交叉，最终融为一体，逐步形成新产业的动态发展过程。产业间的延伸融合，即通过产业间的功能互补和延伸实现产业融合，这类融合通过赋予原有产业新的附加功能和更强的竞争力，形成融合型的产业新体系。产业融合加深了技术、管理和组织的复杂性，因而产业之间的学习变得尤为重要。

从系统论角度来看，旅游产业融合是指在开放的旅游产业系统中，构成产业系统的各要素的变革在扩散中引起不同产业要素之间相互竞争、协作与共同演进而形成一个新兴产业的过程，其外延包括了技术融合、企业融合、产品融合、市场融合、制度融合等。乡村旅游发展中的融合也要遵循产业融合的基本理论，实践中也在不断融合中前进着，但是目前在以下几方面存在着融合的障碍或困难，主要是制度障碍、能力障碍和需求障碍。从供给方面看，城乡二元结构下产业政策障碍和产业管理管制障碍以及供给方面的整合能力、知识学习创新能力障碍等还在制约着乡村旅游健康发展。因此，需要以创新的理念、创意的开发突破乡村旅游传统发展思路，进一步适应和引导乡村旅游需求更好地得到满足，从而促进乡村旅游产业健康可持续发展。

二、创意产业理论

《辞海》中“创”字的解释是“第一次做到；前所未有的；通过经营等活动而获取”。

由此可见，所有的创新、创造和创意无一不是对旧的、经验的、已知的、传统的、习惯和固有的东西突破之后而建立起来的一个新价值系统。“意”字即新的主意，包括点子、建议、构想、意义、意境、意思等。创意行为的核心即原创、首创和独创。所以，创意一词是指人们行为中产生的思想、点子、立意、想象等新鲜的、新奇的思维成果，或是人们超常行为的心理反应。

1998 年英国创意产业特别工作组发布的《英国创意产业路径文件》中第一次明确提出创意产业概念，将创意产业定义为“起源于个体创意、技巧及才能，透过智慧财产权的生成与利用，而有潜力创造财富和就业机会的产业”。

创意产业的提法首次出现在我国官方文件是 2006 年《国家“十一五”时期文化发展规划纲要》，因而 2006 年被称为“中国创意产业元年”。国内著名学者厉无畏将创意产业界定为“以创新思想、技巧和先进技术等知识和智慧要素为核心，通过一系列的活动，引起生产和消费环节的价值增值，为社会创造财富和提供广泛就业机会的产业”，这种偏向于产业性质的定义清楚地表明源自个人创意、技巧及才华的创意思想必须实现产业化发展才能为个人、企业和社会创造价值。

创意产业应包含以下五个方面：个人的创意是创意产业的核心要素；知识产权是创意产业顺利运作的有效支撑；高新技术的产业化是创意产业发展的条件；创意产业是以文化为核心的产业；创意产业为所在地区提供就业机会。从我国的情况看，创意产业的发展路径有向传统制造业渗透、推进时尚消费业和转变传统文化产业发展模式等几条路径。结合乡村旅游发展情况看，传统的农业生产要转变为休闲农业和创意农业、引领乡村时尚消费新方向、挖掘和创新乡村文化产业发展模式等都需要深刻理解创意产业的本质内涵和战略价值，激发和吸引创意人才汇聚乡村，用创意的智慧和技巧改造建设和美化完善乡村，使乡村成为人们乐于前往观赏、休闲和度假的体验之地。

三、旅游产品开发理论

对旅游产品的理解可以从不同主体的角度来思考。对旅游目的地而言，旅游产品是指旅游经营者凭借旅游吸引物、交通和旅游设施，向旅游者提供的用以满足其旅游活动需求的全部服务；对旅游企业而言，则是为满足旅游者某一方面需求而提供的单项旅游服务构成了各旅游企业的单项旅游产品；而对旅游者而言，旅游产品是指旅游者花费一定的时间、费用和精力所换取的一段体验经历。旅游产品的基本构成要素包括六个方面的内容，即满足旅游者吃、住、行、游、购、娱等精神需求和物质需求的实物和服务。

目前比较有影响力和认可度的旅游产品开发模式是昂普模式。该模式是一种以产品为中心的旅游规划模式，是指在区域旅游开发中以旅游产品为中心，分别进行 R 性分析（资源分析，resources analysis）和 M 性分析（市场分析，market analysis），然后以此为基础进行 P 性分析（产品分析，product analysis），并最终提出以旅游产品为中心的规划框架。昂普模式注重在旅游产品的创新设计中考虑对资源的评价和合理利用，同时对客源市场进行充分分析，力图避免产品“有效需求不足”现象的出现。

普恩（Poon）的可塑性理论认为，旅游目的地要想不断提高竞争力，就必须保持可塑性，即永远的创新、不断地变化，旅游产品是可变的、可细分的、可根据市场的变化而塑造的。旅游产品开发要以可持续发展为准则，可持续旅游应符合以下五个目标：一是增进人们对旅游所产生的环境效益与经济效益的理解，强化生态意识；二是促进旅游的公平发展；三是改善旅游接待地区的生活质量；四是向旅游者提供高质量的旅游经历；五是保护未来旅游开发赖以生存的环境质量。

乡村旅游产品的开发需要识别有特色的资源，根据市场需求进行设计、生产与服务。在这个过程中需要以创意的思维建立大资源观、大产品观和大产业观，以艺术的视角、技术的支撑、市场的认知和时尚的表现将乡村资源优势转化为产品优势和效益优势，促进乡村旅游产品不断实现转型升级，满足消费升级换代的需要。

第二节 需求视角下的理论基础

乡村旅游创意开发研究的需求视角理论主要有旅游现象学的旅游体验理论、旅游社会学的旅游凝视理论。

一、旅游体验理论

体验作为第四种经济提供物，是当一个人达到情绪、体力、智力甚至是精神的某一特定水平时，他意识中所产生的美好感觉（B. 约瑟夫·派恩、詹姆斯·H. 吉尔摩，2002）。旅游体验是指旅游者对旅游目的地的事物或事件的直接观察或参与过程以及形成的感受。旅游从本质上讲就是人们离开惯常环境到其他地方去寻求某种体验的一种活动，它是一种天然的体验活动。

旅游体验是分层次的。根据我国旅游体验的现状与参与程度的差异，可以将目前的旅游体验分为表层体验、中度体验、深度体验三个层次。传统旅游停留在表层体验阶段，以观光为主，而深度体验是指游客完全融入旅游产品中，与旅游景区和当地居民进行零距离的接触，深刻体验景区的特色和文化。给旅游者带来深度体验，满足旅游者需求是旅游产品设计的目标。

一般说来，旅游者在旅游活动中的体验主要分为四种：娱乐体验、文化体验、时尚体验以及其他体验。不同的旅游者，在不同时间和不同景区，对体验的要求是不一样的，对旅游产品体验的结果也不尽相同。对旅游经营者来说，最重要的是为旅游者创造或生产一种可以满足大多数旅游者体验要求的旅游产品，衡量这些产品的标准就是“畅”，即“具有适当的挑战性而能让一个人深深沉浸于其中，以至于忘记了时间的流逝、意识不到自己的存在”。

同一个乡村旅游地，不同的开发者具有不同的感性素质和能力，所开发出来的产品或体验项目是不同的；同样作为旅游者由于具有不同的感性素质，对同一乡村旅游产品的感知结果也是不同的。因此，要达到乡村旅游开发的成功，必须在供给者与需求者两方面进行感性素质的提升和教育，才能激发双方体验质量的提升，增加体验的契合度。

二、旅游凝视理论

英国社会学家Urry将福柯的医学凝视延伸到现代旅游研究中，提出“旅游凝视”的概念。Urry和Larsen（2011）提出旅游最重要的特点是差异性，而视觉是旅游体验的核心，将两者结合在一起的是摄影。游客凝视是由流动的影像和再现技术建构而成的视野，通过摄影捕捉的影像与展示，凝视在话语层面和物质层面被建构起来。通过游客的视觉感受和拍照行为对旅游地开发产生影响。凝视是信号的集合，Urry最强调的旅游目的地的凝视必须与日常生活有所不同，每个游客都希望他们所凝视的旅游景物是“真实”的，体验和日常生活的经验截然不同的，但又符合他们的旅游想象，满足他们的消费需求。因此，乡村旅游开发必须聚焦于自身与城市有差异的地方，而这种特殊性可以是由符号建构起来的，而此符号所建构起来的意义也可以强化游客感官的旅游经验。因此，游客所消费的其实就是意义符号所建构起来的特色性。

凝视理论自身也在不断发展进化中。有学者批评说凝视不仅是靠视觉单一途径实现的，过分强调视觉作用而忽略其他体验、过于静态和被动而忽略了表演和冒险等。对此Urry和Larsen（2011）从具身性、社会关系性和旅游摄影三个方面来阐释游客凝视的展演性。具身性的体验包括调动五官功能才能揭示游客凝视的多样性。游客凝视不仅是一种个体的体验活动，也是一种社会关系性实践。

由于游客凝视的全球化，各地方都将自己作为游客凝视的对象来建构自身。只有挖掘出自身独特性，才有可能在被游客凝视中留下深刻的印象，并唤起再次来访的意愿。因此，创造性的设计、创意性的开发和独特性的营销推广等都会对乡村旅游开发形成良好的推动作用。

现代社会游客的凝视不仅是变幻无常的，而且可以无止境地生产、捕捉这种凝视。游客总是在寻找或期待新鲜的、不同的事物。旅游专家们不遗余力地力图创造出供游客凝视的目标，游客和各种媒体、各类宣传机器共同制造出照片、明信片、胶片、模型所捕捉到的凝视，复制或再生产更多的凝视物供游客追寻，满足人们的视觉享受。

地方差异形成旅游动力。客源地与目的地的城市型与乡村性梯度决定乡村旅游动力大小。游客对乡村文化景观的凝视与对乡村地格的感知同他们对自己的居住地、工作、日常生活感知的差异形成了乡村旅游的动力。

第三章

乡村旅游创意开发的多维分析

从时间范畴、空间范畴、层次发展三个维度探讨乡村旅游活动发展的规律，并分析乡村旅游的发展对乡村重构的作用。在三个维度的研究中，乡村旅游被看作自变元符号，城市、乡村、荒野是乡村旅游在这一时间轴上不同阶段展开空间的变迁和可能的扩张；农家乐、乡村旅游与乡村游憩是乡村旅游在历史—现在—未来这一时间轴上不同阶段的不同表现形态，或者说表现了乡村旅游发展由低级到成熟阶段的发展过程和趋势。“历史”是一个需要重新界定的时间范畴，在乡村旅游研究中指现代乡村旅游——近代旅游业以来乡村旅游发展的过去时段。在现代乡村旅游阶段之前还存在一个旅游业史的“史前阶段”——个体旅游时代，在那个时代，同样存在着乡村旅游的一种朴素原始的形态——乡村审美或乡村体验。从旅游本质和哲学基础的角度看，对这一史前阶段乡村旅游的研究至关重要，所以在时间轴的历史时段包含了所谓史前阶段，相应地，乡村旅游层次的研究就要包含史前阶段原初的乡村审美或体验。

第一节　乡村旅游的时间变迁：历史—现在—未来

本节首先从时间范畴探讨不同历史阶段乡村旅游发展的根源、概况、特征与社会心理和文化影响，目前乡村旅游发展的契机、概况、特征及其相较历史特征的演变与影响要素，预测在社会公平、文化冲突、发展哲学等语境中乡村旅游发展的未来趋势。

一、大众乡村旅游的历史

从发展历史的时间轴上看，学术界一般认为乡村旅游最早起源于 18 世纪初期的英国，并相继在法国等西方国家推广和蔓延。19 世纪 60 年代农业与旅游全国协会在意大利成立是世界乡村旅游发展史上的标志性事件。真正意义上的大众化乡村旅游开始于 20 世纪 60 年代初的西班牙，但是大规模的乡村旅游出现在与中国乡村旅游发端同时的 20 世纪 80 年代后期。目前，乡村旅游在德国、奥地利、英国、法国、西班牙、美国、日本等发达国家已具有相当的规模，走上了规范化发展的轨道。在许多国家，乡村旅游被认为是一种阻止农业衰退和增加农村收入的有效手段。而中国的乡村旅游发展一般被归纳为以下几个阶段：

初创阶段（20 世纪 80 年代中后期—90 年代中期）：农家乐兴起。20 世纪 80 年代贵州石头寨、珠海白藤湖、安徽西递、北京十三陵、江苏周庄和华西村等乡村小镇，以观光采摘、民族风情游为主的活动项目拉开了大众乡村旅游的序幕，标志着我国当代乡村旅游产业的诞生，开拓了中国旅游目的地的另一片广阔天地。1989 年 4 月，“中国农民旅游协会”也正式更名为“中国乡村旅游协会”。

全面发展阶段（1995—2001 年）：乡村假日经济。1995 年 5 月 1 日起实行双休日，1999 年又将春节、“五一”“十一”调整为 7 天长假，2000 年国务院 46 号文件明确了“黄金周”的概念，这一系列举措引导国人旅游从观光到度假观念与行为的转变。1995 年

"中国民俗风情游"旅游主题与"中国：56 个民族的家"宣传口号带游客深入少数民族风情区；1998 年"中国华夏城乡游"旅游主题与"现代城乡，多彩生活"宣传口号吸引大批旅游者涌入乡村。

纵深发展阶段（2002—2006 年）：助力"三农"问题解决。2002 年我国《全国工农业旅游示范点检查标准（试行）》的颁布，我国乡村旅游开始走向规范化、高质化。2005 年国家开始实行土地承包经营权流转和发展适度规模经营，2006 年我国健全了土地承包经营权流转机制，为乡村旅游经营模式和产品层次的转型和提升创造了制度性机遇。2006 年，国家旅游局明确提出"中国乡村旅游年"，进一步突出乡村旅游的地位，以"新农村、新旅游、新体验、新时尚"为口号全面推动乡村旅游提升发展。2006 年 8 月，国家旅游局发布了《关于促进农村旅游发展的指导意见》，提出乡村旅游是"以工促农，以城带乡"的重要途径。

提升转型阶段（2007 年至今）：产品转型，产业升级。2007 年国家规范土地承包经营权流转，2008 年健全承包经营权流转市场，克服了土地制度对乡村旅游发展的制约。2007 年，"中国和谐城乡游"和"魅力乡村、活力城市、和谐中国"的提出带动了农村风貌大变样。2007 年，国家旅游局和农业部联合发布了《关于大力推进全国乡村旅游发展的通知》助力乡村旅游长足发展。2008 年，三次长假调整为"两长五短"模式及带薪休假制度法制化。2008 年，《中共中央关于推进农村改革发展若干重大问题的决定》使乡村旅游的经营模式更加科学化、合理化和多样化。2009 年，《关于加快发展旅游业的意见》提出乡村旅游富民工程。

二、被遗忘的历史

作为拥有四千多年耕作传统的农业大国，政府对农业的重视历来都是站在物质功能立场上的，却很少考虑农业本身的审美属性、生命价值考量和身份认知功能等特征，悠久厚重的农耕文化基本上只是作为人们对于乡村意识形态功能考量的要素而存在。20 世纪末期，农业美学被美学家提出并开始受到重视，它的提出是对工业社会以来生态环境破坏、人性异化的一种对抗。农业的美，主要表现在农产品营养与物质功能之美、意蕴形象与神圣象征之美、农业劳作的创造性和节律性之美、乡村生活的恬适和谐情调之美、乡村贸易的原始淳朴之美、乡村自然生态的自在与神性之美等。这种蕴涵在乡村日常生产生活家长里短中的美感意识及体验又与道家文化和儒家文化融合浸泅，表现出浓郁的出世思想，对抗世俗社会势力对人性的压抑和异化。

布洛认为，审美诉求的产生或劳动对象向审美对象的转化需要适当的时间和空间距离内化为心理距离，当认知达到功利与非功利融合统一的境界时，审美才能通过移情或同形同构途径而实现。布洛之前的清代诗人郭六芳在《舟还长沙》中那句"今日忽从江上望，始知家在画图中"已经形象表达了这种"距离产生美"的原理。所以，在传统农业一线长期辛勤劳作的农民是感受不到自身环境与生产生活之美的。在以手工农具和畜耕作为主要生产工具的传统农业生产中农民需要投入极大的体力劳动，依赖原始的农耕技术和天赐雨露才得以广种薄收，同时还要缴纳各类名目的租税，时或会遭遇衣食无着的境地，他们在这样的乡村生产生活中感受到的主要是辛苦劳累困窘卑微。传统农业景观之美的欣赏主体主要是传统社会的上层人士。

中国古代帝王每年在先农坛举行耕籍之礼以示勤农，与民同耕，这是从立国之本这一功利角度来表现对农业的重视的。真正开始关注乡村乡土生产生活之美的是脱离农民身份但又与农业保持密切联系的在野知识分子，这正反映了审美欣赏距离原理的规律。当一些人与农业生产拉开距离反观这种原始的乡野农村景物风情从而产生美感认知时，乡村开始走入人们的审美视野，原始的乡村旅游活动即拉开了序幕。我国先民郊野春游踏青活动，特别是文人墨客的郊游，可视为我国乡村旅游活动的滥觞。

古今隐逸诗人之宗陶渊明是乡村美学欣赏的开拓者，也是中国田园诗的开山鼻祖，这源于他进退仕宦的身份地位、淡泊高洁的性情品格、耕读自养的劳作精神、洞穿世事的哲思智慧和登峰造极的诗文造诣。练达洞明的陶渊明以“种豆南山下，草盛豆苗稀”“晨兴理荒秽，戴月荷锄归”的切身农事体验歌颂着“孟夏草木长，绕屋树扶疏”“山气日夕佳，飞鸟相与还”的淳朴恬适的乡村美景，抒发着“问心何能尔，心远地自偏”“纵浪大化中，不喜也不惧”的颖悟。陶渊明之所以千百年来一直受世人仰慕，在其以至人的心灵体悟农事之艰辛，以诗人的语言观照乡村之美善，以哲人的智慧洞察生命宇宙之本真，故能“等穷达，了死生，顺自然”。正如陈寅恪在《陶渊明之思想与清谈之关系》一文中所谓“渊明之为人，实外儒而内道，舍释迦而宗天师者也。”在对乡村生产生活自然天地审美认知哲理思辨的基础上，陶渊明为后世人们建构了精神皈依的桃花源世界，并在其诗歌的熏陶影响下，情趣意志激赏相投的诗人群体形成了中国蔚为壮观的田园诗派。这个诗派，后世著名诗人如李白、杜甫、白居易、陆游、苏轼也都翕然影从，以田园诗表达对陶氏世界的理解和精神传承。

但陶渊明之后的田园诗人已是明显形成了两种迥然不同的诉求，像杨万里插秧歌所写“田夫抛秧田妇接，小儿拔秧大儿插”，辛弃疾所写“茅檐低小，溪上青青草。醉里吴音相媚好，白发谁家翁媪？大儿锄豆溪东，中儿正织鸡笼。最喜小儿亡赖，溪头卧剥莲蓬”之农家农事辛苦而愉悦的劳动场面和闲适散漫的生活场景，仍然饱含对丰收之美、土地之美、劳动之美由衷的欣赏，基本承继了陶氏乡土田园精神。而另一类知识分子吟诵农村风光之美，用意已不在乡村生产生活的真意，而在于标榜一种基本上属于道家兼及儒家的退隐思想，表达“道法自然”的哲学观。比如王维虽然也写了大量田园诗，但他构筑的辋川已是另一种仕人达宦不事劳作的园林世界。

这一旅游业史前时期的朴素原始形态的乡村审美或乡村体验，完全是个人对乡村世界出于本性天然诉求的精神文化活动，与乡土建立了源于对天然人地关系、生命根基认知基础上的审美与同构关系，形塑了中国人根深蒂固的乡土情结和田园精神，并直接影响着现代世界乡村旅游最为重要的两种取向——躬耕田园精神的回归和审美园林世界的重构。对传统根源性乡村体验诉求的研究对于研究现代乡村旅游的根性诉求和预测未来乡村旅游的发展取向具有重要的指导意义。

三、乡村旅游的现在

对于乡村旅游当下发展现状的研究材料丰富，分析繁复。无论国内国外，均把发展乡村旅游纳入解决农村问题、推动农村持续全面进步的战略范畴，从政策层面给予大力支持。鉴于市场的需求，旅游产品开发朝着选择的多样化和方式的自助化方向发展，并突出强调要保持乡村自然人文环境的原真性，而客源也从区域性向跨区域、国际化方向转化。

尽管上文谈到我国的乡村旅游目前正处于产品转型、产业升级的攻坚阶段，但实际上，我们绝大多数地区的乡村旅游发展基本还处在初始的农家乐阶段。“吃农家饭、住农家屋、学农家活、享农家乐”依然是长城内外大江南北的流行模式，农家旅馆是当下所谓乡村度假的重要承载，实质上观光和“吃农家饭、住农家屋”这一内容并没有什么变化。中国乡村旅游发展主要问题是同质化资源背景下的旅游产品单一化、品质低级化，更重要的是“旅游飞地”“旅游孤岛”“新殖民主义”、乡村景观城市化、传统文化异化、乡村性消解等问题严重影响着乡村的命运和中国文化传统的承继。

乡村旅游现在研究的要义，第一，是从根源上分析问题产生的原因，而问题的根源恐怕就在于我们发展乡村旅游旨在旅游扶贫的出发点是有问题的，特别是在经济文化落后地区，旅游是奢侈品，把旅游开发看作是雪中送炭可能是站不住脚的。第二，制度机会主义是现今恐怕也是未来一段时间内乡村旅游问题泛滥的根源，国家土地流转制度和管理机制问题方面的影响因素不容忽视。第三，旅游史的研究应该重视起来。国人向来看重以史为鉴的作用，可惜面对旅游发展，我们太缺乏史的理念，更缺乏史鉴意识，仅有的旅游史均是笼统地描述，没有基本的源流与逻辑分析研究。历史里有真学问，有时候我们慨叹旅游研究中基本的概念都弄不清楚，却没有注意到厘清事物和现象的源流发展历史正是科学界定概念的基础。

正因为我们没有史前的研究，所以关于乡村旅游从“史前时期”到目前有着怎样的变迁演绎，我们并不十分清楚。在时间轴上对应乡村旅游现在的应该是较为成熟的乡村旅游了，但我们依然停滞不前处在农家乐阶段；对应未来的是不是应该是乡村游憩？这需要我们详细研究乡村旅游发展变迁的影响因素，并根据其发展规律预测未来发展方向，这一任务尚十分艰巨。

四、乡村旅游的未来

乡村旅游发展的未来，需要从市场需求、国家乡村发展政策导向、旅游消费意识形态、产业经营模式、国家土地流转制度、产业体系建设管理等方面分析。

在国民休闲时代与发展主义语境中，在旅游休闲化、旅游理性化的旅游发展趋势中，随着休闲与健康观念的深入人心，乡村旅游将迎来更大规模的旅游市场，更多的人从传统景区和大牌景区转向更为开阔、安静、绿色、淳朴、客流量小、体验更深入的乡村，并由大规模的黄金假日潮游转向日常化的周末休闲，由仪式化的符号游转向生活化的休闲游。这样一个转向，将促进乡村旅游产品质量的提升和目的地文化的复兴与资源的保护，也将要求产业经营模式的转型和产业体系的完善。

国家乡村旅游发展政策导向是决定乡村旅游能否健康可持续发展的关键。面对乡村旅游发展中诸多问题的困局，乡村旅游是到了需要反思和改革的时候了。第一，我们要改变旅游扶贫和旅游带动观念，乡村旅游是锦上添花的事情，它做不到雪中送炭，经济漏损和文化冲击是贫困落后的乡村承受不起的代价。乡村旅游的发展要建立在政府统筹安排目的地产业体系的基础上，让乡村旅游成为一种创造性建设活动和文化性精神事业。第二，强调乡村旅游发展与美丽乡村建设和传统文化复兴紧密联系，指导乡村旅游产品开发的消费引导理念和原则。第三，从经济政策、技术和法律手段方面加强乡村旅游发展的经营模式调整和接待规模控制，避免乡村旅游重蹈粗放经营、泛滥发展的覆辙。

旅游消费意识形态是指人们对乡村旅游消费的认知与践行理念。当下乡村旅游诸多问题的产生与人们的乡村旅游认知有关。在课题组的调研中我们发现，学者们一再强调的“乡村性”并不为乡村游客所重视，他们中的大多数（86%左右）选择乡村旅游是出于乡村绿色餐饮和新环境娱乐休闲的考虑。深入地访谈发现，这一动机源于他们看到的乡村旅游目的地主要的产品就是这样，乡村不再是田园诗、家园梦，游客只有接受、认同并表现在行动上。意识形态的标准是实用，不是逻辑，怎样扭转乡村旅游消费意识重要的还是靠高质量健康产品的引导，而经营者在经济价值意识主导的市场经济中如何保证利益的同时兼顾社会文化使命和责任，还要靠政府引导与支持。

目前，中国的乡村旅游产业经营模式主要有集体、企业、村民个体及三者之间不同的组合经营，其中以政府主导村民参与经营和企业经营、村委协调村民参与两种模式为主。这些经营模式最大的问题是以经济收益为导向，忽略村民的开发参与决策权、经济收益分配权、文化平等受益权等权益。将来的乡村旅游经营应当以村民决策经营为导向，以乡村优秀传统文化的复兴与传承和村民在精神文化上的受益为核心目标，以政府支持和专家指导为辅，减少经济漏损，提升产品的文化建构功能，严格控制接待规模，力避经济性导向带来的负面影响。

鉴于当下国家土地流转制度不够成熟，制度机会主义者肆意攫取乡村资源，导致乡村耕地上商业项目的开发，乡村公共资源私营化，产权别墅与度假集合体的建设与销售。同时，村民被强迫拆迁房屋、祖坟，耕地、公地被抢占或租赁。社会优势阶层攫取土地经营权，农民被迫成为城市三等公民，或者就地转化为“民工”。旅游介入土地主要是旅游地产商产权别墅与度假集合体的开发，这一建设促使乡村空间的性质和功能迅速转变。如果国家土地流转制度不能及时完善，如果不能保证农民土地的自主经营和所有权，那么，很快乡村就不再是农民的天下，美丽乡村建设将成为国家新农村建设的反讽，传统文化复兴也将成泡影，我想这并非国家统筹城乡发展与农村现代化的初衷。

在理顺国家关于乡村旅游政策与相关体制、制度的基础上，对于乡村旅游发展能否可持续发展至关重要的是乡村旅游产业体系建设与管理。其实不仅仅是乡村旅游，包括中国传统的景区、新兴的节事旅游等，之所以缺乏持续推动力，不能达成良好效果，一个重要原因是这一产业没有很好地融入地方产业系统链条，而且自己就没有形成完善的旅游系统。就乡村旅游来说，首先，它要融入当地美丽乡村建设与统筹乡村发展规划，成为其中有机结构的组成部分，这一点在理论上人们已经达成共识，关键是没有真正落实。其次，乡村旅游发展在当地根本没有形成完整的产业系统，而且学术界没有提出、实业界也根本没有这个理念。

所以乡村旅游未来能不能走上理想的发展道路，达成美丽乡村、诗意栖居、文化复兴、风尚淳朴的目标，一是看政府能不能确立长远的旅游发展理念并有效引导民众健康的旅游消费意识，二是看政府能不能实施真正关注乡村民生福祉的产业与土地政策，三是看学者能不能提出并被政府采纳和有效构建完善的乡村旅游产业体系。

第二节　乡村旅游的空间分析：城市—乡村—荒野

本节是从空间范畴探讨乡村旅游发展从城市及周边到偏远乡村的空间扩张趋势，并预测其未来向荒野扩张的可能性。这一空间研究向度指向乡村旅游目的地和客源市场的分布。从乡村旅游业史前时期来看，目的地是最为纯粹自在的生产生活性乡村，而欣赏主体则主要是原本脱离了农业生产劳动但又要求回归或精神上回归到淳朴的乡土生产生活中的在野或半官半隐的知识分子，基本上没有乡民的参与。到了近现代大众化乡村旅游时代，旅游目的地主要有三个部分，经济文化落后地域民俗淳厚的边远乡村、传统景区周边、大都市周边所谓的城市游憩带。

一、初级阶段的乡村旅游目的地——城市中心时代

谈到初级阶段，我们首先会想到乡村旅游最早的起源；作为现代乡村旅游研究的“早期”范畴，则是指大众型乡村旅游的开端，一个基本的看法是源于19世纪中叶欧洲的意大利。20世纪中叶以后，经济发展、城市化、科技进步、汽车普及迎来了大众旅游时代，乡村旅游也在欧美亚的西班牙、法国、美国、加拿大、日本、韩国等国迅速发展。这些国家和地区早期的乡村旅游目的地主要是距离城市不太远的农场，活动项目灵活多样，真正乡村性的生活生产体验比较深入。中国乡村旅游的开端，房士林所谓始于1964年人们到山西昔阳大寨的参观、考察、学习和交流活动有一定道理，但其游览内容主要是公务学习，包括后来1972年开始的山东安丘石家庄村民俗文化旅游，游览内容也主要是国际友人对中国社会主义新农村的参观访问。真正成规模的大众乡村旅游还是从20世纪80年代开始的，那时候的乡村旅游内容主要是浅层次的观光采摘、民俗风情游，目的地基本上还

都是离城市不远的真正乡村。

这一初级阶段，实际上从初创阶段、全面发展阶段到纵深发展阶段，在观念上一直都处在初级的认知时期，旅游产品的形式，从公务参观学习，到市民对乡村的新奇式观光采摘、民俗体验，其层次都很浅，基本上是一种越来越成熟的农家乐形式。即使到了2007年从观念和口号上提出产品转型、产业升级，乡村旅游进入提升转型阶段，但至今看来，乡村旅游的农家乐形式并没有大的改观。但旅游目的地在这一时期已经由早期的真正乡村逐步向城市靠拢，这是一种实用主义的标准选择在起作用。

根据旅游活动距离衰减规律，David B. Weaver 将城市客源出游目的地划分为专业旅游带、中心商务区地带、地方邻里区地带、风景名胜地带和乡村外围地带5个带，城市周边显示出旅游区位的强大优势。基于现代生活休闲度假的社会性需求，作为由城市向农村过渡的开放型城乡互动空间，大城市周边地区主要为城市居民提供了较多的游憩设施、公共空间和场所，有些高级旅游目的地也位于这一区域，所以同时也是外来旅游者关注的区域，吴必虎称之为环大都市游憩活动频发地带，简称环城游憩带（ReBAM）。旅游地分布最密集的区域位于距离城市中心60公里范围内，其中，包括田园山村类型在内的自然观光旅游地主要（85%）分布在距离城市40～100公里范围内。

因此，当下乡村旅游发展最好的是大都市周边，乡村旅游的客源主要是工作、环境、心理压力过重的大都市居民，他们需要时常的休闲放松调节紧张单调的生活；同时他们又没有足够的闲暇时间到边远乡村做较长时间深入的乡村休闲体验；城市周边目的地出行成本和消费价位比较低，适合当下主体旅游市场的消费水平需求。王铁等分析了环城游憩带乡村旅游的特征与影响因素，注意到这一特定研究的薄弱。其实最关键的问题还在于，城市周边这一区位环境的乡村随着城市化进程、统筹城乡发展、新农村建设中村镇规划的发展建设已经丧失了或削弱了乡村旅游核心吸引力所在的“乡村性”，从而也导引了乡村游客旅游取向的“庸俗乡村性”异化，传统经典乡村最具魅力的乡土田园精神既然求不来也就放弃了。实质上，这里的相关活动从严格意义上来说已经不是真正的乡村旅游了。

在大众性主体的参与中，旅游乡村特别是环城游憩带围绕休闲度假这一目标被建构为城市边缘林林总总的山庄、现代化度假综合体等，修建了停车场、乡间饭店、星级旅馆、商场、酒吧、健身俱乐部、民俗演艺舞台……在调查中发现，甚至有人认为在城市单元楼的阳台上种植花草也叫农业……才刚刚洗净脚底泥巴、感受城市现代喧嚣文明的人们几十年的光景便已忘记了自己的故乡。旅游与休闲观念中的“回乡”已演变为新空间的宣泄并成为廉价的时尚。这还是“真实”的乡村吗？这种快餐式的山庄或度假村文化远远不能承载中国乡村的悠远与厚重。这不仅仅是对乡村、旅游、农业的概念理解问题，而是一种忘却了故乡、丢掉了传统、迷失了身份、倾覆了根基的社会意识形态与价值观问题，在现代消费主义背景下追逐GDP的狂欢中，政府、多数游客、乡民与旅游经营者、旅游地产商一起，忘却了乡村的由来与传统，共同选择了商业化。

二、深入阶段的乡村旅游目的地——乡村中心的回归

"南黑森林一个开阔山谷的陡峭山坡上，有一间滑雪小屋，海拔一千一百五十米。小屋仅六米宽，七米长……"在一个充溢着朴素、忠实、真诚、良善的偏僻祥和的山里小村落，海德格尔感受着"所有到场事物本质而确凿的近处"，让自己的思索融入农人们无尽延续的每日劳作的自然过程，乡村、农人的生命和精神也以"澄明"的姿态向海德格尔展开，这是一种求索生命来由和本质的对诗意栖居的践行。乡村是人类生产生活的源空间，从人类发展史来看，"乡土"具有原生性（primary），如今的乡民则居住在现代世界的边缘地区。乡村意象认知背后是深刻的人地关系意识和心理认同，质朴厚重的人地关系养成了人们根深蒂固的亲土心理结构，乡村旅游原始动力源的本质是乡土—人性结构的回归与重建。在城市人工异化景观中，特别是在现代消费经济时代商品价值取向的社会背景中，人们失去了籍之归属的大地与定位自我的空间向度。乡村虽然"充满劳绩，但人诗意地，栖居在这片大地上"，回归乡土即是要达成人生"诗意栖居"理想的实际行动，完成人类之于土地从生命机理的联系到行为表达的认同。"所有外在的追寻，其实都在完成一个内心旅程"，回归乡土的实质即是在寻找家园中获得身份认同与信仰重建，让生命重新扎根于厚重的土地，让灵魂回家，温习久违的淡泊与宁静。黄成林认为乡村旅游要靠原生态的"三农"和"三生"来发展。魏小安也认为中国乡村旅游转型升级的新型发展模式要以中国农谷为核心形象。

当前还有一种情况是传统景区周边或者依靠自然风光发展起来的乡村旅游目的地。关于传统景区周边型和自然风光型乡村旅游的研究由于晕影效应相对来说不大受人关注，这种类型旅游的发展对于传统景区和周边乡村来说都有积极的促进作用。首先是传统景区为周边乡村旅游的发展奠定了市场和设施基础，存储了品牌与市场营销优势。同时，传统景区周边乡村旅游目的地的开发丰富了原有景区的游览内容，为到访的游客提供了更多的旅游活动项目选择，在一定程度上缓解了原景区旅游容量的压力，延伸了旅游品牌内涵。这一发展模式借助传统景区优美的自然景观或厚重的文化底蕴，携手周边淳朴恬淡的诗意田园，实现景区和乡村区域联动发展与携手共赢，为传统旅游的发展注入了新的生机和活力。

但这种发展模式中，由于乡村在其中的附属地位影响了这些乡村本身资源特色的发挥，对游客来说它也仅仅是传统景区游览之余的一个补充，甚或成为原景区旅游拓展的物质空间，或者作为旅游基本供给的基地或作为度假设施功能区而重建。这是我们的旅游实践和研究应予以特别关注的问题，不然，这里的乡村很快就会变成原景区的附属功能区而丧失乡村的特征，所谓的乡村旅游也就名存实亡了。

因此，中国乡村旅游进一步的发展，或者说要真正实现转型升级，首先在于目的地的回归，在于目的地产品乡村根性的回归。但是，乡村旅游中问题最多的也是落后偏远的乡村旅游目的地，这里本应该是更为纯粹、最具原真性的乡村性旅游目的地，这些目的地是

乡村旅游发展的核心吸引力所在，是基于根性诉求的乡村游客心中的诗意栖居地和心灵的家园所在。随着需求与发展层次的提升，这里将是乡村旅游继城市周边之后下一个广阔天地。但这是一片经济文化落后、交通不便、信息闭塞的土地，待旅游扶贫政策指导下的乡村旅游发展起来以后，所谓“旅游飞地”“旅游孤岛”“新殖民主义”乡村景观城市化、传统文化异化、乡村性消解等诸种问题接踵而来。这也是近年来乡村旅游研究中最为关注、最为炙热的话题。这一地域旅游发展问题产生的根源是经济漏损和乡民决策权的缺失，最终导致的严重后果是乡村乡民异化重构和传统文化断裂消亡，而这一问题尚未引起社会和学界足够的重视。

三、未来乡村旅游目的地——乡村为中心的荒野拓展

经济主义导向的旅游产业发展思路，使得本来淳朴厚重的乡村问题重重，最重要的恐怕就是乡村性消解问题，乡村与村民都被严重异化重构，同时导致游客对乡村旅游认知的异化，乡村旅游的文化复兴与传承功能复又陷入困境，而出于文化寻根与田园理想回归的游客不得不做重新选择。在对乡村游客的深入访谈中发现，正是乡村旅游的发展让乡村游客对旅游乡村失去了信心。

对成都三圣花乡、纍底下和郭亮村游客的访谈中发现，很多游客到乡村去是想体验传统乡村劳作的踏实、收获的喜悦、生活的简朴、人情的厚道、娱乐的情趣等具有田园诗意又让人心安神怡的感觉。当然也有人特别是40岁以下的年轻人对这些都不在意，主要想换一个还比较生态的新鲜环境吃吃饭，聊聊天，活动活动筋骨。笔者在自己的乡村旅游课堂上调研学生们认可的旅游意愿，89位同学中差不多有一半选择的是餐饮娱乐，其中大部分同学来自农村；同时，来自城市的同学对传统文化和餐饮娱乐的选择也是一半对一半；其次有一半的同学认同到乡村接受乡土认知教育的旅游功能。在上述三地游客访谈中，谈到当下的乡村旅游现状时，大多数游客不满，主要原因是觉得“这些乡村已经不像乡村了”。有几位带孩子来乡村想让孩子对中国的农村社会和农业生产劳动增加认知的游客，表示以后还是应该到那些偏僻的没有经过旅游开发也没有新农村建设的乡村去体验。“现在乡村实施社会主义新农村了，你看多少乡村房子院落都是统一规划的，除非是太偏僻落后难以到达的地方还有传统乡村的意思。”甚至有个别游客认为，“还是自己找个荒野的地方，没有人迹的地方，说不定能按自己的意愿建一座理想中的田园。”

城市与乡村的距离在一点点地拉大，同时又在一点点蚕食乡村，当城市生活的现代人感到疲惫不堪，在乡村旅游中又找不到故乡和家的感觉时，他们的目光越过“现代化”“旅游化”乡村，开始向荒野张望，荒野里能否再重建乡村？观照过游客对未来居住空间的看法。调查中少量游客表示如果能找到满意的乡村，希望在那里自建一套自己的别墅，周末休闲，假期度假，退休后安度晚年；2.6%的游客还希望将来能够基于国家政策的调整在乡村拥有和经营自己的农场；3.8%的游客表示如果找不到好的乡村，到未开发的偏远处女地开辟新的居住地，像桃花源一样的，也未尝不可，关键是看国家政策是否允许，

再者也不知道能不能找得到这样的地方。“适彼乐土，爰得我所！不过，可能只有想想罢了。”由此看来，大多数的人对乡村根性价值依然极为珍视而葆有脆弱的信念，他们依然渴求精神、身心在乡村故乡被妥善安置。Henry Beston 认为在土地上创造性地劳作与思索自然是“人类生活的两个最好支柱”，“只有当我们意识到大地及其诗意时，我们才堪称真正地生活。”面对人们的诉求，我们应该和能够做的，恐怕不仅仅是扼腕与猜想吧！

第三节 乡村旅游的品质分析：农家乐—乡村旅游—乡村游憩

本节是探讨乡村旅游产品的层次升级，目前我国乡村旅游尚处于“农家乐”阶段，随着人们认知和市场发育的成熟，真正的高端乡村旅游产品将逐渐成为游客的主流诉求；随着市场消费的理性发展，乡村游憩的理念将会深入人心，乡村小旅游发展模式将成为未来的发展趋势。

一、初级阶段的农家乐

自 20 世纪 80 年代大众乡村旅游发展以来，中国的乡村旅游主要表现为田园农业旅游、村落乡镇旅游、民俗风情旅游、农家乐旅游、休闲度假旅游、科普教育旅游等模式，其中最主要的是农家乐的模式，特别是 1998 年，国家旅游局推出“中国华夏城乡游”，提出“吃农家饭、住农家院、干农家活、看农家景、享农家乐”这一口号，大中小城市与乡村交界地边缘地带的“农家乐”成为有中国特色的乡村旅游发展模式的典型代表。具体来说，农家乐主要以赏花采果、餐饮娱乐、喝茶聊天、看民俗表演等活动项目吸引游客，基本上是一种浅层次的农味体验，是乡村旅游初级阶段在中国的表现形式。这种旅游模式，对于乡村居民来说，投入少，人才需求门槛低，管理成本低，家家都能参与。对于游客来说，离居住地近，出行方便，消费低廉，开始也确实体验了不少与城市不同的生活娱乐方式。所以农家乐在短短十几年间遍地开花，迅速发展。

但是，随着农家乐大规模的发展，由农户经营的农家乐产品质量一直在原地踏步，就是一开始提出来的“做农家活、享农家乐”这样的活动目标也很少有人能做到，大量雷同的产品对游客失去了吸引力。成都是“农家乐”的起源地和盛行地之一，但客源减少、效益下降问题从 2000 年起就日益凸显。20 世纪 90 年代，外来企业或个人开始加入农家乐经营的队伍。这些来自城市的企业或个人一般拥有雄厚的经济实力和良好的经营管理能力与经验，并且了解国家在乡村发展方面的一系列方针政策，善于协调各方面的关系。他们的到来给农家乐的发展注入了活力，扩大了经营规模，开发了认种、休闲、度假等新的产品，提升了产品的质量标准，很快在乡村农家乐的经营中占据了主导优势。成都市由城里人租地经营的“农家乐”到 2003 年已占经营户总数的 40%，而且经营规模大，位置好，效益好，其旅游收入占全村的70%以上，这种“农家乐”已经成为与当地社会经济关联度很小的“飞地”。

之所以会有这样的发展结果，跟我国乡村旅游发展背景与政策导向有密切的关系。我国乡村旅游发展源于解决“三农”问题，借旅游开发寻找农村新的经济增长点。由于贫穷落后，农户资金、技术与管理经验的缺乏，只能提供简单粗陋的产品。随着国家《国民休闲纲要》的出台，带薪假期制度的改革，国民经济的改善，农家乐产品的廉价，城市化进程的加速，乡村旅游很快进入大众化时代。随着土地流转政策的完善与旅游经济扶持政策的出台，巨大的市场需求引发了大量外来租地企业和个人的参与，乡村旅游在他们的手中向着产品多元化、产业联动化方向发展，农家乐、民俗村、田园农庄、农业科技园、古村落、乡村度假村等多样化产品层出不穷；随着市场的扩大，游客消费水平和产品质量需求的提高，促使产品日趋精品化、高端化。这一系列背景条件的要求与市场需求的变化，已经使初始意义上的乡村居民经营所不能应付，产业融合、规模经营、整合发展的产业化经营成为扩大乡村旅游市场份额和提高市场竞争力的必然选择。个体农户逐渐退出乡村旅游经营的历史舞台，四川成都、安徽西递、北京房山等各地的乡村旅游都已经或正在向包租经营模式发展。

在这期间还有一个非常重要的问题值得关注，那就是由于产品需求与供给变化过程中农家乐从内涵到形式的质性改变。初期的农家乐，人们是奔着乡村景观和农家事务能给人提供淳朴田园生活与本真生命体验的目标而来，简单质朴的生产生活让人从巨大的身心与环境压力下暂时解放出来，寻求一时自由呼吸的空间。但是从初始粗放的原生态产品到后来精致的拼贴产品，始终没有让人满足这一诉求，却是后来的拼贴产品给人提供了一个能满足人们现代情感消费的符号空间。这是一种与西方发达国家乡村旅游比如美国的农场观光、农产品购物、度假产品，日本的儿童体验、发展学习、疗养康体产品，欧洲的传统观光（产品生产加工田园风光）、乡村科技、休闲度假产品等完全不同的“伪乡村旅游”产品模式。

这种由具有经济、管理甚至意识形态实力的城市精英企业或个人在城乡结合的环城游憩带经营的农家乐，实质上是充分利用拼贴手段，把各种性质不同的要素组合成一个个对抗城市又不同于传统乡村的适宜现代情感交流与消费的异质撞色空间。首先，它刻意从传统乡野、田园、山水、民居、工具、民俗、饮食、装饰、器物之中撷取观赏性元素，同时从现代文化中采借后现代对抗城市的元素，比如仿古农舍，现代仿制印花布，粗制餐具，仿制农具，精致竹篱，人工草坪、池塘、假山，移栽花木，现代仿民间糙录音乐等等，一并进行杂糅拼贴，造成一种传统与现代、通俗与高雅、粗陋与精细相融合的冲击视听感官审美幻觉的环境和氛围。其次，将获得身心暂时松弛的城市与乡村休闲活动（游园、赏花、唱歌、洗脚、散步、划船、恋爱、交友、聊天、搓麻等）拼贴和叠加在一起，满足不同层次与趣味的需求。最后，它用各种历时性元素（如不同年代的器物）组合造成的历史穿越感以达到“用时间消灭空间”的效果；同时通过共时性休闲审美空间组合（如传统与现代不同特质的活动和娱乐空间）达到“用空间来消灭时间”的效果，并在此基础上造成一种不同于城市又有别于乡村的疏离感、陌生感与新鲜感。这种“农家乐”利用城乡接合区域从现代大都市钢筋水泥丛林中开辟出一块“飞地”，营造出一种非城非乡、如真似幻，能够满足现代物质消费、符号消费、感官消费的独立审美休闲空间。

这种中国特色的农家乐模式得到了政府部门的支持与鼓励，也得到了国人大众的喜爱和认同，并日益成为人们日常生活和消遣不可或缺的公共消费空间，尤以休闲之都成都最为典型成熟。它能同时满足从低水平个人到高层次集体各种规模，从普通大众到白领小资各个阶层，培养和强化从官、商、师、朋到亲、情、同、伴各种现代社会关系的不同消费需求。因此，这种农家乐实质上是初级阶段的乡村旅游萌芽在特殊空间和土壤中孕育和成长起来的另一种新的东西，它是去城市的，也是非乡村的，与边远地区的农家乐已是天壤之别。

二、转向中的乡村旅游

无论对乡村旅游有怎么不同的概念表述，学术界都认同和强调“乡村性”是乡村旅游的核心特征，全球化市场经济背景下中国高扬的城市化进程中，拥挤污染的环境、经济化的人际关系、忙碌紧张的工作造成的身心压力激活了远离乡土与自然根基的人们心底里的人地关系意识和田园传统精神，激发了人们诗意栖居的回归诉求，恰逢新农村建设的契机，乡村旅游应运而生。从乡村旅游的个人需求来说，其本质实是渴望实现乡土—人性结构的回归与重建。因此，从理论上讲，乡村旅游为游客提供的自然是乡村性产品。而“乡村性”的内涵是什么呢？乡村性也就是乡村本质的规定性。就乡村而言，生产是它的首要功能，生产维系着人类的生命；人们围绕生产这一目标形成了协力劳作关系，并在此基础上形成了乡村生产生活性的文化心理和社会结构。这种生产和劳作本身及其相应的生产劳作关系与文化心理及社会结构是人类得以延续和发展的根基，因此，相对于在此基础上发展绵延的城市与社会历史，乡村的这种生产性结构也是一种根性结构。所以，乡村性最核心的本质是其生产性与根性。同时，由于农业劳作技术与生产的限制，由于协作互助的需要，乡村社会是熟悉的集体，但又是不能太大的集体，因此，乡村是小规模的，村落是它的基本单位，这也是它区别于非基于土地生产性的陌生化与大规模的城市的本质规定性特征。由于生产生活对于自然的依赖，又形成了乡土百姓对自然神灵的敬畏与信仰，以及适应土地性生产生活和自然信仰的文化心理与娱乐活动等。这几点，是乡村性主要的内涵。

而旅游作为一种精神文化活动，从浅层意义上说，具有放松身心、愉悦情怀的功能；从深层意义上看，其最主要的功能还在于，它能够通过旅游过程中精神文化的愉悦从而达到丰腴、熏陶甚至重新建构旅游者文化精神意志的功能，当然这一建构的效果要看旅游产品本身的质量和层次。就乡村旅游而言，游客之所以前往乡村，从本质上讲是一种诗意的还乡，是渴望实现从时空到心灵的返璞归真，使疲累空虚焦虑的心灵通过乡土文化与劳动的洗礼复归恬适、丰盈、安宁。这正是作为生产性与根性的乡村内蕴的功能。但乡村旅游是否能够满足游客的这一诉求，是否能够发挥这一文化颐养与精神建构功能，还要看我们的产品是否从这一功能设计出发，是否采用了恰当的表达方式与建构方式。

政府发展乡村旅游最初的目标也是基于乡村性元素的吸引力以达到助推农业发展激活乡村经济的效果，却没有关注“吃农家饭、住农家院、做农家活、看农家景、享农家乐”的深层社会文化与意识形态建构的意义和功能。在这一过程中，由于产业带动经济发展导向的诱引，由于经营业主对乡村性的漠视与对经济利益的逐求，由于乡村旅游粗放产品的泛滥，由于制度机会主义寻租者的剥削性参与，由于基于经济利益追求的媒体殖民化话语的建构，导致了旅游乡村从生产性到消费性的转换、乡村旅游需求的异化与“伪乡村旅游”意识形态的形成。随着学界、政府、游客对当下“农家乐”式乡村旅游的反思，随着国家关于发展乡村旅游、关于传承传统文化、关于美丽乡村建设的一系列政策，一些强调乡村性核心与文化功能的呼声也越来越多，很多人从不同角度提出乡村旅游可持续发展的对策，提出了乡村小旅游的概念（即大游憩背景下理想状态的创造性新概念小众旅游），乡村旅游产品开发与旅游功能的回归可谓前瞻有望。实地调查发现，在中国乡村旅游根性诉求异化的事实背后，我们也看到了人们对乡村根性价值极为珍视而脆弱的信念，他们在心底里依然渴求精神、身心在乡村旅游中被妥善安置，美丽乡村建设与传统文化复兴导向也提供了乡村旅游回归本质的大环境，并在乡村与旅游传统的回归中逐步实现乡村与人性的文化救赎。问题的关键在于学者们能否提供切实的乡村与人性文化救赎的旅游路径，政府能否高瞻远瞩并切实践行长远的理念与政策。

三、新发展主义语境下的乡村游憩

20 世纪五六十年代以来以经济发展为导向和中心的“发展主义”，企图以经济的发展来解决所有社会和政治问题，以对金钱财富的持有来面对人生的本质意义，以致形成这样一种操控人类生活的意识形态，从而导致人类当下所遭遇的“有增长无发展”“增长与发展负相关”的恶果，和物质富有—精神空虚、经济繁荣—道德堕落、技术进步—生态恶化等一系列发展困境与文明问题。所谓新发展主义是在对“发展主义”思潮的反思和批判中，于 20 世纪八九十年代以来逐渐兴起的，它质疑发展主义的单纯关注经济发展，强调关注“经济—社会”协调发展，强调真正的发展必须能够回答贫困、失业和不平等情况的变化三个问题，其核心追问直指发展的目标设计：发展是为谁设计的、怎样的发展及其与人类福利、生活质量、增长代价、对弱势群体的影响与更好的路径。新发展主义考虑个人的发展价值，强调社会整体的“最适度”发展，追求经济利益与文化价值相统一的全面发展。

对于我们发展中国家来说，当然经济发展十分重要，但在我们尚未跨入发达国家行列时，又与发达国家同样面临着经济发展带来的社会危机，因此，党的十八大以来，我们强调了文化强国、改善民生、生态文明建设在国家发展中的重要地位，而文化化育与生态文明正是旅游发展内蕴的功能与未来发展的路径和要义。2009 年《国务院关于加快发展旅游业的意见》强调要把旅游业培育成国民经济的战略性支柱产业和人民群众更加满意的现代服务业，丰富旅游文化内涵也是旅游业发展任务之一，2011年《中国旅游业十二五发展规划纲要》也一再强调旅游改善民生、提高人民群众生活质量的目标，要求走内涵式发展道路。同时，面对国民休闲时代的到来，旅游休闲化的新发展意识也正在达成共识。中国的旅游发展面对发展主义与新发展主义从思想意识方面已经做出了自己的努力和调适，但在实践中的真正落实尚任重道远。具体到乡村旅游，生态、文化、健康、休闲、真实、诗意、民生正是乡村生产性与根性内涵的本质特征，乡村旅游正是最契合和谐社会与个人发展要求的旅游方式。

熙熙攘攘的大众型旅游已让旅游大众身心疲惫，红红火火的农家乐已成为一种满足宣泄与情感交流的异质空间，边远的乡村旅游由于模式选择的不当屡屡受挫，“商业化”“城市化”席卷乡村，“孤岛化”“飞地化”令人迷惘……国民休闲时代新发展主义语境下的乡村旅游何去何从?

第一，面对新发展理念，乡村旅游的导向是实现人心灵的解放和个性的全面发展，通过辛勤劳作与丰硕收获的体验、通过原生态生产与生活的历练、通过与淳朴乡民心与心真实的交流、通过传统文化娱乐的精神抚慰，让人们真正懂得人是谁，人需要什么，人的日子该怎么过，人该怎样生存在大地之上。

第二，面对旅游休闲化理念，乡村旅游应该以游憩来定位未来的发展，不再集中接待大众型游客，而是建立一种日常生活化的亲友式主客交流机制，增强客人体验的深刻性与广泛性，减小旅游带给乡村的负面影响，让乡村真正成为客人的故乡和心灵的诗意栖居地。

第三，取消所有的“飞地化”经营，实现乡村旅游去产业化发展，充分体现乡民的主体性地位，聘请规划专家与乡民共同设计自己的家园；建立城乡互动机制，客人可以适度参与乡村游憩地的规划设计。但要科学制定和严格监督乡村土地管理制度与实施，谨防乡村旅游殖民化经营。

第四，切实提高乡村游憩产品质量，丰富产品文化与意义内涵，加强乡村游憩精神与信仰化育功能，以切合促进乡村经济与文化共同发展的途径（高效益—低密度模式，即乡村从游客那里获得的收益可以以经济、文化、政治等不同的标准来衡量），促进乡民精神文化、物质环境、经济水平与政治地位等各方面均衡的发展，最终达成美丽乡村建设的目标。

乡村景观富有旅游休闲的价值，但发展乡村旅游决不能仅仅为了赚钱。乡村景观与美丽乡村的建设，从根本上说是改变传统的农业观念，将农业生产的价值与意义提升至从根本上改善人类栖居环境，实现人类生活审美、促进人类个性健全发展的高度，这样，乡村游憩的发展将成为人类生态文明重建的一个新起点，成为人类神圣信仰与美善信念重构的重要载体。

第四节　乡村重构下的乡村旅游创意开发

本节探讨不同的乡村旅游认知、发展理念、发展模式对乡村重构带来的影响和应当引以为戒的启示。

一、乡村旅游问题与思考

当下学术界对中国乡村旅游发展中存在的问题基本上已达成共识，旅游产品同质化、单一化、粗糙简单、层次低、缺乏文化内涵；景观、娱乐、生产、交换、环境、设施城市化，乡村空间失去了传统乡村性特征；“飞地化”经营越来越多，制度机会主义者兴建的乡村别墅产权房或度假村正在崛起，在乡村与旅游发展规划中乡民处于失语地位；政府、企业、媒体、乡民基于不同的经济诉求，共同选择了乡村甚至包括乡民自身的商业化、仿制化、舞台化，游客体验的可能只是一种新型的乡村旅游文化。环城游憩带乡村的异质化农家乐，城市所谓山庄、度假村的新型旅游空间体，其实已不再是乡村旅游讨论的话题。

这些问题和现象还只是表层，再往深处看，乡村旅游的生产生活、文化娱乐、邻里关系、民间信仰、身份意识在旅游中都发生了异质性改变。比如调研的北京门头沟区爨底下村，旅游开发以来，村落游览由外地人承包经营，留在村里经营个体餐饮与住宿的基本上是五十岁以上的老年人，年轻人都外出务工去了，原有的农业、饲养业都放弃了，从而导致实业空心化；河南新乡郭亮村，沿景观大道两旁都是农家宾馆、烧烤铺、售货摊廊，另一景观辅道与沿景观主道一排农家宾馆之间是原有石头院落农舍，基本上人去屋空，破败萧条，乡村村落空心化，年轻人也大多外出务工了；原始破败院落、新建楼房、农家宾馆、杂色店铺、半城市化游乐设施场地、大大小小的停车场等错落杂陈，乡村形象半城市化（乡非乡，城非城，丢失了传统，也不够现代）；邻里之间原有的生产协作结构关系、和睦一体关系、集体传统娱乐活动、民间尊神信仰与庙祭活动、淳朴农民身份等被商业竞争关系、半城市化现代娱乐活动、餐饮导游服务身份等所代替，空间、关系、身份、形象均被旅游化重构。

二、乡村旅游问题探源

乡村旅游这一系列现象和问题产生的原因，一是在于对乡村旅游活动的认知模糊或偏颇，二是在于经济发展中心主义导向和长远发展理念缺乏，三是由于乡村旅游发展模式与乡村性特征不相匹配，四是消费主义意识形态的影响，五是乡民文化参与能力与主体意识及维权能力的缺乏。

第一，在乡村旅游活动的认知方面，农家乐成为乡村旅游典型代表，没有从原动力深层文化意义方面认知乡村旅游的根性诉求和文化功能，从而使得乡村旅游产品开发不到位，层次上不去，旅游效果发挥不理想，并导致人们对乡村旅游本质的误解，以为它无非就是“在条件好一点的乡村空间吃喝玩乐”。乡村旅游最核心的功能是传统美善价值信仰的重建，任何时候，知识要为信仰留有余地，我们必须真正以理性的目光和敬畏的精神贴近乡村一草一木、一砖一瓦、一家一户，让人们通过触摸那珍贵的心灵震颤、依偎那绵绵不绝的大地，回归久违的家园。

第二，由于经济发展中心主义的导向，没有认识到让乡村的美丽滋养心灵、通过乡村旅游促进居民和游客人性得以健全发展的理念，政府、企业、规划师、媒体、居民各个环节的工作都以经济收益为绩效标准。政府忽视了乡村文化建构功能的发挥，企业失去了资源保护、惠济民生的社会责任，规划师放弃了创造性与科学性的追求，放弃了为民众设计的理念，媒体采用了各种形象建构技巧为目的地做最有效的宣传而无视客观事物的本质，居民为轻松赚钱放弃了原有产业，从事娱乐服务，忘记了自己的乡民身份，淡漠了传统的邻里关系，也没有从乡村旅游中发现吸引游客的自我拥有的最珍贵的东西，从而也就忽略然后失去了它。

第三，乡村本身的特征——偏远、淳朴、熟悉、小、宁静、生态，它需要一种日常的、三三两两的、恬适的、亲朋式的、爱乡村的体味探访，而当下乡村旅游发展模式是大众型接待——集中化、规模化、商品化、陌生、嘈杂，二者是相互背反的，背反本质特征的发展必然要损害自身的健康，是不可持续的。小旅游式乡村游憩才是适合乡村特征的发展模式。

第四，由发展主义的盛行给人类带来的精神和文化问题及巨大压力需要通过物质的手段来疏导、发泄和平衡，消费主义开始在美国产生和盛行，由传统走向现代的中国 21 世纪初也步入了消费时代。这一时代的特征是广告控制话语霸权，商人运作政府，大众靠物质来炫耀。生产不是为满足人类真实的需要，而是获得高额利润；消费不是从个人需要而是从被商家和媒体激发的欲望出发；奢侈品成为促进经济发展新的引擎，消费成为自我身份和价值构建的符号，“我消费故我在”，消费成了人存在方式的表征。这种异化消费不仅改变了人们的日常生活，而且改变了人们的社会关系和生活方式，并引致整体性的社会、经济与文化转变。在认知不清情况下发展起来的乡村旅游难逃被异化消费的命运，比如城郊型农家乐，根本上就是被作为一种宣泄、交流的物质空间和手段而存在和变异，边远的旅游乡村也距离乡村的本质规定性渐行渐远。消费主义让游客、乡民、乡村都围绕物质符号虚无的变换象征而流动和生存，人的活动成为支撑物质符号象征意义的一个标记。此时，我们确实需要一种本真的乡村旅游唤醒人们的心灵，将人们拉回到生命本真的需求中去。

第五，乡村旅游诸多问题产生的关键还在于乡民自身。首先，乡民没有认识到自己的资源真正的历史与现实价值是什么，自己最珍贵的东西是什么，所以才会有商品化、庸俗化的产品层出不尽。其次，乡民缺乏乡村旅游开发所需要的政治远见、管理能力、经营经验、经济与技术实力，所以才会有“飞地”怪圈。进而，使乡民失去了参与的能力，忘记了参与的权利，也丧失了维权的能力，所以乡民在旅游开发中一直处于失语状态。乡民认知、参与能力的欠缺还直接导致无意识状态的自我奴性的培育，乡民自身与乡村一起被重构和异化。因此，乡村及乡村旅游的未来发展最关键的问题，在于乡民文化素养的提升，在于乡民认知、管理、参与、政治等意识与能力的培育和提高。在乡村旅游发展中，加强乡村居民乡村重构意识的建设，赋予他们乡村重构的能力，为之提供乡村重构的工具和途径，是保证乡村发展自主性、避免乡村旅游商品化、庸俗化扭曲的根本措施。

三、乡村旅游创新发展之创意开发路径选择

在乡村重构的背景下乡村各方面的发展思路必须基于创新发展理念去思考和探索。无论是重构的空间结构再造、社会结构的重塑，还是乡村产业形态的重构都要在把握乡村产业发展规律和市场需求变化方向的基础上，引入科技创新力量和文化创意方法，提升乡村旅游发展层级和内容品质，将创意经济思维和创意开发方法融入乡村产业再造之中，形成新的乡村旅游市场体系、产业体系、业态体系和经营体系，使乡村在古老历史的基础上焕发出新的时代生机。

第四章

乡村旅游创意开发类型与内容

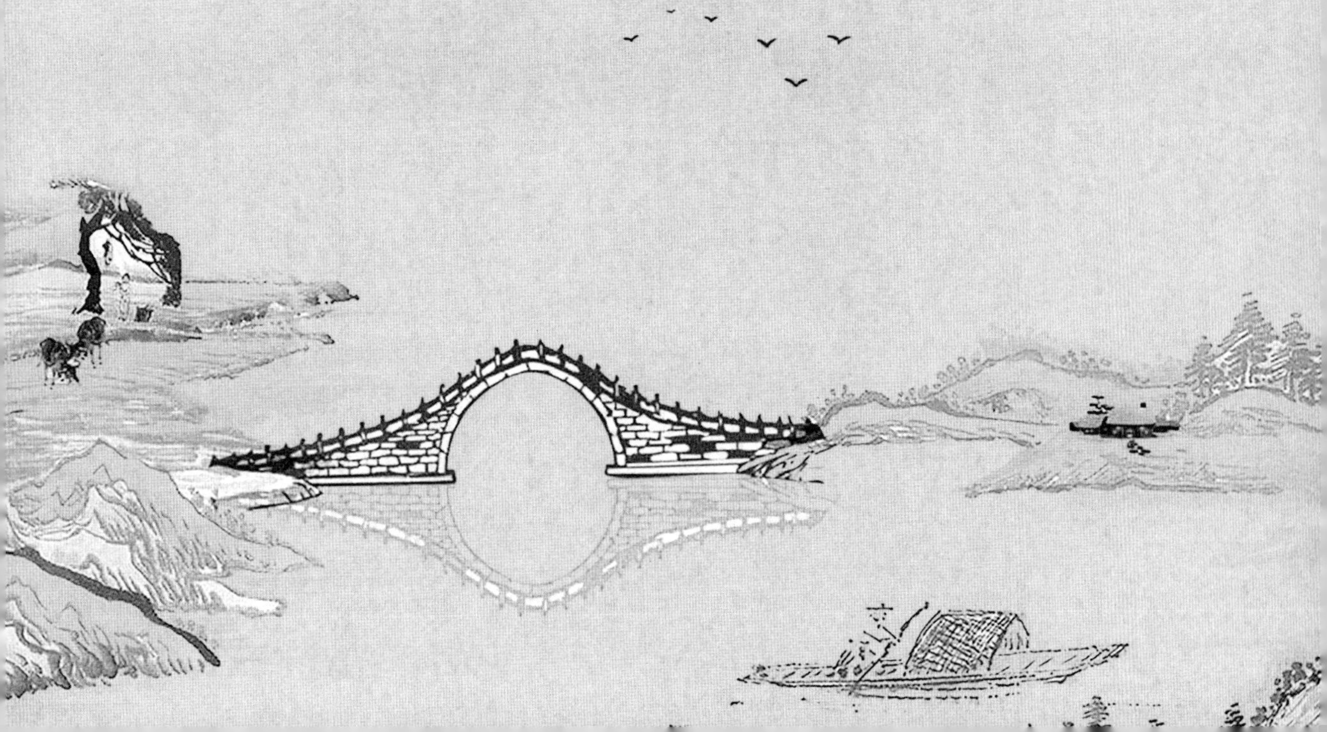

党的十九大提出了乡村振兴战略的新要求，给乡村发展农家乐、休闲农庄、田园综合体、共享农庄、民宿等多种模式的乡村旅游产业发展带来了新的机遇和新的希望。乡村旅游创意的主要特点就是其独特的创意元素，将个人不同的创造力转化为竞争力，通过在乡村旅游中融入创意元素将有形与无形的资源转化为受到市场认同的旅游产品，实现乡村旅游产业链的拓展和延伸，通过资源优化、资源价值创新促进乡村旅游的转型升级。

第一节　乡村旅游创意开发类型

一、创意旅游的兴起

21世纪初，克里斯宾·雷蒙德（Crispin Raymond）及雷·理查德（Grey Richards）提出了创意旅游的概念：即通过旅游过程的积极参与和从其选择的度假目的地学来的经验，为游客提供发展创意潜质的机会，是游客在游览过程中学习旅游目的地国家或社区的某种文化或技巧的一种旅游产品。创意旅游作为新兴产业，将创意要素融入旅游产业的发展过程，不但突破了有形资源的发展束缚，还实现了三次产业的融合发展，对乡村经济发展具有不可估量的推动力。

创意旅游有3个核心要素：①文化是创意旅游的前提和基础。当今在文旅融合发展的大背景下，创意旅游是满足人们对美好生活需要的有效途径，而做好创意旅游需要深度挖掘文化内涵并变革其表现形式，只有从纵向上做好文化传承和横向上做好文化传播才能在旅游开发中促进创新创意开发的落地。②互动式学习与体验是创意旅游的实现路径和形式。伴随着市场需求日益多样化和多元化发展，对体验式旅游消费的需求日益提高，人们在旅游体验中才能更好地实现对地方文化的认知，在创意旅游体验中更好地促进市场的认可和认购目标的实现。③实现自我发展和目的地的社会经济发展是创意旅游的目标所在。创意旅游绝不是为创意而创意的噱头，它有自己的目标追求。作为市场交换的商品来看，必须实现满足市场消费需求，为顾客创造价值的基础上，实现自身的价值增值目标，并进而促进地方社会经济发展目标的实现。总之，创意旅游是社会经济结构重构转型的需要，是文化传承与传播发展的需要，是消费市场消费方式升级换代的需要。在乡村旅游发展中，同样面临着创意开发的必要性和紧迫性。

二、创意乡村旅游：促进乡村旅游业的转型升级

1. 通过资源优化与创新促进乡村旅游业的转型升级

传统乡村旅游业的发展主要依托的是乡村自然及生产生活资源，不仅受到资源本身丰富程度和等级高低的局限，而且也对环境保护形成极大的压力。创意乡村旅游虽然也离不开乡村自然和生产生活资源的支撑，但更多的是属于智力密集型发展，需要在原有资源禀

赋基础上，将个人不同的创意创造力转化为产品竞争力，通过在乡村旅游中融入创意元素将有形与无形的资源转化为受到市场认同的旅游产品，实现乡村旅游产业链的拓展和延伸。

资源的优化与创新需要转变资源观，将资源的单一功能拓展到多功能视角加以认识，才能为创意开发提供更多的可能领域。如传统对农业的认识就是单一的生产农副产品功能，缺乏对农业生态保护、文化传承、生命教育等多功能认识，因而利用的空间有限、形式单一。反之，在创意旅游视角下，对多功能农业的认识可以使乡村旅游产品更加丰富，如可以开发研学旅游、亲子教育旅游、康养旅游、农耕文化认知体验游等，通过乡村旅游资源利用方式更加多元化，进而促进乡村旅游产品更加丰富化，使乡村旅游业实现转型升级。

2. 通过价值提升促进乡村旅游的转型升级

正如前面分析所表明的那样，乡村旅游价值应该多元理解，不仅有经济价值，还有社会治理价值、文化传承价值、生态保护价值、生命学习价值等。如通过创意乡村旅游的发展，可以提高游客和乡村居民的感性素养，提高其审美欣赏能力，进而促进美丽乡村建设落地生根，实现物质文明和精神文明的双进步。换句话说，从价值链构建的角度出发，通过以“创造力”创造乡村新价值、以“故事力”活化乡村文化资源、以“感受力”展现乡村文化资本，占领乡村旅游价值链的最高端，以促进乡村旅游的价值提升。创意元素的融入则是提高乡村旅游业产品附加值的必要手段。

3. 通过结构优化促进乡村旅游业的转型升级

由于乡村旅游需求具有综合性特点，因而乡村旅游业的发展也必然涉及三次产业各个方面。但由于传统乡村旅游业尤其是农家乐模式的大量存在，乡村旅游产业融合及其结构优化方面还比较欠缺，第二产业薄弱、第三产业不强的局面还没有改变。通过创意乡村旅游的发展可以引入更多的智力资源，强化产品设计研发环节和营销推广环节，促进经济结构向“微笑曲线”两端延伸。如在农业产出方面对农副产品加大创意研发力度，强化对旅游购物品开发的艺术设计和美化包装，提高乡村旅游产品的感性美和增加附加值，进而促进乡村旅游业伴随着需求升级的转型目标的实现，优化乡村旅游业结构。

三、乡村旅游创意开发内涵

（一）乡村旅游创意开发的概念

创意乡村旅游需要通过乡村旅游创意开发来实现。乡村旅游的开发主要依靠农业生物资源、农业经济资源、乡村社会资源等对象而开展的旅游活动。有利于让游客了解当地的风土人情、认识当地的风俗习惯。该行为的目的具有多样性，比如给乡村带来利润、保护稀缺资源和环境、精准扶贫、加快农民迈向小康生活的步伐、传承传统民俗文化等，所以乡村旅游开发具有一定的经济性、政治性和公益性。乡村旅游创意开发需要用活乡村的本土材料、果林、菜园等，而不是城市化的照搬照抄。要按照乡村原有的脉络进行梳理，策划新产业，引进新思想，让更多年轻人回到村庄，将规划与运营有机结合，让美丽乡村产生美丽经济。概括来说，乡村旅游创意开发是指乡村旅游开发者基于乡村的地域景观特色和民俗文化资源等进行的一系列突破常规有创新的开发建设活动。

乡村旅游创意开发的外延是十分广阔的。从乡村旅游具备的功能来看，主要包括生产功能、生态功能、社会功能、文化功能、教育功能、游憩功能、医疗功能等，因此在创意开发方面就可以围绕这些功能创意设计产品类型与体验形态，形成丰富的产品线；从乡村旅游凭借的资源种类来看，主要有农业生产资源如农作物、农耕活动、农具和家禽家畜等、农民生活特色如农民本身特质、日常生活特色、乡村文化庆典活动等、乡村生态环境如乡村气象、地理、生物和景观等，因此可以依托这些种类繁多的资源加以创意开发，为游客提供更加丰富多样的乡村生活体验；从乡村旅游活动的主要内容来看，最基本的食、住、行、游、购、娱六要素是乡村旅游活动中不可缺失的，创意开发需要针对当代人消费的新需求特征，将文化内涵展现出来，赋予乡村旅游产品一种有艺术品质感的形态，形成有回味性的乡村旅游体验产品。

成功的乡村旅游创意开发就是要充分挖掘乡村特有的资源并形成独特的乡村旅游产品，适应和满足旅游市场消费需求，当两者能够相互契合的时候，才能达到乡村旅游创意开发的最终目的，实现供求双方对美好生活的追求和期望。

（二）乡村旅游创意开发的价值

乡村旅游的创意开发离不开创意者的创造力和消费者的欣赏力。由于创意的本质是基于创造力而产生的想法，乡村旅游创意开发的基本要素是知识产权和文化属性，内涵的核心是创意和创新，产生的背景是注重知识和文化的知识经济时代。乡村旅游创意开发它不仅重视文化的经济化，更重视产业的文化化。无论是创意的生产者还是消费者都要有一定的知识储备和审美能力，才能在乡村旅游中发现美、创造美和享受美。

乡村旅游创意开发除了主体要具有感受美的能力外，还离不开创意开发中凭借的物质资源载体的现代性支撑，无论是生产工具的使用，还是消费环境的营造以及消费者的饮食起居的凭借物的科技应用都体现了科技带给创意乡村旅游的助力价值，也在一定程度上促进了整个产业结构的转型升级，体现了旅游服务业与旅游制造业相互促进、协同发展，共同推动了乡村旅游创意开发的进程。因此，可以从以下方面认识乡村旅游创意开发的价值。

1. 提升了乡村旅游主体的人文素养，促进了社会文明的进步

乡村旅游主体包括旅游经营者和旅游消费者。从旅游消费升级的角度看，旅游者需求已从单纯的观光旅游向休闲度假和专项旅游需求转化，这种变化的结果就是对乡村旅游的审美观在进化，尤其是“80后”和“90后”已成为市场消费主体，他们大多受过良好的教育，对知识和文化的多样化需求日益明显，需要通过富有审美价值的乡村旅游产品来实现自己精神升华的消费需求；从旅游供给转型的角度看，竞争的日益激烈迫使乡村旅游供

给者必须谋求不断创新，创造差异化旅游体验，增加产品的创意元素，在保持乡村性的前提下提高审美能力，营造和提供和谐的富有美感的乡村旅游消费环境和产品。为此需要克服自身感性素养不高的缺点，加强学习吸取美学养分，以提高乡村旅游产品吸引力和竞争力。正如广东省的罗凯先生提出的农业劳动主体要实现革命，即将具有生产农产品的素质、形成生产农产品的思维和从事生产农产品的工作的农业劳动主体改变为具有农业美学素质、形成农业美学思维和从事农业美学工作的农业劳动主体，虽然目前来看要实现主体革命还较难，但这是乡村旅游创意开发乃至未来形成创意乡村旅游美好生活必须要突破的地方。

2. 改变了乡村旅游客体的组合品质，促进了经济结构的升级

乡村旅游的客体既包括乡村旅游的各类依托的资源，也包括实现乡村旅游所必需的各类服务设施，它们都是乡村旅游创意开发的客体。旅游经济体系其实包括旅游服务业和旅游制造业，任何旅游服务业系统的运行都离不开旅游制造业的物质支撑，尤其是乡村创意旅游开发在围绕五官感知领域的创意离不开新科技介入的有形制造物的创新开发和创意利用。换句话说，游客升级了的消费需求推动了制造业的转型升级，带动了三次产业的融合发展和结构优化，使无形的智力和有形的物质之间实现多种组合方式，带给游客不一样的新颖体验。

（三）乡村旅游创意开发的特点

乡村旅游的出现即是现代人类生活方式发展的一种产物，它的出现一下子吸引了大多数人类的心态和视觉态。特别是城市居民，长时间生活在恶化的污染环境中，需要跑到城市郊野和广阔的乡村，去呼吸一下宁静的乡村新鲜空气，体验一番农村、农业和农民生活的“三农”天地、“三农”景色、“三农”民俗风情。因此与乡村旅游相关的一些乡村旅游创意业态就雨后春笋般地发展起来，其创意特点如下四点。

1. 乡村旅游将物质业态转化为精神业态

旅游是一种生活方式，是以精神享受和感受体验为主的生活方式。当这种方式进入农业领域后，则将原来单轮性质的农业物质享受转化为双轮性质的物质—精神双重享受。农业领域所开辟的精神享受和感受方式，使人们的生活境界发生了一个翻天覆地的变化，其前景是无限的、持续的、永恒的、美妙的。农业与旅游业的融合，使农业增加了一个应用渠道，使农业投入产生了旅游附加值；旅游业拓宽了产品领域，更加丰富了旅游业的内容。因此，乡村旅游是农业和旅游业的交叉产业，二者都具备了创意的火花和闪亮点。

2. 乡村旅游的业态创意十分丰富

从旅游的功能来看，有农业观光旅游、休闲旅游、体验旅游、教子旅游、租赁旅游、习农旅游、品尝农产旅游、购置农产品旅游等；从参与农业业态来看，有农耕旅游、收获体验旅游、植树造林旅游、牧场旅游、渔业旅游、农产品加工参与旅游等；从旅游产品类型来看，有农业观光园、市民农园、农业科技园、观光果园、观光牧园、农艺园、采摘园、乡村情趣园、垂钓园、森林公园、少儿农庄、民俗度假村、绿色生态度假村、生态园、度假农场、家庭农园、教育农场等。在技术与艺术的双轮驱动下，在市场需求变化的引领下，乡村旅游创意开发的业态不断丰富，且动态进化的特征明显。

3. 乡村旅游创意主题鲜明，注重文化内涵

定位鲜明的主题是给游客带来美好记忆的基础，能显著增强游客在旅游中的体验感，使人印象深刻，短时间内难以忘怀。首先，必须对目标客源市场进行深入细致的分析，并针对游客的需求，必须从旅游者异质性的需求特点出发来设计新产品，按照差异化原则，提供个性化、稀缺化的旅游产品和服务，营造独特的体验氛围和环境，给游客带来的全新体验。其次，要对乡村旅游的资源进行深入细致的调研和分析，表现出的主题要能够体现本土特色。再次，避免与周边同类乡村旅游产品雷同，还要有核心竞争力，使产品稀缺化和个性化。游客在体验经济时代由物质需求转向精神需求，更加注重旅游产品的文化内涵和文化品位。没有文化内涵的乡村旅游产品是不可持续的，是没有生命力的。所以，旅游开发者在乡村旅游体验产品开发过程中，要充分研究当地的本土文化，细致了解乡村民风民情，深入挖掘当地的文化内涵，以艺术美感的方式表现出文化内涵的深度才能赢得市场。

4. 乡村旅游创意强化互动参与，注重感官体验

体验的核心也就是要吸引游客参与乡村旅游的互动，开发出的乡村旅游创意产品必须要融入参与和互动的元素，才有可能广泛提高游客的积极性。旅游企业也要从游客的视角出发，设计出游客参与性较强的乡村旅游创意产品，竭尽所能创造条件让旅游者能够参与其中，这种体验可以在乡村旅游产品设计和生产过程中，也可以在销售和服务的过程中，让游客享受到体验的乐趣。开发乡村旅游产品重点是要刺激游客的感官。营造具有乡村特色的体验场景能给游客带来感官刺激，触动心灵世界，达到旅游体验的目的。通常来说，平平淡淡的事情是不会引起人们的注意，因此，乡村旅游产品设计要充分调动游客的五官，吸引游客的注意，集中精力围绕游客的感觉展开创意设计，有效刺激游客的视、听、味、嗅、触五种感觉，使游客的体验更加难以忘怀。

四、乡村旅游创意开发分类

乡村旅游创意作为一种新兴产业，将创意要素融入旅游产业的发展过程，突破了有形资源的发展束缚，实现了一二三产业融合，对区域经济发展具有不可估量的推动力。通常，乡村旅游创意开发可以分为以下三大类。

1. 功能创意

运用最新的高科技手段开发乡村旅游的文化内涵，对某些特殊旅游项目进行多功能的综合设计，给游客提供全新感受和体验。只有让游客深度体验，才会对旅游目的地产生深刻的印象，而不仅仅是走马观花。把游客引导在设计好的背景、服务、环境、产品中，让游客在旅游的过程中与布置好的场景融为一体，使游客感受到美好的体验，最终达到人景合一的境界。最有代表性的是张艺谋的“印象系列”旅游产品，尤其是“印象大红袍”实景演出，武夷山借助张艺谋高水平的创意策划，把底蕴深厚的茶文化用艺术形式予以表现，让它成为可观赏、可体验的文化旅游精品项目，和绝美的自然山水融合成为一场高水平的文化艺术盛宴。引入“矩阵式”实景电影，将屏幕融入武夷山的盆女峰、大王峰、九曲溪之中，使游客切实体验到“人在画中游”的奇妙。

2. 过程创意

过程创意是指在不改变产品本身的情况下对旅游产品的过程进行创意设计。运用细分市场的原理，旅游市场可以分为少年儿童、青年、中年、老年四个旅游市场。在旅游产品开发设计中，大多数是以收入较高，体质较好的青年和中年为对象来设计旅游产品的，而随着我国社会老龄化步伐的逐渐加快，老年旅游市场的潜力非常巨大，通过旅游过程的创意设计，从而满足老年旅游市场需要。另外也可以按照不同的兴趣进行市场细分，不同兴趣的游客在旅游过程中有不同内容的消费需求，在消费内容上、节奏上、顺序上、等级上、组合方式上等都可以创意设计组合，形成新颖的体验过程。

3. 主题创意

根据旅游产品生命周期理论，在主体资源不变的情况下，跟随市场的变化而推出新的旅游产品。教育主题是乡村旅游创意开发的重要领域，亲子教育主题是结合儿童“德、智、体、美、劳”以及个性培养等方面能力，并以丰富的教育形式和吸引力，让儿童在旅游中有所收获，从而塑造儿童良好的品行，增强孩子的体质，培养儿童的能力，通过“行万里路”的形式，使儿童主动地面对社会中的各种生存压力和竞争。

第二节　乡村旅游创意开发主要内容

未来学家阿尔文·托夫勒(Alvin Toffler) 曾站在全球经济与社会发展的角度上预言：主宰21世纪商业命脉的将是创意。21世纪是创意经济时代。创意，同土地、技术、资金、劳动力一样，成为推动经济增长的关键因素。创意不仅与文化艺术、休闲旅游等满足人们精神需求的新兴产业有关，还渗透在各类传统产业中，成为传统产业转型升级的重要动力。用创意改造传统农业、传统乡村赋予乡村旅游新的内容就形成了创意乡村旅游。

一、乡村旅游创意开发原则

乡村旅游创意开发的核心是要把创意融入乡村旅游中，把创意与科技、文化、产业、市场、生态环境有机融合，全面挖掘乡村各方面潜能，拓展市场空间。

1. 以人为本、生态当先

以人为本是科学发展观的核心，这里主要指在乡村旅游创意开发及经营管理中，坚持一切围绕人的需求展开创意设计，以调动和激发人的积极性和创造性为根本手段，以达到提高效率和人的自由全面发展为目的。

生态当先要求在创意开发中要将保护生态环境放在首位。创意开发中人类的任何活动，都必须对生态环境的开发做限制，通过规范管理，以管促治，有效减轻人类活动对生态系统的压力；在色彩和形式上要给人一种绿色、自然、健康、环保的感觉，让游客从视觉上对乡村旅游的农园、产品及其他内容产生兴趣。

2. 因地制宜、适度合理

因地制宜要求考虑开发地特色，不能盲从于任何成功之地的已有发展道路，要选准目标市场进行有针对性的特色创意开发。

适度合理要求进行科学规划，合理布局乡村旅游创意开发的空间结构，既不能一哄而上，盲目重复建设，也不能无视消费市场需求而无所作为。

3. 市场导向、科学发展

市场导向强调任何创意开发都不能脱离市场需求而为创意而创意，应结合不同消费者的不同需求，在创意开发价值链上纵向延伸（延长产业链长度）和横向扩展（拓宽产业链宽度），充分挖掘和整合乡村内部的各类资源满足市场需求。

科学发展要求创意开发中既要符合乡村生产销售的特点，也要符合乡村旅游业发展的客观规律，将文化创意融入乡村和旅游业整合开发实践中，实现可持续发展目标。

4. 资源为基、优势为先

资源为基并非一味强调资源的富足度，虽然资源是基础，但是创意开发并非完全取决于资源禀赋，重要的是要认识到自己的优势何在，并通过创意开发最大化延伸自己的优势，同时围绕优势配置辅助设施和项目。

5. 突出内涵、打造特色

无论开发的项目形式多么新颖刺激，关键还是要有体验内涵，传递一种创意的价值，形成独具特色的乡村旅游项目和体验环境，创造独特的体验价值。农耕文化、地域文化、创意文化及科技文化的交融再造，有助于形成特色鲜明、内涵丰富的项目。在特色上永远只有第一，没有第二。

6. 功能多样、包容协调

开发项目的创意必须围绕功能定位，落实项目组合，由此可能会出现内容上的丰富多样性，如何将多项目有机组合包容为一个协调有序的项目组合就至关重要了。

7. 效益兼顾、持续发展

乡村旅游的多功能性决定了其效益不仅体现在经济上，从可持续发展的角度上讲，甚至毋宁说非经济效益上的追求更为重要。在知识经济、信息经济和移动经济时代，必须兼顾多方利益，才能真正形成价值共创的新时代。

二、乡村旅游创意开发内容

乡村旅游创意开发要在思想观念上有创新发展思维，文化创新意识，对现有乡村文化进行挖掘梳理的基础上，用创新的思维进行创造与突破，把创意贯穿于乡村旅游开发的各环节、各层面，把乡村的自然风光、景观建筑、农耕文化、民俗文化等丰富的资源进行系统的分析、组合和重构，突出乡村旅游产品的特色和文化内涵。

1. 乡村景观和建筑的创意开发

乡村景观和建筑是乡村旅游的主要载体，是乡村地区具有特色的文化符号。在乡村旅游景观和建筑的创意设计中引入文化创意设计，突破传统思维，既要提炼、保留乡村地区的传统性，又要筛选、引入城市的现代性，要运用文化创意的手法，把当地特色文化（农事农活、乡村节庆、历史文化、民俗风情），或培育新的特色文化和当前的时尚元素融入乡村旅游景观和建筑中，要把文化创意和乡村的地域性、符号性相结合，要根据不同层次的游客需求，设置大量可供选择的欣赏内容和参与项目，让游客在参与活动的愉悦中消费和体验具有特色的乡村文化，做到把传统性与现代性结合、地域性与符号性结合、情节性与参与性结合。

案例 1：日本稻田艺术景观

日本稻田画有着较为长远的发展历史。从 20 世纪 90 年代开始，日本青森县南津轻郡田舍馆村为振兴当地经济，由地方政府牵头开始了稻田画种植艺术的尝试。稻田画的形成需要提前选好图案，在插秧前期计算好栽种的面积和数量，并提前做好标记，在种植时栽种不同品种的水稻，在水稻长成后便形成起初设计的图案。这一利用稻田塑造大面积图案的创意一经推出便轰动一时，吸引了数以万计的游客前来村庄参观，使田舍馆村这样一个财政困难、面临破产的村庄成为当地知名的旅游目的地，并获得了可观的经济收入。

为延续稻田景观的吸引力，田舍馆村在每年水稻种植之前，都会精心选择当年的图案，涵盖当地历史人物和知名景点以及著名画作，经过当地村民精心选择的画作俨然已经成为凝结着乡民智慧的艺术品，因其每年都会不同，所以吸引着大量游客前来（图 4-1）。田舍馆村以较为廉价的成本塑造的稻田艺术景观形成了巨大的吸引和传播效果，不仅促进了当地旅游业发展，而且给众多以种植业为主的乡村提供了良好的示范和借鉴。

图 4-1　日本稻田画

来源：https：// m. baidu. com/tc？ from = bd_graph_mm_tc&srd = 1&dict = 20&src = http %3A% 2F% 2Fwww. jqw. com% 2Fbaoxian% 2Fdetail - 8153506. html&sec = 1567337488&di = ff6adf467ea1f0e1

案例 2：四川绵竹箭台村年画景观

四川绵竹孝德镇射箭台村是全国知名的年画村，其出产的年画与天津杨柳青年画、山东潍坊杨家埠木版年画、苏州桃花坞木版年画齐名，并称为中国“四大年画”，素有“四川三宝”“绵竹三绝”之美誉。

以年画立村的箭台村实行“村景共建”，年画商品生产、加工基地建设和乡村旅游功能齐抓共促，年画作为地方最具特色的资源，始终是取之不尽、用之不竭的宝藏，是外界认识和了解箭台村的最主要途径，因而以年画作为主要的旅游吸引物是建设乡村旅游目的地的关键。同时，年画的销售和振兴离不开越来越多的消费者的了解和喜爱，乡村旅游将游客吸引进来，为其全方位、多层次、立体化展示绵竹年画历史和知识，使游客身临其境，体悟年画艺术之美，有利于绵竹年画影响力的扩大和年画产品销售，真正做到以民俗文化和乡村旅游带动乡村发展和振兴。在“村景共建”思路的指导下，箭台村着力将自身打造为具有吸引力的旅游目的地，通过在墙体绘制年画、设计仿古建筑、建设年画博物馆等多种形式，塑造整体形象丰满的年画景观（图 4-2）。

图 4-2　绵竹箭台村

来源：http://m.sohu.com/a/280607533_365392

案例 3：江西婺源油菜花田

走进婺源，村村是景。婺源油菜花盛开一般在每年的三四月份，但有早有晚，不同的年份，时间有时相差半个月。

婺源油菜花最早成名于江岭万亩梯田花海。江岭被誉为“中国四大花海之一”，华东最具视觉冲击力的赏花地。婺源最佳赏油菜花地标段为婺源江岭。作为“中国最美乡村”田园风光的代表作，“江岭风光”不仅是世界级摄影基地，由于古树、河流、梯田、农舍、农作物合理布局，更是体现了人与自然的亲近、和谐，“天人合一”在这里得以完美地展示。尤其是山顶人家成了江岭风光的大背景，远眺粉墙黛瓦掩映在黄花绿树间，阵阵云雾飘来，恍若天上人间。黄灿灿的十万亩梯田油菜花，使江岭成为婺源春天的宠儿，同时这里也是全国最具视觉冲击力的油菜花观赏地。从江岭开始，公路始终在山间盘旋，从江岭向下看，只见层层梯田，曲折的线条，山谷盆地中的小河，河边聚集的三两个村庄，四周围绕着青山，构成了一幅极美的婺源农村风光画卷（图 4-3）。

图 4-3　婺源油菜花田

来源：https://www.duitang.com/blog/? id=671121373

由以上案例可以看出，稻田艺术形式的农业景观创意已不罕见，技术上也已经较为成熟。因此，未来更应该在造型的原创性、与当地文化的融合性、突显地域特色、开发更多用途等方面下功夫，同时，稻田景观的打造可以与艺术类、民俗类节庆活动相结合，设置不同主题，丰富景观的文化内涵，吸引更多的人参与其中。

而花海景观的核心在于“海”，运用不同花卉打造绚丽多彩的视觉盛宴，营造一望无际的烂漫景色，这就要求我们所种植的花卉具有色彩艳丽、搭配协调、味道迷人、花期较长等特点。与此同时，花海景观还需与当地其他景观相适应，如民俗村落的建筑、河流山峦的走向、其他植物的种植等，在花海中建造的屋舍、雕塑、小品等也需与整体风格相适应，从而从整体上营造不同的视觉效果。另外，利用花海景观开展多种艺术活动，也是实现创意提升的重要手段。

2. 体验活动的创意开发

乡村旅游活动强调“参与”与“体验”两个核心内涵，从而让旅游者感受到更为真切的快乐。按照开展乡村旅游活动的主体元素的不同，可分为景观欣赏型活动、娱乐参与型活动、文化感受型活动等，按照活动开展的方式与类型，又可分为节庆活动、文化活动、游乐活动、科普教育等。针对不同主体与类型，创意开发的侧重点也不同，但基本原则都是突出乡土特征、强化参与体验感受、提升文化内涵。

乡村旅游过程中要设计具有创意的体验活动，就要懂得善用乡村旅游资源，增加其额外价值，提高经济收益。乡村旅游创意体验活动设计要以人为本，从人的五感出发，创意景观打动游客视觉；听风听雨听水听鸟鸣，带动游客听觉；闻花香、闻草香、闻泥土香触动游客的嗅觉；品尝产品、品尝果品、品尝饮品感动游客的味觉；参与采摘、参与活动、参与制作引动游客的触觉体验。正如刘锋博士提出的那样，旅游者在旅游体验中有多种化需求要得到满足，如审美需求、愉悦需求、健康需求、文化需求、求知需求、精神需求等，这些需求用更加形象的表述语言来表达的话，就是要满足游客的“十二头”，即有看头、有玩头、有吃头、有住头、有买头、有说头、有拜头、有疗头、有行头、有学头、有享头、有回头。

案例 4：节庆活动——北京农业嘉年华

昌平区在成功举办了第七届世界草莓大会的基础上，利用大会现有场馆成功举办了四届北京农业嘉年华。北京农业嘉年华融前瞻性、科技性、趣味性、参与性于一体，践行“农业用生态方式传递文化，农业用生活方式诠释乡愁，农业用生产方式满足消费”的理念，坚持以京津冀协同发展为方向，以生态文明为理念，以创新驱动为支撑，以产业融合为特色，以服务市民为出发点，以富裕农民为落脚点，努力把农业嘉年华打造成“三农”展示的窗口、产业融合的平台、城乡互动的缩影，为首都加快建设国际一流和谐宜居之都做出应有的贡献。

通过 2013—2015 年三届活动的成功举办，北京农业嘉年华已经成为北京现代都市农业一张靓丽的名片，受到了市民及社会各界的一致好评。其中 2015 年第三届北京农业嘉年华累计接待入园游客 118. 8 万人次，直接经济收入 5 195 万元，带动周边地区实现观光采摘、乡村旅游收入约 2. 5 亿元。

北京农业嘉年华活动在不断探索和拓展都市型现代农业的实现形式、发展方式、运行模式上做了大量卓有成效的探索和创新，办出了代表首都形象的特色农业会展品牌。2016 年第四届活动以“智慧农业 引领生活”为主题，共分为三馆两园一带一谷。三馆——智慧农业馆、创意农业馆、精品农业馆；两园——农事体验乐园、主题狂欢乐园；一带——草莓休闲体验带；一谷——延寿生态观光谷，并设立创意农业展示、智慧农业体验、精品农业展销、农嘉大讲堂、主题活动日、萌娃闯关、单身寻爱、“草莓之路”骑行等 20 项重要活动。农业嘉年华的举办对推动我国都市农业的创新发展，丰富城乡居民的休闲文化生活，促进农业科技进步，打造美丽中国起到了很好的示范和带动作用（图 4-4）。

图 4-4　北京农业嘉年华布局

来源：http://www.mafengwo.cn/i/5441800.html

案例 5：泥塑为齐心庄园添彩

天津市齐心现代农业示范园区（以下简称“齐心庄园”）创建于 2009 年，公司注册资金 2 000 万元，总投资达 2.8 亿元。园区位于天津市宁河区潘庄镇境内，总面积约占地 4 600 亩，毗邻七里海古海岸与国家级湿地自然保护区，与天津武清、宝坻、北辰三区接壤，距天津市区 30 公里，北京市 120 公里，唐山市 100 公里，距天津港 45 公里，距天津机场和首都机场分别为 35 公里和 150 公里；园区北邻滨保高速公路，南邻津渝线 205 和 112 国道，交通便利。经过数年的经营打造，齐心庄园现已成为融食用菌、蔬菜、瓜果研发、生产、加工、销售、物流、采摘、垂钓、餐饮、娱乐、休闲、观光、旅游为一体的都市型现代休闲农业综合性企业。在齐心庄园的诸多乡村旅游产品中，陶艺泥塑是十足的重头戏。庄园聘请有着丰富经验的工匠负责泥塑制作，以天津宁河地区的乡村特色文化为内容，打造出了众多凝结着乡土情怀的泥塑作品（图 4-5）。如在天津市举办的第十三届全运会期间，齐心庄园作为指定服务商，不仅为全运会提供优质的有机绿色食品，而且将黑陶艺术作品搬进了全运会展览馆。以全运会的各项运动为题材的黑陶作品憨态可掬、栩栩如生，受到参加全运会的运动员和观众的好评。

同时，为提高园区的知名度，齐心庄园从泥塑着手，进行了一系列的开发和尝试。位于齐心编钟管内的“齐心编钟”是庄园的“镇园之宝”。其由68个仿“曾侯乙”的黑陶编钟构成，经过上百次的实验烧制，终于在音色上取得重大突破。成为国内原创陶制编钟的佼佼者。以无与伦比的艺术造诣，奏响了中国古代礼乐的“黑陶之音”，震惊了中国的文化界和艺术界。同时，齐心庄园内的“留住乡愁”60米泥塑长卷也颇为知名，该泥塑长卷由2 000多个形态各异、栩栩如生的人物和众多物品景观组成，耗时五年制作而成，再现了从解放初到改革开放后农村生活的立体场景，记录了中国农村60年来的沧桑变迁，被称为现代的“清明上河图”，该长卷现正在申请吉尼斯世界纪录。凭借着富有文化内涵和创意的乡村旅游产品，园区被授予全国休闲农业和乡村旅游五星级园区、国家级3A旅游景区、天津市最佳休闲农庄等荣誉称号，受到广大京津消费者的欢迎和认可。

图 4-5　天津齐心现代农业示范园的陶艺作品

来源：http://image.so.com/i?q=%E6%B3%A5%E5%A1%91%E4%B8%BA%E9%BD%90%E5%BF%83%E5%BA%84%E5%9B%AD%E6%B7%BB%E5%BD%A9&src=tab_www#/

案例6：教育活动创意——中国台湾台一生态教育休闲农场

台一生态教育休闲农场坐落于南投埔里近郊，于1991年成立，致力于花卉蔬菜种苗的技术改良，园区以花卉为主。1996年成立休闲农场，以“从一粒种子观察宇宙的奥妙，用花香装扮多彩人生”为宗旨，并在园区内完成第一批住宿区童话小木屋，以精致小巧的外形伫立农场内与农场景致融为一体。于2004年陆续完成花卉驿栈及水上花屋住宿区，以不同的外观设计与房型满足消费者不同的需求。目前农场占地50公顷，场地跨区分布在埔里镇、仁爱乡及鱼池乡三个乡镇。

农场以自然生态教育为核心，拥有全亚洲最大的蝴蝶生态馆和甲虫生态馆、押花生活馆、亲子戏水区、浪漫花屋、可爱动物区、度假木屋、景观花园及各类生态标本区等（图4-6）。农场内有多名专业讲解人员，对花卉知识、蝴蝶知识、生态理念进行宣讲。近年来农场内增加了水上花园餐厅、花屋、光合广场、仙人掌生态区、押花生活馆等休闲、生态区，并一直致力于绿色建筑理念的探索，倡导生态、环保、节能的发展模式，打造天人合一的理想境界。图 4-7 为雨林风情馆。

图 4-6　中国台湾台一生态教育休闲农场

来源：https://mp.weixin.qq.com/s?__biz=MzAwNjQwMDExNg%3D%3D&idx=2&mid=206838180&sn=a7b6e1d47e16cf9c2e4392dcf72606b5

图 4-7　台一生态教育休闲农场雨林风情馆

来源：http://www.zgbhl.com/news125110.html

为提升休闲品质以及文化教育内涵，农场延聘多位艺术、文化顾问在农场添设许多融合生态、艺术的典雅设施，让前来观摩、旅游、研习的游客、学生都能在安全、浪漫的缤纷花香蝶舞之中，放纵情思，沉醉自然。

案例7：牧场活动创意——羊世界休闲教育牧场

羊世界休闲教育牧场（简称羊世界牧场）迄今已有10多年的历史，之前是一个生产羊乳、羊肉的专门牧场，后来经过提升改造，造林、增加体验项目，目前成为中国台湾著名认知、体验、学习的教学休闲农场。其主要的核心吸引点是针对小羊生长开展的教学体验课程，还增加了青蛙王国、恐龙馆，蝴蝶生态步道、DIY活动区、认识小动物等，满足各阶段儿童从认知到学习到体验的过程，主要服务的市场是亲子教育市场，有针对性地设计一系列的户外体验教学行程，定期还会举办一些主题活动，寓教于乐（图4-8）。

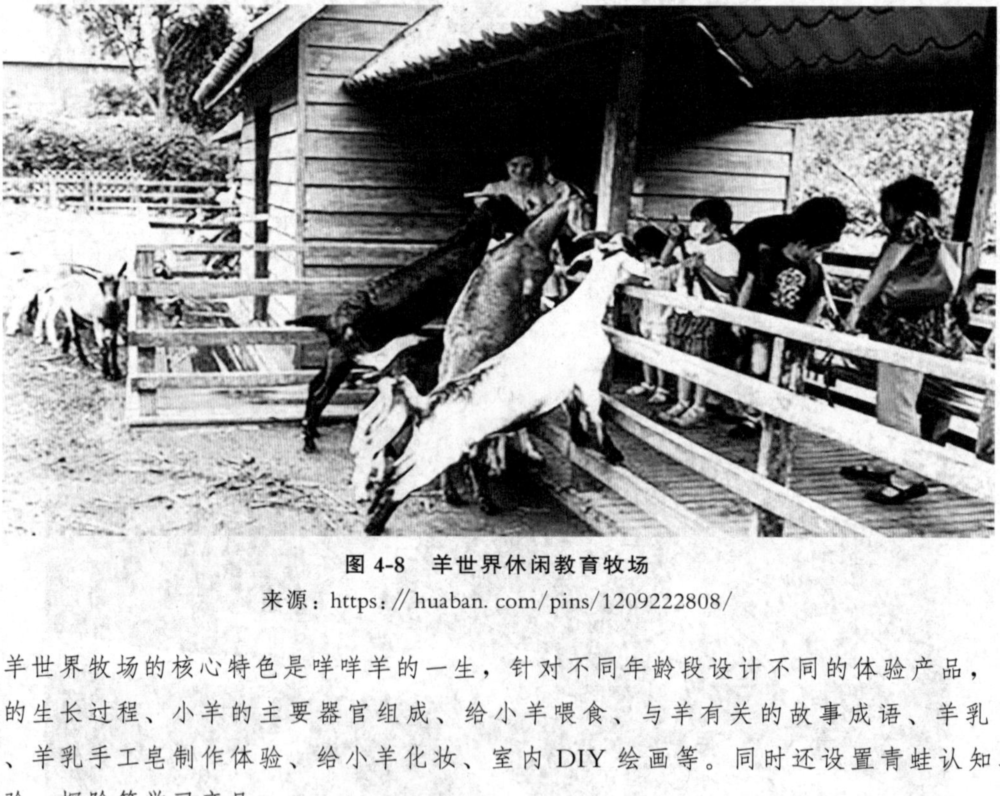

图4-8　羊世界休闲教育牧场

来源：https://huaban.com/pins/1209222808/

羊世界牧场的核心特色是咩咩羊的一生，针对不同年龄段设计不同的体验产品，了解小羊的生长过程、小羊的主要器官组成、给小羊喂食、与羊有关的故事成语、羊乳DIY品尝、羊乳手工皂制作体验、给小羊化妆、室内DIY绘画等。同时还设置青蛙认知、恐龙体验、探险等学习产品。

案例8：汽车营地——乡村自驾游的天堂

随着我国中高等收入阶层壮大，以及汽车保有量的迅速增长，自驾游业已成为重要的旅游方式之一。使得与自驾游相关、为其提供服务的行业极富前景，其中最为典型的便是融停车、住宿、休闲、餐饮等多种综合服务于一体的汽车营地。近年来，汽车营地如雨后春笋般冒出市场，初步构成了我国汽车营地市场，甚至出现了逸景营地等有着较大规模的连锁经营品牌（图 4-9）。

汽车营地作为自驾游兴起背景下旅游创意设施开发的代表，值得广大乡村旅游经营管理者关注和研究。因为在一定程度上来说，汽车营地代表着乡村旅游设施的创新和对经济社会变迁的回应。汽车营地因需要为自驾游游客提供休闲度假服务，因而一般位于远离中心城市、自然环境优美、文化氛围浓厚的乡村地区，对距离的要求因目标市场的特殊性而下降，而对自然和文化环境的要求则高于一般旅游者。而远离中心城市、自然环境优越、民俗文化丰富的乡村成为汽车营地选址的主要区域。汽车营地通过较为高端的设施、先进的经营理念和有效的营销方式吸引游客前来，促进了所在乡村知名度的提高，也为其他乡村旅游经营者提供了与游客接触的良好机会。

图 4-9　汽车营地

来源：https://mp. weixin. qq. com/s? __biz = MzA5NTQ4NzAxNQ%3D%3D&idx = 3&mid = 2651339575&sn = 0cf32f15ce5699a9c1f3d4a76e01dccd

汽车营地是乡村旅游设施的重要创意和创新，为乡村旅游的发展注入了活力、提供了方向探索和努力。北京桃花深处汽车营地，位于北京市平谷区北部浅山地带，风景优美，交通便捷，是北京市首家星级汽车营地。营地占地 9 万多米^2，可停靠房车 30 辆。桃花深处营地分为房车区、帐篷区、木屋区、野餐区和休闲健身区五个功能区域，力求满足游客不同的休闲需求，由房车、帐篷等住宿设施和演艺场、游戏厅、停车场、餐厅、服务中心、汽车救助站、农副产品销售商店、节点景观园等附属设施，组成的 10 个具有不同文化主题内涵、开放式的汽车营地群，可供游客自由选择。全新功能、全新服务，桃花深处汽车营地为中高端游客提供的产品和服务超越了当前我国乡村旅游的产品形态，文化沙龙、特色餐饮、网球、篮球、有氧健身步道、自行车骑行、田园采摘、风味烧烤、木屋咖啡、休闲垂钓等产品全面覆盖了顾客需求，能够满足中高端游客对品质、服务和文化内涵的追求，因而受到较为广泛的关注。

案例 9：乡村精品民宿——品质旅游典范

乡村旅游产品和设施的开发升级是我国乡村旅游发展亟须面对的问题，如何打造具有高品质、新特色的乡村旅游产品值得乡村旅游经营者关注和思考。从国内外乡村酒店和乡村精品民宿的打造中能够总结出一定的经验和启示。

我国乡村精品民宿的典范当属位于浙江省德清县莫干山的裸心谷。裸心谷坐落于私人山谷之中，占地约 400 余亩，其中建筑用地 20 亩，四周环绕着大型水库、翠竹、茶林以及小村庄，自然环境十分优越。在外籍设计师的开发设计之下，原先其貌不扬的小屋成为集乡村文化和自然情景于一体的高端接待设施。分布于独栋树顶别墅及夯土小屋之中的 121 间客房独具匠心，创意十足。其提供的各种服务和活动也是颇为动人，裸心谷有徒步、山地自行车、骑马、射箭、露天泳池、露天剧场等亲近自然的活动，也有当地居民现场提供早餐的贴心服务，关注游客度假需要，满足游客休闲体验的设施设计和产品开发使得裸心谷一经推出就名扬全国，许多游客更是为了体验裸心谷的民宿而专程前往（图 4-10）。乡村精品民宿本身就是一个极富创意的构想，是消费升级背景下乡村旅游对消费市场的反馈和回应，其经营理念、发展定位等都全面超越当前我国乡村旅游的一般水平。同时，乡村精品民宿经营者在开发设计等方面都以创意的思路打造符合市场需求的产品，坚持以创意的方法开发和塑造创意产品，因而能够做到持续火爆，不断扩大在市场中的影响力。

图 4-10　莫干山民宿

来源：https：//new. qq. com/rain/a/20190823A0GCXS00

然而乡村精品民宿并非意味着仅可以面向高端消费市场，对中低端市场的关注也极有必要。台湾乡村旅游高度发达，乡村民宿产业兴盛，其中位于垦丁地区的民宿被誉为“台湾民宿的代表作”，其对当地旅游产业有着巨大的影响与作用。背山面海、环境优美的垦丁地区吸引了大大小小的民宿集聚，这些民宿以自然化、平民化、平价化、亲民化为主要经营目标，强调大众化的合理收费，提供乡村旅游产品和服务。开辟了乡村旅游品质升级的有一条道路。目前，众多民宿集聚的垦丁地区已经成为台湾的知名景点，许多游客前往垦丁的目的就在于体验台湾先进的民宿及服务。国内外乡村精品民宿的发展为乡村旅游设施创意开发指明了方向，目标市场并非民宿的界定依据，能够提供创意的品质体验才是其中的关键。

由以上案例可以看出，乡村节庆活动的核心在于“乡土性”，必须通过确定节庆活动的主题、策划系列节庆活动，并与民俗旅游、非物质文化遗产的保护相结合来突出节庆活动的特色。结合文化创意产业的新理念，通过将文化创意产业与旅游节庆相结合的构想，运用一切可以运用的手段，将节庆旅游产品赋予文化内涵进行深度开发，才能使公众从旅游节庆活动舞台和产品中获得知识和娱乐享受。

乡村自然教育活动是一项非常重要的内容，是对乡村文明最好的传承方式。但就目前而言，我国乡村教育的内容、形式还比较单一，未来应更加注重对儿童心理的研究和对体验活动的设计，把枯燥的讲解变为寓教于乐的活动，让人们更多地通过实践与体验去感受乡村的自然美。

3. 产品设计的创意开发

乡村旅游产品通常具有综合休闲、娱乐、文化、知识等的特性，使游客亲身感受到现代农业的发展、体验到乡村文化与生活，满足游客所想要的消费和服务上的愿望。这些产品主要包括有：乡村各种农副产品、特色农业产品、旅游纪念产品、休闲娱乐产品、养身美容产品、旅游度假产品、教育培训产品、特色风味产品等以及无形的农业风光和体验参与的活动。

案例10：“安吉三宝”

帐篷客酒店是一家致力于打造野奢度假连锁酒店的知名品牌，由知名旅游景域集团打造，为确保高品质的休闲度假体验，帐篷客均精心设立在著名旅游景区的中心。以对远离尘嚣、拥抱自然的生活方式和回归美丽自然理念的倡导和践行，成为风靡国内、享誉全球的酒店品牌。其首家门店安吉溪龙茶谷度假酒店位于安吉万亩白茶园中，环境优美，人杰地灵，自开业以来便受到客户的喜爱和追捧，成为行业典范，受到我国旅游管理部门的高度关注（图4-11）。

图 4-11 安吉溪龙茶谷度假酒店

来源：https：// www. jiemian. com/article/906515. html

浙江安吉帐篷客酒店迎合了消费升级背景下中高端消费市场的休闲度假需求，以优越的自然环境和出色的服务吸引着来自各地的度假游客。在保证了充足客源的情况下，安吉帐篷客酒店以文创带动当地乡村发展，将安吉本地知名的土特产品加以包装打造，实现产品升级，其中最为知名的即为"安吉三宝"。"安吉三宝"是由鲸鱼文创团队为帐篷客酒店打造的"篷友的礼物"系列文创产品第一期，以安吉特色土特产白茶、土鸡蛋、笋干为原型，创作了"茶理二世""咯咯哒星蛋""笋干将"三个卡通人物（图 4-12），将卡通创意与地方产品巧妙地结合了起来，以卡通形式生动地传递给消费者相关的产品信息。因而，自"安吉三宝"推出以来，便受到游客的喜爱，并成为安吉旅游的代表之一。推动安吉帐篷客伴手礼销售同比增长 10 倍以上，并带动安吉白茶价格大幅上涨。"安吉三宝"以文化创意实现农产品升级，充分证实了在发展乡村旅游中，以创意促进产品升级的突出作用。

图 4-12 "安吉三宝"卡通人物形象图

来源：http：// www. sai6. com/Members/shy_222/2008022614130576381069. shtml

案例 11：韩国“酒瓶梨”

司空见惯的农产品往往会被人所忽略，因而在农产品的生产加工过程中加以创意开发，使其具有独特性，则有利于农产品提高知名度、迅速打开市场，乃至提高价格。“酒瓶梨”即为农产品创意生产的典范。“酒瓶梨”起源于韩国，是种梨农户在梨花期十天后左右，将梨装入干净的酒瓶，使其在酒瓶中成长，待梨成熟后连同酒瓶一并采摘下来，选择品相较好的注入韩国清酒进行酿制。经过加工的“酒瓶梨”因酒瓶隔绝而没有农药残留，做到了真正的绿色无污染，其售价也实现了大幅度提高。由于的独特种植创意，“酒瓶梨”已经作为韩国农产品代表参展多个国家的“食博会”。今年来，我国江苏、浙江等地亦有部分农户受此启发，开始“酒瓶梨”种植的尝试，并获得了较大的成功。种植方式的创意不仅使梨的价格翻了数倍，而且在市场上炙手可热，广受追捧（图 4-13）。

图 4-13　酒瓶梨

来源：https://new.qq.com/omn/20181204/20181204A12YVD00

案例 12：大兴的玻璃西瓜

大兴区的玻璃西瓜也因极富创意的产品形态火爆市场，并被评选为“全国休闲农业创意精品大赛产品创意金奖”。如同酒瓶梨的种植一样，玻璃西瓜也是在西瓜的成长初期，将西瓜放入透明的玻璃容器中，待西瓜长到和玻璃容器同样大小时，在其中注入保鲜液，并将容器密封起来，成为供观赏用的艺术品。经过加工使西瓜成为永久保存的艺术品，这样的大胆创意使得普通的西瓜价格噌噌上涨，品相独特的玻璃西瓜更是能达到数千元（图 4-14）。

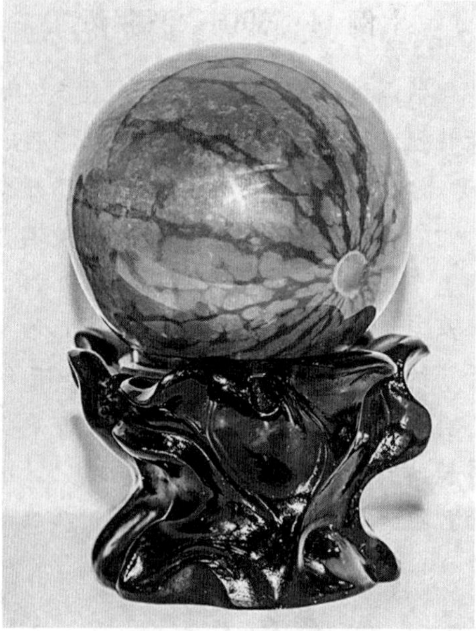

图 4-14　大兴玻璃西瓜

来源：https：//www. quanjing. com/topic/387138. html

案例 13：台湾花露香草能量花园——香草产品的全产业链开发

花露香草能量花园是台湾苗栗一家以花卉为主题的农场，被山间桃源、群山乡野所包围，环境清幽，农场内的庭园造景皆是农场主人精心设计打造而成。漫步走进农场，会发现自己在无意之中被花丛围绕，仿佛走入一个花的世界。农场除了花卉种植区的景观之外，还有其开发的琳琅满目的花草制品，如生姜薄荷洗发精乳、薰衣草迷迭香润丝精、生姜薄荷洗沐浴乳、香茅薄荷抹草三合一沐浴乳、老姜精油泡澡素、无患子的天然洗洁剂，还有各种不同香味的精油香皂，适合作手信。而农场最具特色的应属它的精油博物馆，同时也是台湾唯一的精油博物馆（图 4-15）。农场老板秉持着承先启后的理想，希望能够将早年台湾人靠着提炼香茅油、樟脑油抚养下一代的精神保留给后代，让他们认识精油的由来与生产历史。里头也展示了一些日本侵略时期台湾的蒸馏炉器具，让更多的年轻人了解以前生活在台湾的客家人的艰苦生活，以及他们不屈不挠的精神。馆内也介绍了很多不同的香草植物及香草植物精油萃取过程，并让游客亲手体验提炼精油，学习调制香水、制作天然护肤霜等美容品 DIY 课程。此外，农场中的民宿、餐饮等环节无不与花草相关联，将花草在景观塑造、放松心情、美食养生、养颜美容等方面的功效开发得淋漓尽致，实现了产品功能的高端创意。

图 4-15　台湾花露香草能量花园博物馆

来源：http：// www. sohu. com/a/149979212_735266

案例 14：产品功能创意
——平谷桃产业“三养生”（桃花宴、桃食品、桃保健）

平谷区位于北京市东部山区，是桃的优势种植区域，自 20 世纪 70 年代形成区域种植，80 年代开始步入规模发展，90 年代以后形成产业化发展。目前，平谷区桃种植面积稳定在 14 667 万米^2，年产量 28 万吨。随着产业的不断发展，平谷区开始打造从果实食用到桃树废弃物利用的全产业链发展，开发形成多种系列产品，其中“三养生”就是对桃用途的创意开发。“桃宴”根据《神农本草经》中记述的桃花具有“令人好颜色”之功效，以鲜桃花为主要原料，推出 100 余道桃花菜品（图 4-16）。主要特色菜有桃园仙境、桃园三结义、桃乡小炒、桃汁煎牛仔骨等等，深受游客喜爱。“桃食品”改变了鲜桃不易保存的缺点，在市科委和平谷区政府的共同支持下，创建了“北京健康产业中试与孵化中心”，运用科技手段对大桃进行精深加工与综合利用，开发出系列产品，目前已试制成功的有大桃红桃方片、桃香酥脆等休闲食品。“桃保健”深度开发桃的保健功能，利用鲜桃肉质紧密、甘甜多汁、富含维生素及铁质的特性，作为食疗果品；根据桃的美容和保健功效，开发出桃花油软胶囊、桃花茶、大桃调味浆、蛋白桃珍等保健品。

图 4-16 桃花宴

来源：http://news.sina.com.cn/o/2012-05-02/022424354510.shtml

由以上案例可以看出，农产品外观的创意不仅仅只是改变产品的外形，而是将文化、艺术、科技、功能等内涵加入进去，突出“农”字特色，打造鲜明的主题，开发原创产品，同时注重产品的多元化营造，根据市场状况，满足不同层次、不同年龄、不同需求的游客。

农产品功能的创意实际上是产业链不断延伸的结果，不断在深度与广度上开发农产品的各种用途与价值，依托精深加工技术的运用，并将产品的功能延伸至生活、休闲、养生等领域，从而突破农产品只能满足一般的食用需求的局限，丰富与充实产品的科学与文化信息，进一步提升农产品的品位和知名度。

4. 市场定位与营销的创意开发

主题定位。乡村旅游的主题定位首先在于它所涵有的“创意”，所做的设计应该是融合文化、艺术、休闲于一体，要让游客有新奇、特别的体验。

市场定位。对乡村旅游的市场定位应该进行有弹性的了解和把握，要对客源的年龄层次、市场、来源、流向、消费水平等方面进行深入研究，立足于能够判别市场不断更新发展的立场上建设满足游客需求的产品。

营销创意规划。开发者在对乡村旅游产品进行设计时，应从各方面考虑融入更多的创意元素，作为发生旅游活动的吸引物。产品应该在能满足游客的基础需求之外，还应有层出不穷的惊喜区别于传统的乡村旅游。产品可通过对不同的游客制定不同的价格，如对学生、儿童和老人制定的优惠价格以及购买过 VIP 会员的游客；不同的季度制定不同的价格，在淡季时节应通过降价优惠吸引游客，而在旺季时节可适当提高价格从中获取利润；可根据景点、景观、活动的热度采用不同的定价方法，热度高、需求大的可适当提高价格，反之，价格可稍微调低。营销的渠道有各种各样，最典型的有以广告的形式，通过各个媒体平台对其进行宣传，此渠道为各层次游客都较为熟知的一种；通过销售渠道的各类部门、各个成员的营销推广，其中包括代理商、批发商、专门作为旅游中介的企业或个人等。要重视互联网营销渠道，特别是融媒体发展下多利用年轻游客喜欢的新媒体渠道如短视频、抖音、微信、微博等培育品牌，获取更多利润。

案例15：台湾池上乡——稻田里的音乐会

台湾台东县池上乡距离台东市53公里，地处花东纵谷中部偏南，西有中央山脉，东有海岸山脉，系新武吕溪所冲积而成的肥沃平原，属热带季风气候，雨量充沛，自然环境得天独厚，是台湾知名的稻米产区。但优质的稻米并未给当地农民带来更多的经济改善，池上乡仍然同广大乡村一样在传统的农业产销道路上徘徊，等待世人的发现和关注。

直到台湾好基金会成员来到池上，运用全新的视野，赋予了池上的优质稻米和美丽稻田景观不同的可能性，开启了池上乡村旅游的发展之路。过去的池上作为主要的稻米产区是将产品送出去，“池上包饭”虽赢得了诸多美名，但单一的种植农业对当地经济的带动依旧十分不足。而发展乡村旅游，凭借特色稻米和稻田景观，将游客吸引进来，则可为自身的发展提供无限可能。因此发展休闲农业和乡村观光旅游显然是池上乡发展的必由选择。发展乡村旅游，吸引广大城市游客到来，关键在于提高目的地知名度，运用创意营销吸引目光。

图4-17　稻田音乐会

来源：http://www.sohu.com/a/336571938_120057712

在台湾公益组织的帮助下，当地进行了一系列尝试。其中最具影响力的营销创意是“池上秋收音乐会”的举行。2009 年秋天，池上乡邀请“钢琴王子”陈冠宇在稻田中进行钢琴演奏，一望无际的金黄稻田和钢琴演奏的组合，构成了极富视觉冲击力的画面，经过广大媒体的传播，产生了巨大影响，极大地提高了池上乡的知名度和关注度（图 4-17）。此后，池上又连续举办了多届秋收艺术节，多位知名歌手来到池上乡演出，一望无际的金黄稻田成为举世瞩目的大舞台。2013 年台湾知名编舞家林怀民以池上乡为灵感创作的舞蹈——《稻禾》在池上稻田中上演，受到了极大的关注，甚至一举登上《纽约时报》，让这个台湾小镇的美丽为世人所识。“池上秋收音乐节”真正成为展示给世人的一张亮丽名片。凭借“稻田里的音乐会”的新颖创意，池上乡充分发挥名人效应，将音乐节与自身最具特色的稻田景观结合起来开展营销活动，直接向外界展示了一望无际的金黄稻田带来的巨大视觉冲击，以全新的营销方式迅速且极富成效地提高了自身知名度，完成了从普通乡村向深受游客追捧的旅游目的地的转变。

案例 16：会员制营销——多兴庄园的探索

位于天津静海区的多兴庄园成立于 2011 年，自创办日起便一直在探索服务家庭会员为基础的会员制模式。目前，庄园全部产品以订单方式生产，直接向会员销售。这一模式能够精准定位服务人群，科学合理安排生产品种与规模，大大地缩减了不必要的排产，降低了市场变化的冲击程度，规避了风险，提高企业的生存能力。现在公司在京津冀地区直接服务配送的家庭会员有 15 000 余户，其中天津客户 9 000 户，北京客户 5 000 户，河北客户 1 000 户，每年农产品销售收入 5 469 万元，人均每户年消费 0. 2 万元。

为更好地满足会员客户对多品种安全农产品的需求，公司在全国各地设立生产基地，选择品质最好的当地农产品服务自身会员。目前，公司为会员共开辟了六大基地，包括种植蔬菜、水果和养殖淡水产品的天津基地；辽宁新宾稻花香大米种植基地；黑龙江特种山猪养殖、玉米五谷杂粮种植基地；五大连池矿泉水水产基地；福建永春水果种植基地；江西婺源茶油产品基地。目前公司为会员提供的产品有蔬菜、水果、水产、禽蛋、五谷杂粮、肉类、矿泉水 7 个系列，每个系列产品都注册了独立的商标，“际丰蔬菜”的产品是达到无公害认证的蔬菜和水果，“大财运”的产品是无公害认证的水产，“林谷”的产品是散养的活鸡和鸡蛋，“乡韵”的产品目前主要是古法种植的灯笼红玉米和东北大米，“噜噜”的产品是特种山猪肉，“龙竹泉”的产品是五大连池的天然矿泉水。

除产品体系不断健全之外，企业与会员的联系方式也实现了创新。目前，公司会员可以通过 3 种方式咨询订货，分别为 400 客服热线、公司官网和微信公众平台，在会员下单后为保证菜品的新鲜，公司会安排清晨采摘，并于采摘当天把产品配送至会员家庭，做到了24小时从田间到用户。平日里，会员还可到公司园区基地进行体验，亲自感受耕作的乐趣，查看产品生产情况。基地还为会员提供茶道、瑜伽等多种休闲活动，为会员间交流提供平台，做到了线上与线下的完美结合。

营销的核心关键在于：一要找准市场，明确为谁服务；二要产品创新，明白如何将产品传递给消费者；三要打动人心，构建忠诚顾客群体。会员制营销可以与顾客建立持久的关系，运营得好的话，可以为产品创新寻到无尽的来源，获得持续发展和进步的动力。

第五章

乡村旅游创意开发程序与方法

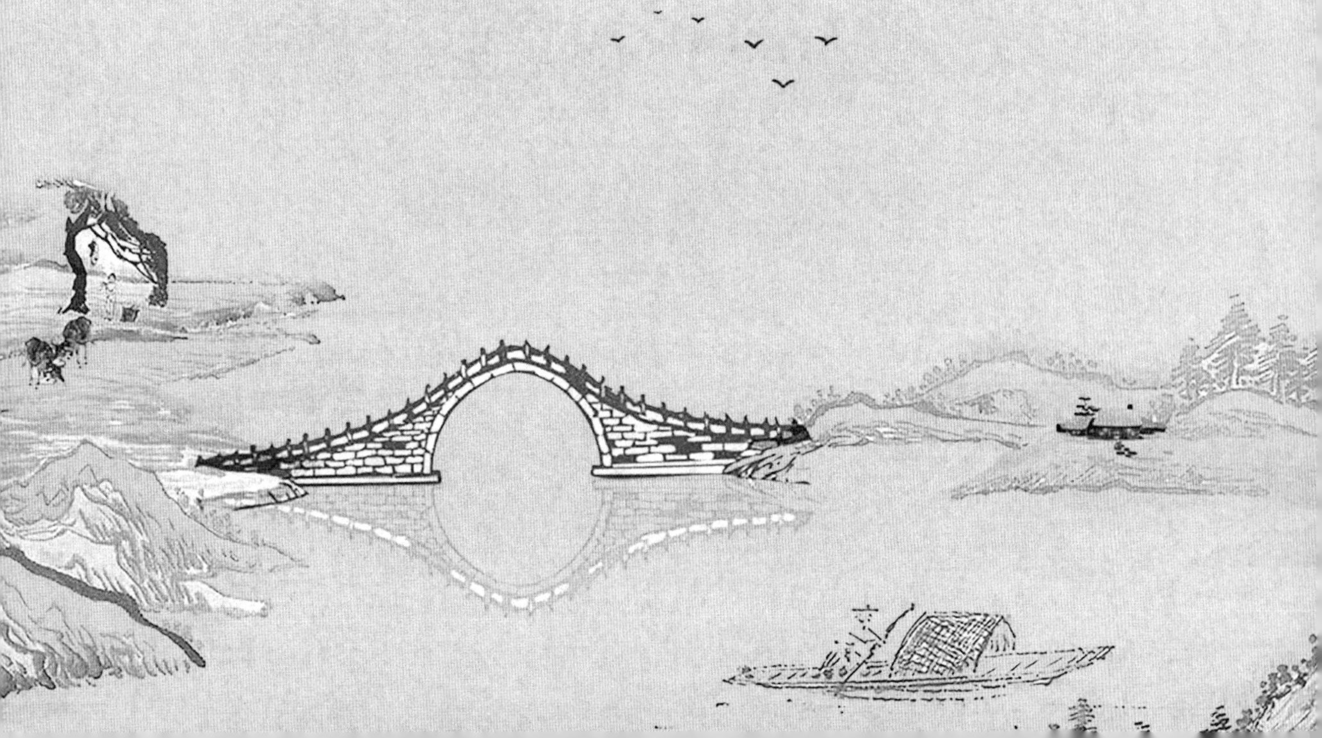

乡村旅游创意开发要根据区域乡村旅游资源的实际情况，综合考虑环境、基础设施、社会发展水平、居民生活水平等条件，创意设计出既符合当地实际情况又符合乡村旅游发展规律，既能代表当地特色又能对消费者构成吸引物的差异性。因此要做好产品与市场的匹配性就必须按照符合规律的开发程序进行创意开发。

第一节　乡村旅游创意开发程序

一、乡村旅游创意开发一般程序

1. 明确市场定位

市场优先是乡村旅游产品创意开发应树立的基本观念，要贯穿于整个乡村旅游产品开发中。这是产品开发的第一步，即明确产品开发方向和发展目标。乡村旅游创意开发的市场定位过程，具体包括制定目标市场定位战略、市场增长战略、市场竞争战略和品牌战略，并基于这种市场定位进行乡村旅游创意开发的功能、特色、风貌和产业链定位等。产品开发本来就面临较大经营风险，没有明确的市场定位，产品开发的风险就会更大。市场优先开发观念就是一种以顾客组合为中心的，意味着产品开发前、开发中、开发后的创新都需要以市场为导向，以市场来定制产品，有一种私人定制的风格，即专门为某一特定人群开发的乡村旅游产品。这样就可以避免一窝蜂式重复开发、盲目开发，避免开发偏离市场方向导致的损失发生。

2. 创意凸显特色

特色是产品创意开发的根本要求。市场需求是多样化与差异化的统一，同一种或类似的乡村旅游产品很难满足各类市场的需求。特色是乡村旅游产品生命力所在，只有特色才能真正吸引旅游者。因此，特色是乡村旅游产品参与市场竞争的根本。乡村旅游创意开发就要精心策划，凸显特色，做好形象定位。具体而言就是要对乡村旅游的特色和游客突出吸引点（或独特卖点）进行创意设计，做好主题定位，做到“人无我有，人有我特”。在此基础上对乡村风貌、形象口号、旅游要素和产业链等进行设计，从而塑造鲜明的品牌形象。

3. 挖掘原真展示特色

挖掘原真展示特色，即挖掘乡村原真之美，原真展示乡村旅游特色。原真性是乡村旅游产品的灵魂，越是原真产品才越是富有市场吸引力。原真展示特色就是要充分挖掘自然之美、乡村本色之美，避免开发时破坏这些原真之美，并通过强化生态文明意识，进行绿色开发、循环开发、保护性开发去真实展现特色农耕文明、乡村风情和淳朴民风，将农业、乡村和乡民独特风情真实展现出来。乡村旅游产品开发要围绕特色充分就地取材，对整体形象与风貌和旅游要素等进行原真设计和科学开发，既要尽量避免过度商业化、城市化，又要科学开发和展示“乡村性”“农业性”。失去原真性的产品开发与创新最终会导致旅游地走向“创造性毁灭”（creative destruction）。如不少乡村旅游点开发出与城市里几乎雷同的儿童娱乐城就是败笔，还不如开发一些乡土味较浓的儿童娱乐项目更有吸引力。

4. 设计游憩产品

设计游憩产品，即依据乡村特色和原真之美开发出可供旅游者游憩的景观、旅游活动项目等。在保持原真的基础上突出游憩性是乡村旅游产品开发的基本取向。要开发一个融农业生产、旅游服务和休闲度假等于一体的新型产业，必须凸现游憩功能，以打造景观、开发游憩活动的视角去建设乡村旅游目的地。乡村旅游产品开发一方面，要以农为本（以农业资源为基础，充分体现农业生产特点）充分挖掘农业资源之美、生产之美、参与之美，如果离开了农业资源或者仅仅将农业资源当做点缀都会偏离乡村旅游真正的本质。另一方面，要以游为魂，在乡村与旅游空间布局、景观与农产设计、生产与旅游活动设计等方面充分凸显游憩功能，提升园区的“自然风景美、生态和谐美、文化景观美、旅游生活美、科学技术美和工程设施美”等景观表征，增强农业资源可观赏性、可娱乐性等，从而把乡村旅游地建设成为自然生态环境优美、旅游游憩活动丰富的宜游宜娱之地。

5. 旅游体验的整体包装

乡村旅游创意开发要注重旅游体验的整体包装。整体性是产品开发的基本规范。具有可游憩性的乡村旅游产品不一定就具有较高市场吸引力。因为市场需要的是整体产品，即包括核心产品、辅助产品和附加产品等在内的一整套产品。乡村旅游市场竞争不再是某单一游憩产品的竞争，而是整体游憩产品组合的竞争。因此，需要根据游客旅游体验过程对空间上相对分散的游憩产品进行整体包装，以整体视角和全局高度去美化旅游体验的关键要素和全过程。具体而言，就是要从游客体验出发，科学地将核心产品、辅助产品和附加产品等融入旅游体验过程中，并对旅游流程、功能分区、工程设施、员工形象、乡村风貌等一切影响顾客旅游体验的要素和全过程进行精心设计和包装。

6. 组合连贯旅游活动

不少乡村旅游地因受季节性弱势影响往往旅游时间太短，无法实现四季可游。这充分说明乡村旅游产品开发务必要突出连贯性，实现每个季节都有相应吸引游客的旅游产品。乡村旅游创意开发的第六步就是要组合连贯旅游活动，即设计出一年四季具有连贯性、不间断的旅游活动或旅游线路。具体而言，包括纵向和横向连贯。纵向方面，要深度挖掘农业资源，在种植、农作物观赏、采摘、深加工体验游、文化熏陶等方面进行连贯性开发；横向方面，一是要组合开发或整合其他园区多种乡村旅游项目，对采摘、观赏、休闲、度假和特色主题活动等旅游产品进行组合性开发。二是要充分融合其他人文、自然景区或创造性融入会展、文体活动、会议研讨等其他活动进行多样性开发，从而实现园区旅游活动一年四季不断线。

上述六个步骤是产品开发的思维过程和一般程序，也是按照一定逻辑顺序或思路而进行的。这种顺序就是从宏观到中观再到微观的思维过程。第一步是宏观层面的产品开发，第二步、第三步属于中观层面的产品开发，第四步、第五步、第六步都是微观层面的产品开发。

二、乡村旅游创意开发途径

习近平主席提出“绿水青山就是金山银山”，我们要建设的乡村是生态文明的乡村，是美丽乡村，决不能以牺牲生态环境为代价换取经济的一时发展。对原生态乡村风貌的保护，是发展乡村旅游的必要条件。乡村旅游创意开发必须走与生态旅游相结合的道路，只有充分尊重和保护乡村良好的生态环境，乡村才更有乡村味，才能真正实现美乡、致富、脱贫的乡村旅游发展目的，走生态为本、文化为魂、体验为径、聚焦“三农”、价值创造的乡村旅游创意开发之路。

1. 以文化创意为主线，解决乡村旅游产品同质化问题

文化是创意旅游的灵魂，也是创意的对象。创意中的文化内涵越深厚，文化创意的独特性就越强烈，对消费者就越有吸引力。因为直观的视觉冲击给游客留下的印象往往是短暂的，但文化的影响却是无形的，会长久地存留于游客的心底。乡村是中国文化的发源地，各种民俗文化、饮食文化、建筑文化、服饰文化等，以及众多的非物质文化遗产为乡村创意旅游的发展奠定了良好的基础，各地区应结合当地的本土文化特色，从科学、文学、史学、艺术等方面深度挖掘，在保证乡村文化原真性的基础上，赋予有形的、无形的乡村资源新的文化性及强大的生命力，解决乡村旅游产品同质化问题。

2. 以创新为动力，强化乡村旅游产品的价值功能

创新是一个民族进步的灵魂，是一个国家兴旺发达的不竭动力。在全球经济进入以知识为核心竞争力的时代背景下，科技创新和文化创意正成为现代经济增长的双引擎。因为缺乏创意，中国传统的观光旅游、入境旅游、乡村旅游以及景区门票经济等开始走下坡路，出现发展瓶颈。根据旅游产品及旅游地生命周期理论，乡村旅游发展急需创新发展模式及产品，围绕乡村旅游资源和旅游产品，引入新的元素（文化、休闲、体验等），通过创意、创新等手法，增强吸引力延长旅游目的地的生命周期。通过旅游资源的创意开发、旅游产品的创意设计、旅游创意营销、创意服务等形式增强原有产品的价值功能，将乡村资源变“废”为宝，实现乡村旅游产品价值最大化。

3. 以融合为手段，拓展新的市场空间

传统旅游业“靠山吃山，靠水吃水”的发展方式，造成了旅游资源的破坏、污染和浪费。纯粹的自然景观也已经不能满足游客的旅游“食欲”，游客感兴趣的更多的是旅游目的地所具有的新、奇、特的事物、创意、技术等。近年来，产业融合成为旅游经济增长的新动力，乡村创意旅游要解决这一难题就需要充分发挥旅游产业的关联带动作用，在资源整合基础上，实现“跨界”合作，不断与一二三产业融合创新发展，才能刺激潜在客户需求，拓展新的市场空间。从西安大唐芙蓉园“水幕电影”，武汉“汉秀”等一些大型的旅游创意项目来看，其基本上也都是旅游产业与其他产业融合和互动的产物，并获得了游客的认同与好评。

4. 以技术为支撑，提升乡村旅游产品科技水平

创意旅游是新能源、新技术不断涌现、不断改进的产物。虚拟技术、互联网、物联网等现代技术的快速发展，影响人们娱乐方式的同时，也为旅游活动开发、营销和消费提供了更广阔的空间，不断引领着旅游业和社会的发展。上海《梦幻时空之旅》用技术打出“秀一个上海给世界看”，实现了杂技的价值创新。科学技术是第一生产力，在创意化、信息化的时代背景下，乡村创意旅游必然离不开技术创新及支持，因为高科技为激活文化创意资源、发展创意旅游提供了强大的、多方位的技术支持与条件，有利于创意旅游的发展。上海引入网络互动开通了首家田园社区，市民可通过农庄网站租地，还可以通过网站及时了解自己地里的情况，当起了遥控种地的“网络农民”。在技术的支持下，游客既享受都市的便捷，又能体验更为逼真的田园生活，更好地实现都市人的田园梦想。

5. 以人才为保障，驱动乡村旅游创意新发展

现阶段，旅游卖的不再是资源而是创意。创意人才作为创意旅游生产力的基本要素、旅游创意经营活动的重要资源、旅游创意产业的核心竞争力载体，在创意旅游中发挥着重要作用。乡村旅游创意与大众乡村旅游产品相比，原创性是其最大的特点。乡村创意旅游消费者虽然在创意旅游的发展中扮演着部分生产者的角色，但这是远远不够的。乡村地区经济发展落后，所以，乡村创意旅游发展更需要专门的创意开发人才为乡村创意旅游发展贡献力量，推动乡村创意旅游发展。

第二节　乡村旅游创意开发方法与技术

一、乡村旅游创意开发的基本方法

乡村旅游创意开发的具体方法有多种，因为乡村旅游作为一种综合性消费活动涉及面广，内容丰富，任何方面的创意或创意组合都可以形成诸多的创意形态，结合前面提到的创意开发内容以及创意实践探索，大体上可以归纳出以下一些创意开发方法。

（一）景观提升法

通过一系列的创意设计使乡村的田园景观得到美的提升，形成足以引起人们审美情趣、愉悦人们审美心理、满足人们审美需求的景观。大体上可以通过以下方法提升景观审美价值，如村庄民宅卫生化、庭院布置园林化、果木栽培景观化、蔬菜种植公园化、池塘水系湿地化、田埂交通廊架化、林地采光通透化、民宅改造民俗化、绿色廊道地方化等。

（二）活动衍生法

围绕乡村生产生活可以开发出诸多的具有观赏性、互动性、文化性、趣味性和科普性的体验活动，这些活动既要体现农耕文化和乡土性内涵，又要满足现代科技进步和消费时尚的需要，因此要通过跨界融合衍生出系列产品，如围绕农耕文化的活动就可以包括以下方面：体验农业工具的演变（水车体验）、农业物种变迁认知（太空育种栽培介绍）、神话故事传说讲解（大禹治水）、乡土艺术创作观赏体验（民间剪纸、农民画）、民俗谚语学习（二十四节气歌学唱）、乡村农事活动（插秧、采果）、丰收成就分享（农业嘉年华）、现代农业技术推广（有机农业、设施农业认知体验）等。

（三）项目扩充法

乡村旅游创意开发要充分利用所在地资源，摒弃粗放式经营理念，走集约化、环保化发展的道路，一个项目功能叠加另一个功能也可以产生意想不到的视觉效果。如搭建树上木屋供游客体验不一样的住宿感觉、林下种养提供循环绿色食品、稻田养鱼蟹及艺术画种稻形成循环农业和富有震撼力的视觉体验、民宅墙面画画产生很好的摄影场景、麦田迷宫建设营造生产地也是娱乐地的感觉等，都是在原有项目上进行扩充的做法，也有助于形成新的体验环境和感官感觉。

（四）复合归纳法

乡村旅游创意开发中要善于将历史文化的、产业生产的、生活民俗的、商务节庆的、学习教育的、经营管理的、优质服务的、渠道构建的、艺术再造的等多方面内容进行归纳整理再组合，形成创意的项目与产品，如耿红莉老师提出的创意手段就是复合归纳的有效体现：①突出主题（银杏主题、竹子主题、童话主题）；②就地取材（石头彩绘、稻草人偶、竹木小品）；③相地测土（富硒土壤、健康泥浴、陶泥制瓦）；④见泉眼开（山泉茶室、乡村温泉、涌泉湿地）；⑤见庙参禅（佛法农禅、圣地瑜伽、许愿祈福、放生行善）；⑥小题大做（蚂蚁之家、鸡蛋乐园、大米刻字、树叶拼画）；⑦张冠李戴（用旧木船、旧轮胎、旧生活用具种植花草）；⑧无中生有（山顶岩洞布置成山顶洞人居住场景）；⑨古为今用（开设古代足球蹴鞠游乐项目、古代更夫巡逻）；⑩洋为中用（安徒生童话乐园、荷兰风车）。此外还有勾起回忆（竹制储钱罐、乡村年味点心组合）、异地风情（邀请非遗传人异地表演）、历史再现（将历史传说故事绘制成墙画系列）、穿越时空（将门票制成古代皇宫令牌）、逆向思维（种豆得瓜活动和忆苦思甜活动）、制造挑战（设置对联绝对和象棋残局、开设智勇大闯关游戏）。

（五）主题定位法

乡村旅游创意开发中最好能够围绕主题进行资源的创意组合开发，这样不仅能够实现品牌形象的专一性和独特性，也便于集中优势资源做深游客体验内容，使游客产生难忘的深刻印象。例如，围绕水稻主题可以开展多种类产品组合，既可以围绕大米本身做文章

（用新大米打糍粑、制作新米礼品、体验传统风车吹糠制米法、用大米制作礼品如大米上刻名字、富硒米、学生专用营养糙米、制作稻米食品等），也可以在大米生产过程中做文章（稻田做成艺术形状、稻田养鱼蟹进行钓鱼蟹比赛、在稻田里做出可游玩的项目），还可以围绕水稻主题做些节庆活动（如台湾在稻田里搞艺术节表演、举办水稻开耕节、农业丰收节、稻草人编织大赛）。

二、乡村旅游创意开发的具体方法

乡村旅游创意开发的核心就是乡村旅游产品创意开发。乡村旅游产品创意开发的有效方法很多，这里所谓的有效方法是指打造的乡村旅游产品能够满足旅游者的审美需求的手段，这是判断能否成为乡村旅游创意开发方法的标准。通过调研、比较分析得出如下 15 种实用有效的方法。

1. 陈列法

原理：陈列法就是把旅游产品以一定组合的方式展示出来，达到使旅游者认知的目的，同时给旅游者美的感受。

步骤：①整体展馆的平衡设计。②旅游线路的闭合设计。③旅游产品的摆放设计（可以按照时间序列，颜色深浅序列，价值序列，尺码大小序列，疏密序列等）。④灯光凸显主题设计。⑤装饰物的摆放设计。

注意事项：旅游产品陈列时一定要注意，通过灯光调节和尺寸大小的缩放达到以下效果，8 米之外让旅游者看清旅游产品的大致形状，5 米左右让旅游者看清旅游产品的结构，2 米之内让旅游者看清旅游产品的细微之处及其文字说明。

在乡村旅游创意开发的历程中，陈列法是最常见的方法，把对旅游者有吸引力的事物，通过分门别类地摆放在展览架（台）上，供游客观看、欣赏，以达到满足旅游者消费的目的，这种旅游产品开发方式是最传统的最直接的开发方式，河北省辛集市的农具展览馆就是用陈列法打造的乡村旅游参观点。

2. 图片法

原理：通过影像（图画）展示的方式对旅游者有很好的吸引力。因无法转移、不能复制、时间逝去、气候差异等原因，旅游目的地不能够获取的旅游产品，或者有些复杂的原理不好表达，可以通过图片进行直观示意。

步骤：①旅游产品实物拍摄或者写真。②图片的大小、色彩、光亮度、对比度、清晰度等技术处理。③图片展览空间的整体布局。④旅游路线的设计。⑤展览空间灯光、装饰物的设计。

注意事项：①图片的角度选择要便于旅游者理解，同时赋予更多的美的视觉感受。②图片的大小和摆放方式切忌平铺式，一定要富有变化。③图片展示法一定要具有知识性和趣味性，不能单调、乏味。④可以配合声、光、电技术共同营造整体效果。

3. 演出法

原理：游客对具有地方特色的农事祭拜、农俗礼仪等特别钟爱，但是这些活动只有在特定的日子才会有，为了满足旅游者的需求，目的地可以以演出的方式定时向游客演示，这种旅游产品开发方式特别适合对农俗旅游资源的开发。

步骤：①深挖当地农俗文化，找出精华，突出特色。②把农俗中具有可观赏性的片段编排成演出内容。③挑选合适的演员。④舞台场景设计。⑤安排合适的时间段演出，便于旅游者观看。

注意事项：①内容忠于农俗现实。②演出形式要多样化。③舞台最好就地取材。④最好有与旅游者的互动环节。

4. 造像法

原理：不能以实物展示的旅游产品可以用雕塑法、泥塑法、蜡像法达到展示效果，这种方法叫造像法，这种方法比图片展示更加立体、直观、更具有震撼力（感染力），它能够多维度展示旅游吸引物，给旅游者更多的遐想空间，比如一个大禹治水的雕像比一个大禹治水的图像更具有震撼力。下面简要介绍泥塑、金属雕塑、石头雕塑和木雕的常规步骤。

泥塑的步骤：为特殊胶泥备料喷水，醒泥 48 小时以上→上大泥覆盖雕塑造型→塑形→大型完成→进入翻制→脱模后去掉分块模具上的残留泥→上玻璃钢→拼合玻璃钢分体模块进行组合→上底色，上彩绘。

金属雕塑的步骤：选择合适的黄铜板和紫铜板进行锻造→淬火处理→加热松香和滑石粉调成合适比例，浇注成锻造的工作面→进行手工锻造→制作玻璃钢浮雕→手工对位锻造→氩弧焊接接缝处理打磨。

石头雕塑的步骤：制作设计稿→选择合适的石材→初加工雕刻→雕刻放样→雕刻→打磨→雕塑质量检查→雕塑安装。

木雕的步骤：选择红木、金木、黄杨木、龙眼木、白果木、樟木等材料→依据木头的自然形态和特点进行设计→画出构图→打粗坯→凿子雕刻→上色。

注意事项：①注意每个角度的整体效果。②分析形体结构是否准确，局部与整体是否和谐统一。③如果出现裂缝，要及时修补。

5. 做大法

原理：做大法在乡村旅游产品打造中包括单体做大和总体做大两种，单体做大是指把一个单体的乡村旅游资源做大，比如最大的榕树、豫章树等，单体旅游产品打造后非常具有诱惑力. 有些乡村旅游资源单体不可能做大，比如油菜花，但是总量做大就具有了旅游吸引力，像云南罗平的油菜花、江西婺源的油菜花，多达几千亩，漫山遍野、蔚为壮观。

步骤：乡村旅游中单体做大一般依靠自然生长和人工辅助两种方式，人工参与的因素主要体现在保护方面，总量做大的步骤：①选择适宜的农业种植空间。②选择合适的农作物。③周边环境的设计与之和谐一致。

注意事项：①选择的农作物对旅游者要有足够的吸引力。②观赏期不能太短。③要注意整体效果的营造。④防止大面积暴发病虫害。⑤注意与其他物种的季节性轮作，防止植物单一带来的危害。

6. 做奇法

原理：有些农业旅游资源非常普通、常见，对旅游者的吸引力不大，但是通过一定的手段做奇，吸引力就会大增，比如普通的圆西瓜培育成立方体西瓜、棱锥形西瓜、圆柱体西瓜、十二生肖西瓜就能吸引旅游者，让人兴趣盎然、久久难忘；一般的葫芦单体卖价2～3元，烫上红楼十二钗，则吸引力大增，价格高至200～300元。

步骤：①选择品种。②种子处理。③配土育苗。④整地、施肥。⑤定植幼苗。⑥追肥、整枝。⑦制作设定的模具。⑧建立个体档案。⑨采摘果实。

注意事项：①注意要选择选择抗病性强、大果型、厚皮稀植的优良品种。②模具要做到透光、透气、透水、耐胀。③人工操作期间尽量减少对果实的触摸。④装模后的果实3～5天翻转一次。

7. 做全法

原理：把相同种类不同品种的乡村旅游资源放在一起，对比性展示种植，从而达到增加乡村旅游资源吸引力的目的，比如豆类作物：可以对比性展示种植黄豆、黑豆、豌豆、绿豆、小豆、蚕豆、豇豆、菜豆、小扁豆、蔓豆、鹰嘴豆等，在旅游过程中增加科普教育功能，加大对游客的吸引力。

步骤：①选择合适的地域。②依据地域状况精选合适的种类。③不同品种之间的合理布局规划。④播种/育苗。⑤田间管理，景观营造。

注意事项：①同一种类品种需要比较丰富。②选择的种类一定要有可观赏性。③不同品种的外观差异较大，能够给旅游者不同的视觉享受。④在施肥、灌溉等方面进行科学调控，尽量延长观赏期。

8. 做新法

原理：人们对新东西总是好奇与向往的，做新法就是在乡村旅游资源开发中，把最新的、罕见的农业新成果作为旅游产品展示给旅游者，比如无土栽培、分子农业、精准农业、工厂化农业、空中结薯、矮化盆景苹果等高新农业试验区的新产品展示。

步骤：①选择成熟的农业高新技术。②申报理想的可利用土地。③合理规划土地空间。④高新农业设备的安装。⑤旅游廊道的设计。⑥试运行检验。⑦改进后的正常运行。

注意事项：①依托科研单位，持续提供农业高新技术支持。②选择观赏性强的项目开发。③旅游的同时可以起到示范周围农业区。④要有稳定的资金投入，确保高新技术的不断创新。

9. 做古法

原理：利用人们追思先人、怀古思旧的情感，在乡村旅游资源开发中，把古代的耕作方式、作物品种、耕作工具、耕作习俗、耕作情形等通过一定的手段展示给当今的旅游者，满足旅游者思旧的消费心理需求。

步骤：①收集古代农业生产的文字资料、图片资料等。②结合当地农业实情构建古代农业生产的场景。③选择合适的空间进行设计规划。④作物品种、耕作方式、劳动场景、生产工具的使用。⑤古代农业生产方式的再现。⑥周围农舍等的重现。

注意事项：①做古要有理有据，尊重历史本真。②要和现在的农业生产方式有较大差异。③尽可能远离周边现代化建筑、生活环境。④旅游产品设计尽量体现参与性的特点。

10. 观光法

原理：利用景观生态学的方法，把农业旅游资源通过间种、套种等手段使农业的斑块景观与廊道景观合理配置，使之更具有观赏性，比如使农业旅游资源的季相呈现艺术性（心形、八卦形、寿字形等）和可观赏性，还有四方（南瓜、西瓜、北瓜、冬瓜）、五味（鱼腥草、甜瓜、苦瓜、香瓜、辣椒）、六型（丝瓜、南瓜、砍瓜、苦瓜、瓢瓜、蛇瓜）、七色（橙色辣椒、红梗叶甜菜、黄色番茄、青色苤蓝、绿茄子、紫色紫苏、白梗叶甜菜）。

步骤：①确定规划目标。②划定功能区域。③设计相邻功能区域的叠加和综合。④空间变化节点的设计。⑤游憩空间规划。⑥植物景观配置规划。

注意事项：①观光法设计旅游产品一定要因地制宜，不能生搬硬套。②要和周围的自然景观协调一致，不能成为生物孤岛。③景观的设计要融入当地文化，做到自然人文相结合。

11. 采摘收获法

原理：收获的喜悦是非常吸引游客的，采摘收获法就是让旅游者参与到农业收获的过程中，分享成功、收获喜悦，在乡村旅游资源开发中经常用到这种方式，如采摘果实等。

步骤：①科学设定旅游者采摘的最佳时机。②严格划定采摘区和禁采区。③设计旅游者采摘的路线。④采摘全过程的有序管理与指导。⑤采摘后的产品处理。

注意事项：①要普及采摘的科学方法，防止采摘对植株的破坏。②控制旅游者的量，确保生态不被破坏。③调控好阴雨天与晴天的旅游者数量，预防践踏造成土壤的板结。④采摘区和禁采区的轮换时间的确定。⑤采摘的种类、品种要多样化。

12. 参与体验法

原理：现在的旅游者不再仅仅局限于做浅层次的看客，更多情况下旅游者希望能够更深层次的参与其中，做一回“演员”、做一周“农民”、当一天“牧民”、当一回“工匠”，吃农家饭、干农家活、住农家院，让旅游者能够身临其境，亲身体验，这种乡村旅游资源开发方式越来越受到旅游者的欢迎。

步骤：①确定体验主题，明确体验目标。②合理编排体验项目。③控制体验时间，防止旅游者过度劳累。④植入体验文化，树立品牌形象。⑤感性营销劳动产品。

注意事项：①要体验本土特色。②注意劳逸结合，强调休闲服务功能，创造顾客价值。③与体验旅游相配套的附属旅游设施要齐全。④确保体验旅游的服务品质。

13. 特色定位法

原理：很多乡村旅游资源无法做到"最大"，可以考虑做到"最小""最艳""最红""最香""最悦耳""最神奇""最早"等，把特色凸显出来，通过这种方式同样可以达到吸引旅游者的目的，是乡村生产过程旅游资源化常用的一种开发方法。

步骤：①找准角度，挖掘特色。②依托特定农作物，凸显特色。③借助当地自然条件，做亮特色。④依靠营销渠道，宣传特色。

注意事项：①选准角度突出特色是魂。②因地制宜，从当地的自然环境出发是根。③依托科学技术，把特色擦亮是本。

14. 竞赛法

原理：在体验农业旅游产品过程中，为了提高旅游者的兴致和积极性，可以把旅游者分成若干小组，以小组为单位展开比赛，把旅游过程加入竞赛的元素，打破旅游过程的单调与乏味感，提升旅游者对旅游产品的满意度。

步骤：①竞赛项目的确立。②竞赛规则的制定。③竞赛条件，工具等的准备。④竞赛过程的监控与保障措施。⑤竞赛结果的公布与激励。

注意事项：①竞赛以激发旅游兴致为主，对抗性不能太强。②竞赛以集体参与为主，强调娱乐性。③竞赛要做到公平，不能因此产生矛盾。

15. 隔离/吸收法

原理：在乡村旅游产品设计时，有些影响视觉效果的或者有污染的东西，用符合视觉美学的东西去阻隔视线，覆盖不雅之面貌，或者吸收有毒污染物，达到美化、净化的效果。

步骤：①确定污染源或煞风景的景观的位置、体量、性质等。②寻找对应的相克物。③用美学的视角设计布置相克物，使之以美的形象展示出来。

注意事项：①相克物的寻找一定要科学合理。②净化的效果要随时监测。③相克物的设计要与周边的环境相协调。

三、乡村旅游创意开发的技术

1. 塑形技术

技术原理：农业旅游产品设计中的塑形技术就是改变农产品的原有形状，使之按照人们的意愿生长成新的形状。果实由小长大是由于细胞数目增多和细胞体积增大，其中细胞数目增多是由细胞分裂完成的，果实在生长膨大期很容易受外界环境的影响，给果实一定的限制，细胞的空间分布就按照人们设计的空间范围生长。如图 5-1 为方形西瓜。

技术规程：①选择合适的品种。②找准最佳的坐果期时机。③正确安装模具。④适时调整模具。⑤及时取下模具。⑥采摘果实。

技术要领：①模具要求透明、透气、透水。②模具可以按照人们的意愿育出理想的果实形状，如方形、心形、人形等。③模具需要调整向阳的角度，保证果实充分得到阳光照射。

图 5-1　方形西瓜

来源：http：//15907. cnlhzb. com/article297419

2. 变性技术

技术原理：乡村旅游产品设计中变性技术就是改变生物原有的特性，改变后的生物更有利于人们的食用或观赏等。果实是由子房发育来的，子房发育成为果实的过程中，需要一定量生长素，生长素是由胚珠发育形成的幼嫩种子提供的。无籽西瓜就是根据染色体变异原理培育的，无籽西瓜发育时仍然需要生长素，没有种子，生长素在植物体内部的合成部位是叶原基、嫩叶及其发育的种子，这些部位存在与生长素合成有关的酶系，在多种酶催化作用下，植物体内的色氨酸通过氨基转换、脱羧作用及两个氧化步骤，最终变成了生长素（吲哚乙酸）。在二倍体西瓜花粉中，含有少量生长素，也含有使色氨酸转变为生长素的酶系，二倍体花粉萌发之际，形成的花粉管伸入三倍体植株子房内，将自身合成生长素的酶体系转移其中，在子房内合成大量的生长素，促使子房发育为无籽果实。无籽西瓜是用种子种出来的，然而这个种子不是无籽西瓜里的种子，而是自然二倍体西瓜与经过诱变产生的四倍体杂交后形成的三倍体西瓜里的种子，由于是三倍体，因此它本身是没有繁殖能力的，所以没有籽。类似如无籽番茄、无籽西瓜和无籽香蕉等。

技术规程：以无籽西瓜为例，一般的西瓜为二倍体植物，体内有两组染色体（$2N = 22$），幼苗用秋水仙素处理，使二倍体西瓜植株细胞染色体变为四倍体（$4N = 44$），四倍体西瓜可以正常开花结果，种子可以正常萌发成长，再用四倍体西瓜植株作为母本（开花时去雄）、二倍体西瓜植株作为父本（取其花粉授四倍体雌蕊上）进行杂交，这样四倍体西瓜的植株上就可以结出三倍体的植株，当开花时，其雌蕊一定要用正常二倍体西瓜的花粉授粉，以便刺激其子房发育成果实。因为胚珠不能发育为种子，而果实则可以正常发育，无籽西瓜就培育成功（图 5-2）。

技术要领：①瓜地应选择地势较高、光照充足、排灌方便、土壤肥沃的沙壤土为宜。②营养土要求肥沃、通透性良好、营养成分齐全、无菌、无虫、无草籽。③适时播种。④做好温度与湿度管理。⑤定植后，覆盖好地膜。⑥肥水管理以前促、中控、后促为原则。⑦主蔓长至 70 厘米左右时，应及时整枝压蔓。⑧在早晨雌花充分开放时需采用人工辅助授粉。⑨高节位留瓜抓优果。⑩肥水齐攻促膨果。

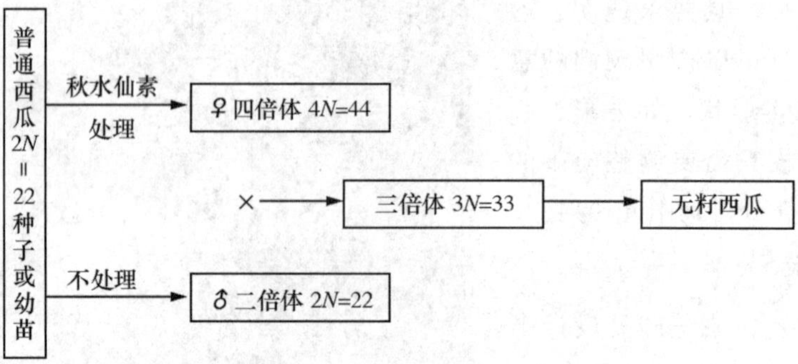

图 5-2　无籽西瓜的培育原理

3. 变色技术

技术原理：乡村旅游产品设计中的变色技术是指通过生物技术改变生物局部区域的颜色，使之呈现需要的画面或形状。果实里含有花青素，当阳光照射果实时，花青素就会大量增多，照射不到的地方，花青素就相对较少，呈现出不同的颜色，由于照射强度不同，花青素不同，便出现颜色不同的现象。

技术规程：利用这个原理可以让生物身上长出设计好的字或图案。在这些果实没有成熟时，把字或图案贴到果实上，有字或图案的地方照不到阳光，颜色浅，其余的地方可以照到阳光的，颜色就会变红变深，这样字或图案就会显现出来（图 5-3）。

图 5-3　有图案的苹果

来源：http：//www. ytbbs. com/forum. php？mod = viewthread&tid = 2823233&archiveid = 1

技术要领：①要选择易着色的品种，如红富士、红星等。②选择树冠外围的果实，并摘除遮光的叶片。③选择的剪纸应不怕雨淋、日晒的蜡纸。④剪纸要贴在阳面的两侧，不可正向阳面，易产生日灼现象。⑤剪纸要贴平压实。⑥及时摘除果柄上的叶子，防止遮挡阳光。

4. 同效替代技术

技术原理：在乡村旅游产品设计中利用生物能代替人工能源，在效果上同效，在形式上创新，例如利用萤火虫等生物光能代替旅游景区的电能照明。生物光来源于生物的皮肤而发生了变异或特化的腺细胞，腺细胞能分泌荧光素与荧光素酶，如发光细胞同时含有荧光素与荧光素酶，则发光就可以在细胞内部进行，称为细胞内发光；如发光细胞只含有荧光素或者荧光素酶，只有含荧光素和荧光素酶的不同发光细胞的分泌物相遇时才能发光，称细胞外发光。细胞内发光的生物种类有低等无脊椎动物、单细胞动物、细菌、萤火虫和一些鱼类；细胞外发光的生物种类有介形类、水母、高等无脊椎动物和一些鱼类。萤火虫照明在旅游景区的运用最为常见。图 5-4 为萤火虫发光原理。

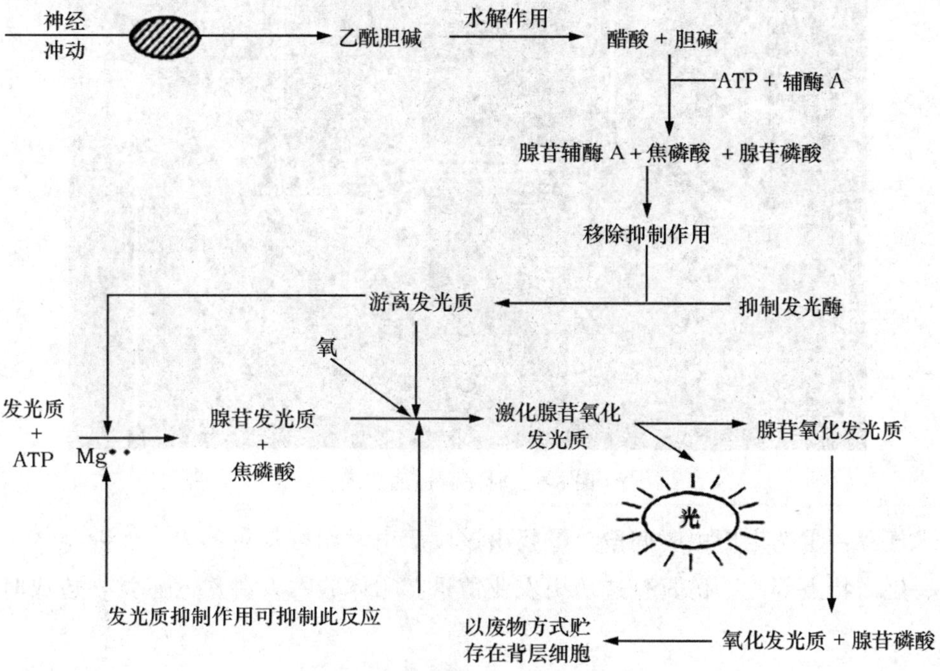

图 5-4　萤火虫发光原理

技术规程：①选定适合萤火虫生活的环境（温度、湿度、风力、植物等）。②移植足够数量的虫卵在选定空间孵化。③选定的空间要放置萤火虫喜欢吃的花粉、花蜜、蜗牛等。④萤火虫的交配期也是它的发光期，更是旅游者的观赏期。

技术要领：①不同品种的萤火虫对温度、湿度、风力的适应度不一样，需要区别对待。②喂养萤火虫的饵料要新鲜。③控制观赏期的游客数量，游客过多，会影响萤火虫的繁殖。

5. 时光隧道技术

技术原理：农业生产过程旅游资源化包括现代农业、传统农业和原始农业生产过程的旅游资源化，从农业生产的角度看，现代农业生产一般具有快速便捷的特点，传统农业和原始农业费时耗力，但是从旅游体验的角度考虑，现代农业旅游者的体验感不强，原始农业和传统农业的体验感强且有忆苦思甜的教育意义，打破时间界限，在现代社会营造原始农业和传统农业的场景，让游客进行体验，我们把这种技术叫作时光隧道技术，时光隧道技术可以让旅游者从现代穿越时光虫洞到古代，打造时光倒流的神奇效果（图 5-5）。例如宋代农庄、元代锦绣谷等旅游景区就是这样设计出来的。

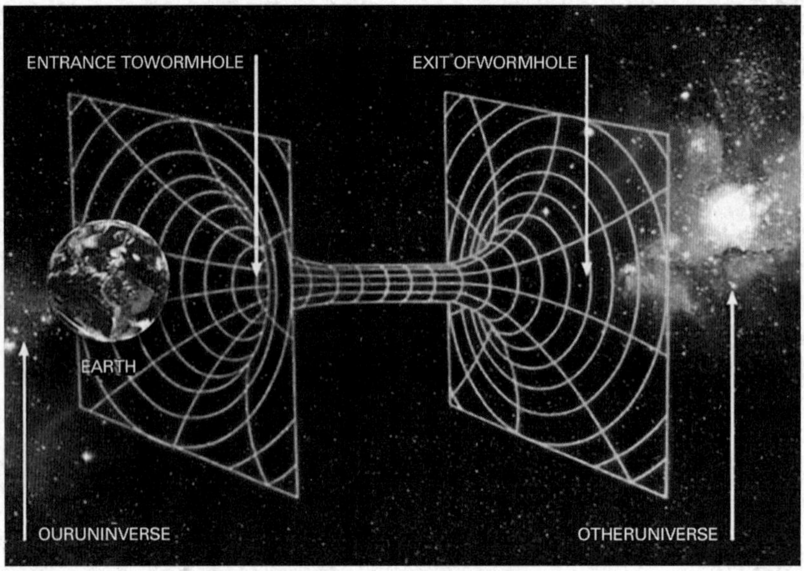

图 5-5 时光隧道的原理

技术规程：①选定历史时间段。②找出该段历史时期有特色的人、农业生产工具、农业场景、生产特点等。③仿真打造历史农业情景。④体验古人耕作的感觉，造成时空穿越的效果。

技术要领：①选区的历史时间段与当今的农业生产情景差异要大。②要深挖农业历史的特点。③在营造的时空范围内不能出现与现代穿帮的事物。④进出该景区要造出一个神秘通道，强化时空的穿越感觉。

6. 台前幕后技术

技术原理：在乡村旅游产品创意设计时，把一些柜台上展销的旅游商品和它幕后的生产过程结合起来，在生产过程中增加游客的参与性和旅游商品的科普性，激发游客的购买欲望，达到不但知其然，而且知其所以然的效果，把生产过程打造成可以参观、体验的旅游产品，把生产成果打造成可以购买的旅游商品，两者组合成一个整体旅游产品，增加了旅游产品的吸引力，满足了游客的求知欲，这类旅游产品比较成熟的有：葡萄园农庄——集合了葡萄园的景色参观，葡萄酒的制作体验，葡萄酒的购买等；桑蚕农庄——集合了桑园的景观欣赏，桑叶采摘体验，养蚕过程参观体验，蚕的生长过程，蚕丝的提取加工过程，丝绸的加工过程，丝绸旅游商品制作过程等。图 5-6 为葡萄酒加工流程。

技术规程：①选定合适的农业产品（产品本身很实用，但生产过程不为人所知）。②选定最佳地理位置。③划分农业产品生产的环节。④生产线和观光线并行设计，便于参观和体验参与。⑤生产和销售无缝对接。

技术要领：①生产周期短。②生产过程具有技术性和神秘性。③生产环节具有通俗易懂性。④生产出来的旅游商品具有实用性。

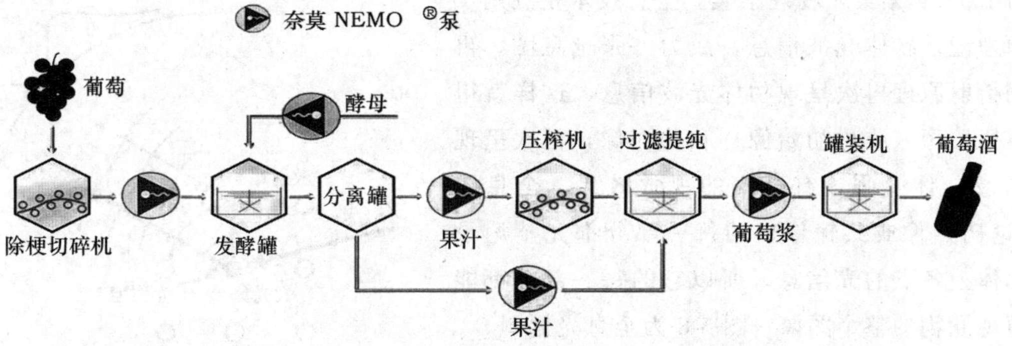

图 5-6　葡萄酒的加工流程

7. 同根共生技术

技术原理：农业旅游产品为达到创新的效果，采用农业科学技术把两种或两种以上的植物嫁接在一棵植株上，达到同根共生的效果，嫁接属于植物的人工营养繁殖方法，把一种植物的枝或者芽，嫁接到另一种植物的茎或根上，嫁接一起的两个部分成长为完整的植株。

技术规程：嫁接的方式有枝接与芽接两种，嫁接的时候必须使接穗和砧木紧密贴合，以便接穗成活，接上去的枝或者芽叫接穗，被嫁接的植物体叫砧木或者台木，接穗时应该选具 2～4 个芽的苗，嫁接后成长为植物体上部或者顶部，砧木嫁接之后就成为植物体的根系部分，嫁接又可以分为靠接法、劈接法、插接法等（图 5-7）。

技术要领：①接口要对整齐。②削口要平滑。③选择个性越相近的苗木嫁接成活率更高。④枝接后 3～4 周检查是否成活，1 个月后松绑。⑤减去过多的枝桠，保证养分的供应。

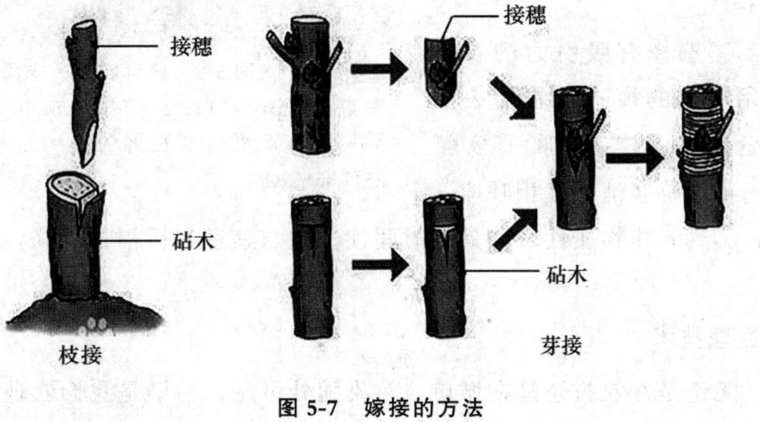

图 5-7　嫁接的方法

8. 全息技术

技术原理：1947 年英国物理学家 Denise Gabor（1900—1979）最早发现全息术，因此获得1971年诺贝尔物理学奖，全息技术是利用干涉原理记录物体光波信息，成为一张全息图，再利用衍射原理再次呈现物体光波信息，这样就得到了原始像（或称初始像）和共轭像，再次呈现的图像立体感强，有真实的视觉效果，全息图（无论初始像或共轭像）的每一部分都完整记录了物体上各点的光信息，所以它的每一部分都能够再现原物的整个图像。图5-8为全息光栅图。

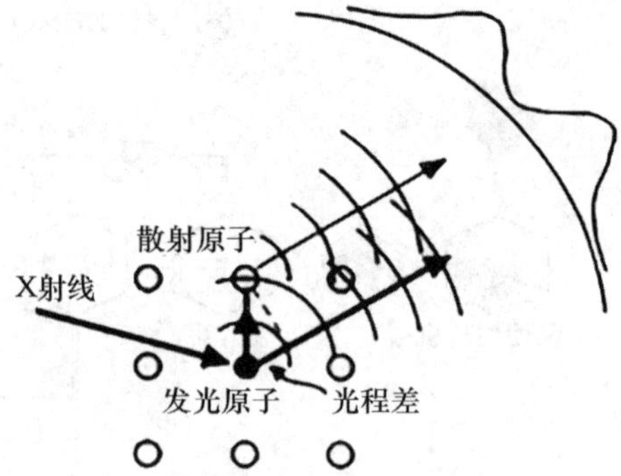

图5-8　全息光栅图

技术规程：运用全息原理建造一个农业主题公园（共轭像），这个共轭像体现全世界这一类农业的全貌，例如百果园齐聚了世界上所有的果类，让旅游者一目了然，浏览全貌。

技术要领：①选择品种丰富的农产品种类。②不同品种之间的个体差异越大越好。③不能共生的品种要留有距离。④防止长时间不同品种之间的杂交，导致差异不明显。

9. 情景再现技术

技术原理：乡村旅游中的一些农俗、田神祭拜、山神祭拜、水神祭拜、谷神祭拜等资源，这些非物质的旅游资源往往受时节的限制、民俗的限制、当地禁忌的限制等，旅游者的参观不能做到时间上的规律化，不利于旅游产品的开发，这时可以利用舞台再现的技术，把农俗等搬上舞台，用表演的方法实现时间上的规律化（图5-9）。

图5-9　祭拜农具、求雨

来源：https：//baike. baidu. com/item/%E9%82%A3%E6%A1%90%E5%9B%9B%E6%9C%88%E5%85%AB

技术规程：①选择有吸引力的农俗进行开发。②用演出的模式对农俗表演进行编排。③营造好农俗表演的真实氛围。④演出时间要与游客情况互相呼应。

技术要领：①具有非物质性。②具有时间性。③与禁忌和祈福相关联。④具有历史传承性。

10. 环境治理技术

技术原理：无论是在农村还是在城市，污染随处可见，污染是我们农业旅游产品的大忌，在农业生产过程旅游资源化中，如何规避、治理、预防污染，是必须要考虑的事情，可以把林业的生长过程打造成抗污旅游产品。

技术规程：①确定污染物的种类、性质、体量大小。②找出对应抗污的植物，设计多种备选方案。③优选最佳方案实施。

技术要领：经过许多部门的多年研究与试验，不同的污染源，我们可以采取不同的植物来抗污（表 5-1）。

表 5-1 不同抗污染树木的不同功效一览表

序号	污染源类型	可以阻隔、吸收不同污染物的树木
1	含有硫、氯、氟三种污染物的污染源	橡胶榕、高山榕、细叶榕、大叶榕、菩提榕、蒲桃、大麻黄、火力楠、波罗蜜、罗汉松、龙柏、大叶黄杨、夹竹桃、蚊母、海桐、桑树、构树等
2	含有硫和氟含有两种污染物的污染源	除第一类之外，还有扁桃、芒果、牛奶树、蝴蝶果、阴香、海南红豆、黄槿、米兰、假槟榔、落地生根、银桦、合欢、栀子花、女贞、无花果等
3	含有氯和氟两种污染物的污染源	除第一类之外，还有石栗、蒲葵、葱兰等
4	含有硫、氯两种污染物的污染源	除第一类之外，还有苦楝、竹柏、胡颓子等
5	含有二氧化硫污染物的污染源	除第一类、第二类、第四类之外，还有荷兰玉兰、人心果、盆架子、阿珍榄仁、海南蒲桃、华南朴、鹰爪、驳骨丹、红果仔、五彩铁、红背桂、桧柏、棕榈、扁柏、香樟、粗榧、枇杷、苏铁、枸骨、杨梅、刺槐、白杨、臭椿等
6	含有氯化氢的污染源	除第一类、第三类之外，还有苦梓、肉桂、桂花、番石榴、樟叶槭、泡桐、瓜子黄杨等
7	含有氟化氢的污染源	黄皮、侧柏、白兰、大叶桃花心木、香椿、黄梁木、大王椰子、石榴、母生、黄连木等

资料来源：广东省林业勘察设计院，2014 年 8 月。

11. 康体健身技术

技术原理：营造特殊的农业生产场景，利用医学科技达到康体健身、治疗疾病的效果，康体养生就是放松、休养、调理、养护自己的生命，在优美的环境下，首先让身体达到修养，再进一步让心灵达到修养，养生的目的就是使身体健康，使心灵净化。

技术规程：这类旅游产品可以分为两大类：一是以康体为目的的康体旅游产品，例如森林旅游度假区（给旅游者提供修养身心、休闲度假的优美去处），森林养生氧吧（给旅游者提供调节身心、改变亚健康状态的场所）等；二是以治病为目的的医疗旅游产品，比如粤北淡绿色小园林（整个院子用植物长苞铁杉、大王椰子、三药槟榔、董棕等营造成优雅的淡绿色园林，经过科学验证，人体置身于绿色环境里，皮肤的温度能够降低 1～2. 3℃，每分钟的脉搏可以减少 4～8 次，起到血压降低、呼吸减慢、心脏的负担减轻的医疗效果，同时，淡绿色适宜养肝护肝，肝是眼睛之母，这种旅游产品对眼疾也有良好的疗效），红色小园林（整个院子用黄栌、红乌桕、红桑、红叶李、杜英、红叶木、五彩铁树雄黄木等营造热烈的氛围，对于治疗性格孤僻、生活缺少热情、不善交际、自卑感强烈这一类心理疾病有很好的治疗效果），黄色小园林（整个园区用桂花、黄金树、佛肚竹、腊肠树、铁刀木、栾木、黄槐、龙爪槐、黄檗、盐霜柏等营造黄色和橙色的环境，对于治疗胃肠道疾病、食欲不振及其心生多疑等病疗效明显），白色小园林（园区用柠檬桉、白皮松、白千层、东风橘等营造卫生、整洁、明快的氛围，可以有助于肺部健康，对于吸烟成癖、支气管炎、咳嗽有较好的疗效），蓝色小园林（整个园区选用蓝松、蓝桉、珍珠相思、南洋楹、柽柳、大岩桐等营造冷静的蓝色氛围，有助于情绪稳定，对治疗心脑血管疾病尤为有效），黑色小园林（整个园区选用黑松、罗汉柏、龙血树、乌柏、橡胶榕、龙柏、桧柏、巴西铁、苏铁、南洋杉、黑仔树、乌墨等营造黑色氛围，这种环境有助于强心壮阳、通窍益智、延年益寿、颐养天年）。

技术要领：在森林中打造养生旅游产品一定要严格把握好几个方面：空气、水源、气候、饮食、环境必须达到优良的等级，让旅游者视觉上可以审美、听觉上得到洗礼、呼吸系统达到吸氧洗肺的效果、心灵上可以静心遐思。

12. 景观营造技术

技术原理：农业的观赏价值重在，一是农业的“色”，一年四季呈现不同的颜色；二是农业的“型”；三是农业的“香”。在这几个方面营造农业景观，给旅游者提供视觉的享受。

技术规程：这个环节可以打造的旅游项目有：生机盎然的春季森林游（产品打造时凸显春天的万物复苏、生命伊始的主题），枝叶茂盛的夏日森林游（产品打造时凸显在炎炎夏日中森林的避暑主题），万山红遍的秋季森林游（产品打造时凸显秋天森林颜色的浓烈和斑驳的主题），林海雪原的冬季森林游（产品打造时凸显冰清玉洁与挑战严寒的主题），春天梨园梨花游（看梨花的形、闻梨花的香、赏梨花的景），冬天梅园梅花游（看梅花的型、闻梅花的香、赏梅花的傲寒）。不同季节开花的树木整理如表 5-2 所示。

表 5-2　不同季节开花的植物

季节	开花的树种
春季	杜仲、樱桃、白榆、柳树、胡杨、柯松、银柳、杞柳、月桂、山胡椒、杜鹃、榆叶梅、杨梅
夏季	米兰、板栗、广玉兰、卫矛、桉树、太平花、高山杜鹃、山梅花、蘖荔、金叶大花六道木、盐肤木、国槐、梓树、银杏
秋季	十大功劳、三角梅、胡枝子、金缕梅、栾树、胡颓子、榔榆、阔叶十大功劳、雪松、花榈木、石栎
冬季	火炬树、梅花、蜡梅、柊树、金缕梅、非洲芙蓉、朱樱花、枇杷、虎刺梅、水仙

技术要领：①农业景观要和当地的环境相结合，做到因地制宜。②要区别于其他自然景观，突出农业的特色。③农业景观要考虑季相的变化，及时调整向旅游者开放的时间。

13. 化劳为怡技术

技术原理：农业生产过程旅游资源化，需要把劳动过程转化为旅游过程，劳动的过程是劳累的，旅游的过程是放松的、体验式的过程，这就需要把劳累的过程转化为旅游体验过程，需要用到多个方面的技术。

技术规程：①使用合适的工具、器械减轻劳动强度。②以不疲劳为前提，利用人体工程学计算出单项劳动人体的耐受力（图 5-10）。③劳动强度不同的单项农业旅游产品进行科学的交替组合技术，化劳为怡技术特别适合体验式旅游产品的打造。

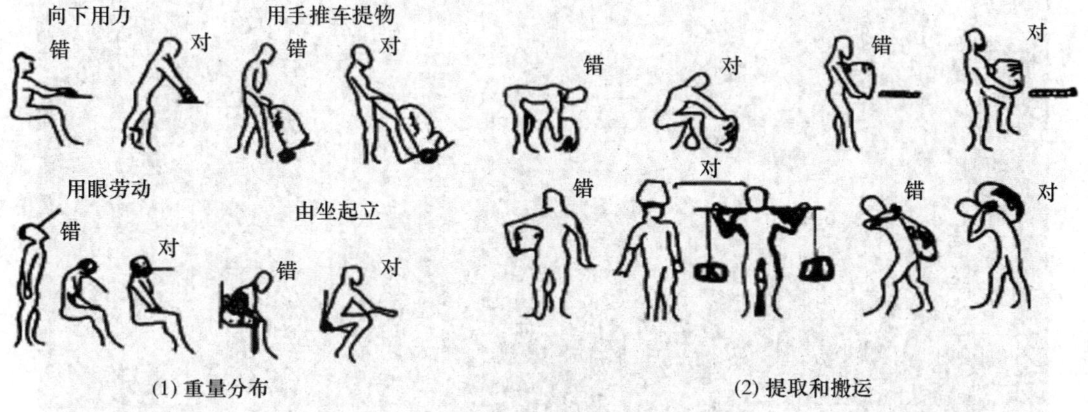

图 5-10　人体工程学中力的应用

技术要领：①要考虑个体的差异，保证绝大部分旅游者能够完成。②过程中需要提供一定的农业劳动技术支撑，让旅游者掌握一定的劳动技巧。③需要设计不同劳动强度的旅游产品满足不同人群需求。

14. 田间种画技术

技术原理：田间种画技术就是把颜色不同的同类作物种植在同一块田地之中使之构成一幅巨型画面，这种技术最早起源于日本的水稻种植，后来推广到其他地区和其他农作物。

技术规程：具体做法是选择不同颜色的植物进行育苗，然后在田地中插杆做标记，使之构成理想的画面。画面的题材可以丰富多样，有历史故事、流行影视剧、动漫等人物形象，题材每年都不同，涉及古今中外，内容要广泛。可以是著名的古代名将雄姿，还可以是拿破仑、蒙娜丽莎，还可以是哆啦 A 梦等。然后按照标记把不同颜色的植物种植到设计的区域之中，形成逼真的画面，在不同的生长时期，画面颜色效果也在随之变化。以水稻种植画为例：首先在空田地上做标记；插秧完成画面轮廓隐约可见；生长一段时间轮廓逐渐清晰（图 5-11）；最终长成后取得规划的效果（图 5-12）；成熟后效果依然不错（图 5-13）。

技术要领：稻田种植画技术经过长期的发展，人们掌握了不同水稻的特点，可以做出更加丰富的画面（表 5-3），田间种植画技术在发展地方旅游经济，增加旅游目的地吸引力方面有明显的效果。

图 5-11　生长期间的画面

图 5-12　最终效果

图 5-13　成熟后的画面

来源：https://m.baidu.com/tc? from=bd_graph_mm_tc&srd=1&dict=20&src=http%3A%2F%2Fwww.k6j.cn%2Fin%2Fdisp_mem_new.asp%3Fid%3D16164&sec=1567428991&di=2a3f8de19328bfce

表 5-3　不同品种水稻的颜色

水稻品种	叶的颜色	穗的颜色
奥羽观 383 号	白色	紫色
红染稻	绿色	红色
神丹穗	绿	黑紫色
绿稻	绿色	黑色
西海观 283 号	绿色	白色
紫短秆	紫色	绿色
黄稻	黄色	绿色
庆丰	绿色	橙色

第六章

国外乡村旅游创意开发案例与启示

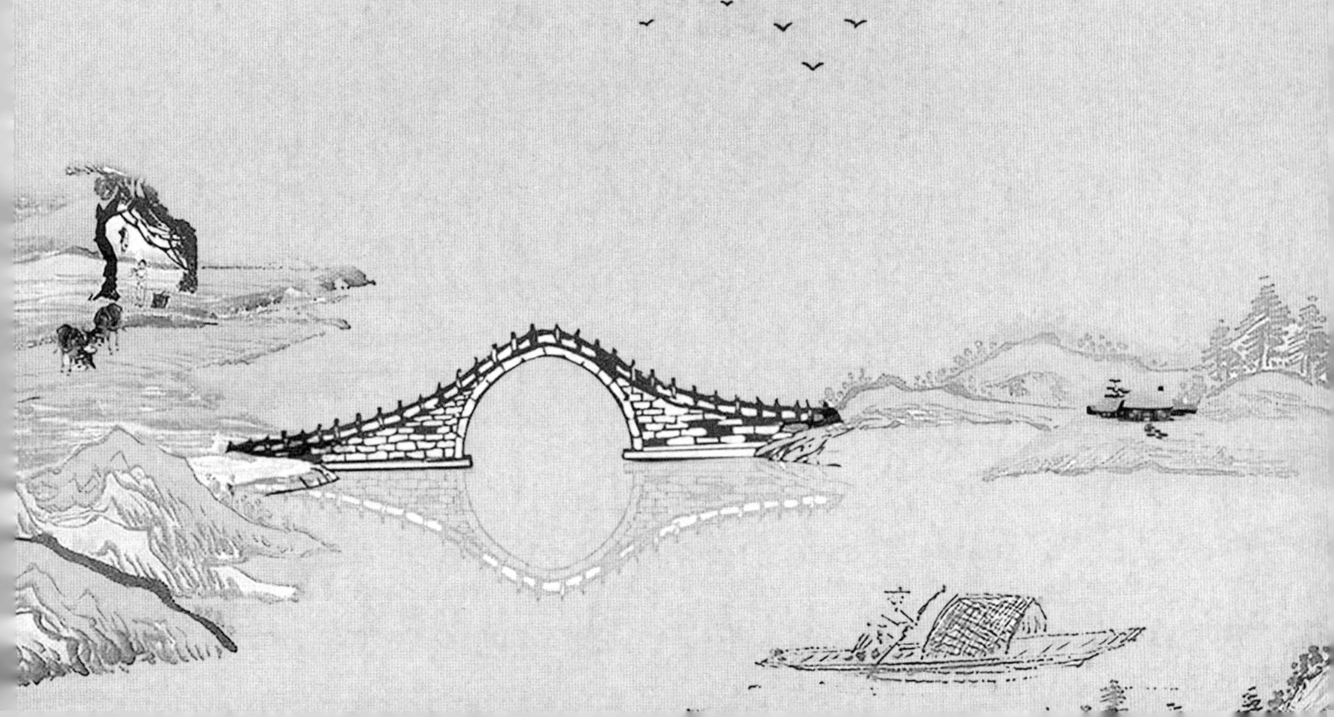

乡村旅游作为一种旅游形式最初发端于欧洲，是工业化与城镇化发展进程中的产物。欧美开展乡村旅游的历史达百年以上，在欧美一些发达国家，乡村旅游已具相当规模，并走上了规范发展轨道。如英国、法国、美国等国家，政府把乡村旅游作为经济增长、扩大就业、避免农村人口向城市过度流动的重要手段，在资金、政策上给予大力支持。许多国家和地区在乡村旅游发展的资源保护、产品开发、管理体系方面走出了一条成功之路。学习和借鉴国外发展乡村旅游业的成功经验既能够促进传统乡土文化和文明的发展，又能够促进农业产业结构调整，增加农户收入，是推动农村社会持续发展和农耕文明传承的重要途径，也是解决农业农村发展困境的一个基本手段。

第一节　英国乡村旅游创意开发与启示

英国是现代乡村旅游的发源地之一，历史悠久。作为工业革命的发源地，英国交通网络健全，加上诗意美妙的乡野景观，乡村旅游十分成熟和发达，处于世界乡村旅游发展的前列。

一、英国乡村旅游发展概述

（一）乡村旅游的发展背景

城市化是乡村田园景区开发的前提条件。英国在工业革命爆发后，农村人口开始大量涌入城市，1905 年英国城市人口比重已经高达 79%，迅速的工业化与城市化进程为乡村田园旅游提供了物质基础。与此同时，城市人口的快速增长使得公园绿地等城市休闲活动空间不足。不仅如此，快速的城市化导致人们的生活节奏加快、生活压力加大，很多城市居民产生了回归自然、感受田园风光、体验乡村慢生活的愿望。

（二）乡村旅游发展历程

1. 萌芽阶段

英国在工业革命阶段完成了工业化和城市化，与之相伴的是传统乡村的不断缩减与衰落。而在乡村逐渐走向“消失”之时，人们开始思考乡村的存在意义。英国的乡村旅游最初大多是自发性的，往往缺乏统一的规划与管理，低水平竞争与重复建设大量存在。直到 19 世纪 80 年代，随着城市化进程的不断深入，英国的乡村旅游开始不断发展、完善。

2. 发展阶段

1932 年英国政府颁布了第一部《城乡规划法》，首次提出要遏制城市向乡村扩张，确保乡村农业和林业用地不受发展规划影响，同时对乡村地区具有历史意义的建筑进行保护。20 世纪 60 年代，英国乡村旅游景区已经可以和主题公园媲美，农场更是成了英国较受欢迎的景区。此时的乡村田园景区就已经成了英国城市居民休闲度假、舒缓压力、体验乡村生活的重要场所。20 世纪 70 年代以后，英国将农村政策的重点聚焦在如何缓解大众日益增长的休闲娱乐活动需求与乡村自然景色保护之间的矛盾，开始重视并加大对乡村田园景观的保护力度。

3. 趋于成熟

20 世纪 80 年代，英国开始逐渐重视乡村人文景观的维护与修缮工作。此后，英国的乡村旅游进一步走向成熟、规范。并且随着城市生产生活方式向乡村的延伸，乡村各种基础设施和公共服务的完善，英国乡村独有的生活风味也显示出吸引力。20 世纪晚期以来，英国出现了城市人口向乡村迁移的新现象。如今英国乡村就业人员中，制造业占 25%，旅游业占 9%，零售业占 7%，农业占 6%。旅游业已成为英国乡村的主要发展方向之一。

二、英国乡村旅游发展的体系支撑与模式建立

（一）政府发挥引导作用

1. 战略引导

英国政府机构大力扶持乡村旅游的发展，并从战略高度上，对乡村田园景区进行了科学合理的规划，完善乡村的基础设施，同时通过税收、补贴等方式对重点发展的项目给予足够的扶持，不仅为乡村田园景区的开发指明了方向，还为乡村田园景区的可持续发展提供了重要的驱动力。

2. 政策扶持

20 世纪 90 年代，英国政府针对农村环境不断恶化等一系列突出问题，成立了环境、食品和农村事务部（Department for Environment，Food & Rural Affairs）。其他重要的地方环保管理机构还有英格兰及威尔士环境署（Environment Agency for England and Wales)、苏格兰环境保护署（Scottish Environment Protection Agency，SEPA）和北爱尔兰环境和遗产服务局（NI Environment and Heritage Service）。这些政府机构根据不同的环境问题和监管对象制定和执行相应的管理政策，对包括农业、乡村等涉及的土地、水、空气和土壤环境问题进行管理。政府机构在政策体系上对非政府机构进行调控和管理，通过教育和培训，提高居民的环境生态意识。

3. 法律法规提供保障

良好的法律环境是英国乡村田园景区发展的重要保障。在乡村田园景区发展过程中，英国围绕游客服务、旅游设备、接待设施、运营环境等方面制定了一系列法律法规。如英国乡村田园景区管理法规中明确指出，田园景区必须建立卫生流动厕所和干净的饮用水设施。在田园景区的建立和经营中必须严格考核每个农户，保证田园景区的良性发展。各级政府纷纷颁布与本地区相适应的乡村田园景区开发的法律法规，相关部门给予严格的监督和管控，利用相关的法律法规为乡村景区建设提供一个良好的法律环境，为乡村经济的发展提供了有力保障。

（二）行业协会发挥协调作用

形成现代英国乡村旅游良性局面的因素除了政府在助推乡村旅游中恰如其分的角色，还有各个行业协会为乡村做出的贡献。一般而言，行业协会发挥着关键的纽带作用，一方面要执行政府制订的规划、发展策略；另一方面，部分行业协会还会通过制定规范，来保护乡村旅游资源的乡村性与本土化。

例如，以保护英国乡村的传统风景，遏制城市的无限制扩张为初衷而成立的英国乡村保护协会（The Campaign to Protect Rural England，CPRE）。20 世纪 20 年代，CPRE 提出了遏制城市无限制发展的方法：试图通过规划、划分区域、综合配置来避免城市发展对乡村所产生的无可挽回的伤害。

20 世纪 50 年代 CPRE 层层推动《绿化带建设法》（Green Belt Circular）的实施，Green Belt 建设作为一项重要的城市规划控制手段，它在一定程度上对城市的无限蔓延进行了遏制；70 年代，CPRE 展开了树篱保护运动，以保护乡村生物的栖息环境；进入 80 年代，CPRE 更是将关注的焦点转移到了乡村生活质量的保护问题上，致力于消除乡村中的空气污染、噪声、视觉垃圾以及光污染。在一系列运动中，CPRE 都取得了成功，它已从一个游说议员的组织变成了有数十万支持者的大众组织，并不断地为乡村环境保护做出贡献，促成了今天英国乡村旅游的蓬勃发展。

（三）旅游经营者的共同合作

英国非常重视加强乡村旅游行业自律和服务组织建设，积极培育发展乡村旅游行业协会。部分乡村旅游行业协会在相关政策的范围内制定行业规范、质量标准等，以推进行业监督、规范行业发展、达到行业自律，为实现乡村旅游的可持续发展有所作为。这里介绍的是为旅游经营者搭建合作平台的南彭布鲁克与农村社区联合行动委员会（South Pembrokeshire Action for Rural Communities，SPARC）。SPARC 希望通过这个旅游规划，提高当地人的经济和文化生活水平，同时改善当地的环境质量。SPARC 鼓励社区最大限度地参与到规划的各个发展阶段。

1. 针对不同乡村提供旅游发展规划

参加 SPARC 规划的 37 个村子对自己村子目前遇到的难题和机会进行评估。大多数地区的行动规划都把乡村旅游作为潜在的经济增长点。SPARC 规划以一种非侵入式的，基于当地的自然资源、景色、遗产和文化对环境敏感的乡村地区进行旅游发展规划。与此同时，当地教育组织和专家提供了数据和评估指标，社区公众和私人组织提供了技术和财力的支持。

2. 提供政策与资金的支持

SPARC 与威尔士农村委员会一起设计开发了乡村中的绿色通道以减少汽车的流量，并提倡采用步行和骑马的交通方式，从而保护了社区的环境。SPARC 还同时与经营者合作，共同为游客提供住宿服务，为个体经营者提供帮助；给个人和集团相同的商业发展机遇，并且向个体经营者提供小额款项支持；最后，当地旅游经营者在SPARC计划中，逐渐形成为一个团结的组织。

3. 发动旅游经营者的积极性

随着旅游规划的推进，社区公民、合伙人和SPARC在诸多方面进一步地加强了合作。村子和城镇里的人在专家伙伴的帮助和鼓励下，实施了多项有利于乡村旅游的措施：制作了社区遗产信息册；建立或者改善娱乐中心；在社区中心提供停车和解说服务，并且标明土路的通行性；把具有特殊意义的基础设施也作为农村旅游的一部分，乡村旅游蓬勃发展。

（四）模式总结

英国乡村旅游的供给模式可以归结为“政府引导＋旅游行业协会＋乡村旅游经营者”。政府在战略方向的正确引导，以及政策上的各种支持，是英国乡村旅游成功的大前提，同时行业协会又在政府与民众之间扮演协调、敦促的积极作用，最后乡村的各类旅游经营者团结一致，发展旅游业，铸就了今天英国乡村旅游的大成功。

三、英国乡村旅游创意开发案例研究

英国乡村旅游发达，各具特点，根据乡村旅游创意开发主题可分为三张“牌”——田园牌、复古牌和生态牌。

田园牌　2012年的伦敦奥运会，英国选定“农家乐”作为开幕式的主旋律，营造的田园风彰显了英国的本质和灵魂——乡村文化。人们对田园生活的极度渴望促使英国乡村旅游大打田园牌。这类的乡村主要以“原生态”为特征，让游客体验到原汁原味的田园生活，是在英国最为常见的类型。

复古牌　妥善保留的城堡式建筑、传统的民居和遗址成就了英国乡村旅游的复古牌。英国人的复古情怀深入骨髓，他们爱好古董、复古风的物品，对于有时代价值的事物都有着深厚的情结，因此这类主打旧式生活方式的复古乡村受到极大的欢迎。

生态牌　英国现代农业技术内涵在不断变化，2003年现代农业被定性为发展生态农业，实现农业及英国社会的可持续发展，并把现代农业发展同乡村旅游开发相结合来保护农场环境及农村生态环境，因此生态牌的乡村旅游应运而生。生态乡村旅游追求生态和经济的良性循环，协调农业发展与环境之间、资源利用与保护之间的矛盾，运用现代科学理论及环保科技手段实现生态农业和乡村旅游的协同发展。

基于以上三种类型，选取其中的代表案例进行详细介绍，以了解英国乡村旅游的主要类型及其打造手法，分别为：主打“田园”的林肯郡布莱克区农场、主打“复古”的库姆堡与主打“生态”的芬德霍恩生态村。

(一)英国“最田园”的网红农场——林肯郡布莱克区农场

1. 布莱克区农场简介

布莱克区农场(Brackenborough Farm)坐落在英国林肯郡,交通便利,西靠林肯郡荒原,东邻英国东海岸,紧邻风景如画的劳斯小镇,是英国自然保护区和原生态海岸最密集的地区之一。农场占地 800 英亩(约 4 860 亩),2007 年开业,以荣获多个奖项的高品质住宿和服务而著名。

布莱克区农场一直用最天然的田园风貌接待来来往往的游客。农场给游客提供很多亲近自然的机会,农场主人提供“farm tour”并向游客介绍农场历史和现状,介绍作物的耕作和生长,以及自然保护区建设的知识;除了作物,游客们还能在农场里看到很多动物并近距离接触,农场是一个典型的动物友好型农场,牧牛场就坐落在保留的中世纪村落中。

布莱克区农场因其得天独厚的自然资源和乡村美景,以及不断丰富的农场活动和不断完善的优质服务,获得《卫报》2013 年评选的“英国 10 个最佳度假式农场”称号。农场 2007 年开业以来获得了颇多奖项(图 6-1)。

2018 年 10 月:林肯郡“Select”年度商业奖

2016 年 5 月:农场经营奖 · 林肯郡最佳环境奖

2015 年 12 月:旅游质量大奖

2011 年:绿色旅游 · 金奖

2009 年:英国东中部最好的家庭旅游经营者 · 金奖

2007 年:劳斯镇公民信托奖

同时,农场还是低碳环保的典范,男主人保罗是英国土地农业环境管理的最高称号——“英国高级土地环保管家”的获得者。在他的管理下,农场从不使用非自然肥料,大片草地和林地都在用可持续的方式运营。农场宽泛而并不刻板的边界是为了鼓励野生动物逗留,同时还有专为鸟类和蜜蜂设置的野花区域。

布莱克区农场的房屋里一律使用节能灯泡,其他地方也尽可能使用清洁能源产品。农场一直非常热衷于利用可再生能源,暖气和热水系统是通过 2007 年安装的生物质锅炉供热,锅炉燃烧农场的废弃木片供热,效率非常高。2015 年农场新建的房屋屋顶安装了 120 组太阳能板,这些太阳能板提供了农场所需要的电力。

2. 布莱克区农场的成功之道

布莱克区农场作为英国不计其数的农场之一,成为游客和各大奖项争相宠爱的网红农场,研究其成功的秘诀,具有重要意义。

(1)“乡村亲子旅游”是主旋律

布莱克区农场的大多数游客都是家庭旅行游客,农场为家庭旅行提供了所需要的一切。

把自然作为最好的“见学”地 和城市旅游相比,乡村最吸引人的特质便是和自然亲

图 6-1　贝内特夫妇曾获得各种奖项

来源：http://www.sohu.com/a/273005310_712171

近的机会。在这一点，布莱克区农场保持了田园原本的面貌，给游客呈现出最原生态的乡村。布莱克区农场大约650英亩的土地用来种植小麦、大麦、油菜籽和大豆。夏天你可以看到农场男主人保罗驾驶着联合收割机去收割粮食；一年中的其他时间，可以看到工作人员驾驶大型拖拉机在田地里耕作。

农场为孩子们提供近距离观察收割庄稼的机会（图 6-2）。这台长得有些奇怪的大机器，可是让所有孩子看到都很兴奋的“超级玩具”，孩子们喜欢坐上收割机和农场主人保罗一起收割庄稼，毕竟对于在城市里长大的孩子们来说，这种场景很难见到！

农场里除了大片的庄稼和各色养眼的植物、花卉，当然还少不了可爱的动物们。夏天，牛羊每天在牧场里悠闲地吃草，孩子们从房间出来就可以和他们一起玩耍；冬天，孩子们也可以和圈在围栏里的牛、羊们互动。如果你够幸运的话，甚至可以看到新生的小牛、小羊，它们可是农场里的“团宠”，孩子们可以去抱抱它们，并和它们一起拍照。

由于非常注重动植物保护，这使得农场有种类丰富的野生动物。作为一个田园的“网红”，布莱克区农场可不只有被圈养的动物，4—9 月可以看到獾，全年可以看到鹿、秃鹰、野兔、猫头鹰、啄木鸟；农场中还有一片橡木林，那里是鹿和很多鸟类的家园。

农场之外的林肯郡有更多种类的野生动物。房屋周围的树丛中栖息着各种各样的小鸟，游客每天在小鸟的歌声中醒来；可以去车程 20 分钟的 Donna Nook 自然保护区看海豹，11—12 月去还可以看见每年在这里出生的海豹宝宝；或去车程 30 分钟的 Mablethorpe 野生动物公园和林肯郡野生动物自然保护区观看野生动物（图 6-3）。

图 6-2　贝内特夫妇和孩子们去乘坐联合收割机
来源：http://www. sohu. com/a/273005310_712171

图 6-3　农场里及附近的野生动物们
来源：http://www. sohu. com/a/273005310_712171

提供儿童友好和宠物友好的环境 儿童活动是亲子旅游的核心。作为一个提供亲子旅游的农场，这里自然少不了给孩子们准备的东西：草坪网球场（图 6-4）、搭在树上的秋千、草坪上的户外玩耍空间、各种室内游戏而非电子产品的室内活动空间……布莱克区农场为儿童提供自然、生态又安全的玩耍空间。

图 6-4 农场上的网球场

来源：http://www.sohu.com/a/273005310_712171

农场同时也是宠物友好的。很多游客会带着宠物来到农场，它们在这里会和在家里得到同样的照顾和更多的玩耍空间。布莱克区农场为携带宠物的游客准备了各种需要的东西：水碗和食品碗、遛狗绳、一次性垃圾袋、投掷玩具、宠物洗澡盆、周围宠物商店和医院的地图。

狗狗们在布莱克区农场的任何一个房间都是受欢迎的，其他宠物如猫、仓鼠和沙鼠同样受到欢迎。房屋门前有很多可以遛狗的道路，以及为宠物们准备的活动空间。除了门前的小路，800 英亩的农场可以让宠物们尽情地探索。当然，在主人的照看下，农场之外的林肯郡荒原更是有巨大的空间。

（2）提供温馨舒适的“田园”住宿

温馨舒适的“超五星”住宿 农场的住宿集中在一座复古的建筑里，总共只有三个房间，分别是“粮仓”“马厩”和“马鞍”，都是根据以前的用途命名。最大的房间“粮仓”占据了整个二层，可以为两个家庭提供宽敞舒适的住宿，还有两张沙发床。它建于 19 世纪 70 年代，最初被用来存放农场生产的粮食，现在“粮仓”里仍保留有古老的大钟和齿轮。2015 年 12 月，“粮仓”房间因其超五星的住宿条件获得了旅游质量大奖（图 6-5）。

图 6-5　“粮仓”房间

来源：http://www.sohu.com/a/273005310_712171

另外两个略小的房间分布在一层。“马厩”房间有一个双人间和一个单人间，可容纳3～4人住宿；“马鞍”房间同样在一层，有两个双人间，可供4人住宿休息，这个房间有无障碍设施，可以为行动不方便的人服务（图 6-6）。

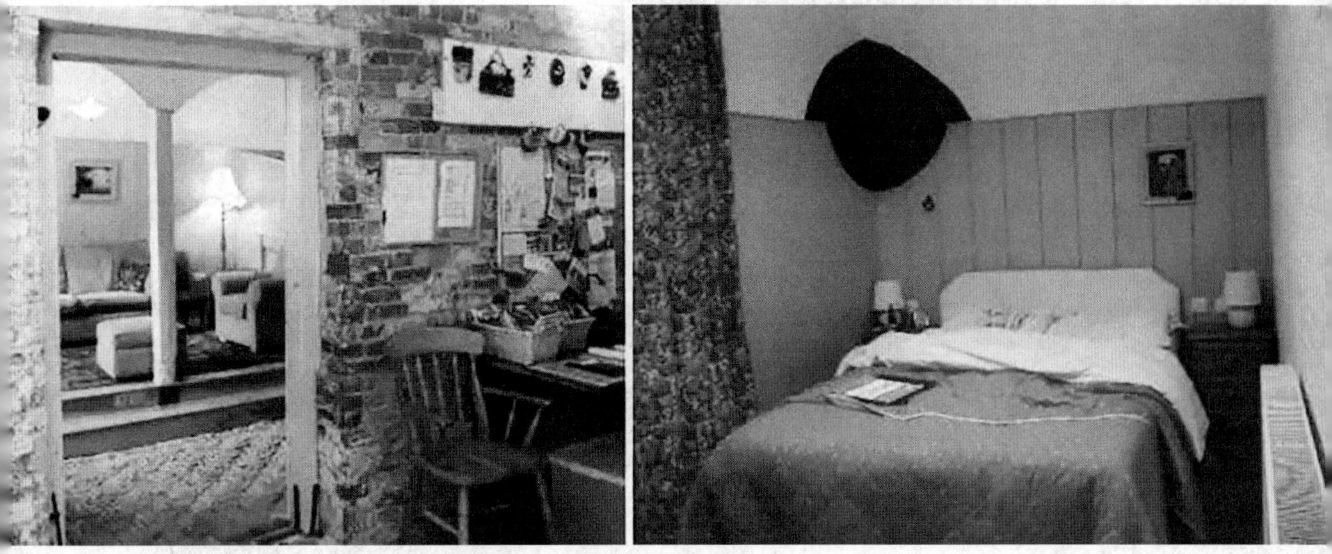

图 6-6　“马厩”和“马鞍”房间

来源：http://www.sohu.com/a/273005310_712171

农场的官方网站上还提供了每个房间的户型图，游客在预订房间之前可以先充分了解房间的大小、结构、设施等信息。

保留“马车屋”特色的改建　让农场收获颇多荣誉和赞美的住宿房屋曾经只是一座马车屋。它建于18世纪，在仔细地翻新之后，这座马车小屋于2007年重新开放。农场在改建房屋时充分保留了这座古屋原本的特点，“马厩”“马鞍”和“粮仓”都被保留下来。在“粮仓”中可以看到仍在工作的古老大钟；在“马厩”和“马鞍”房间，可以参观那些很有“马车屋”特色的干草架和人形地砖。

2007年，这座马车屋获得了劳斯镇公民信托奖，用以表彰马车屋的改建既保留了原本的特色，又提高了住宿的标准，劳斯镇公民信托组织评价农场的改建是“对保护名录里的古建筑充满想象力的改造利用”。

满足“聚会+私人”各种空间要求　“粮仓”经常被用于朋友和家庭聚会，这里可容纳24个人聚餐、放松、娱乐，同时“马厩”和“马鞍”又提供了私人空间（图6-7）。自从翻新了房屋，农场每到夏天就会承办很多“田园”婚礼。从“粮仓”可以容纳的小型聚会，到草坪上大量人群聚集的盛会，这里可以满足各种场合的需要。许多新人都选择在房屋前草坪上的子午线宣誓：踩在子午线上，俯瞰整片绿地，念出他们的誓言（图6-8）。

图6-7　最大的“粮仓”房间经常用来举办小型聚会

来源：http://www.sohu.com/a/273005310_712171

图6-8　婚礼草坪

来源：http://www.sohu.com/a/273005310_712171

(3) 提供全年无休的丰富“田园”活动

住在乡村也能“买买买” 新鲜的农产品和加工品让游客感受不一样的“买买买”。农场免费向游客提供自己种植的蔬菜水果，以及自制的蜂蜜、薯片、橄榄油等。如果这些不能满足你，车程 5 分钟就能到达的劳斯镇有英国最受欢迎的市场，劳斯镇的集市上提供各种各样的新鲜农产品及加工品。最有名的李子面包、林肯郡香肠、猪肉派、林肯红牛肉、当地的奶酪、自酿的啤酒等在这里都能买到，绝对“绿色”，绝对正宗！

为步行爱好者准备的“田园漫步” 步行爱好者在布莱克区农场非常受欢迎！布莱克区农场有着绝佳的位置，你可以在农场里散步，在未被大规模开发的自然风景绝妙的林肯郡荒原里漫步，或沿着运河探索林肯郡的自然保护区和未被破坏的原生态海岸。农场的各个房间中都提供电子地图和线路图。

每年的 5—6 月和 9—10 月，林肯郡会举办广大步行爱好者的盛会——“林肯郡荒原步行节”（图 6-9）。

图 6-9 林肯郡荒原步行节

来源：http://www.sohu.com/a/273005310_712171

为所有人准备的“田园欢庆” 在布莱克区农场，你永远不会感到无聊。除了每周三天的劳斯集市，和上百条可以尽情探索的步道，布莱克区农场还有更多的惊喜等着你。和男主人保罗学习耕种知识、饲喂刚出生的动物宝宝、在农场“温网”畅快淋漓地打一场球。即使在冬天，独特的乡村雪景和美到窒息的天空也会让人目不暇接（图 6-10）。

图 6-10　农场冬天的美景

来源：http://www.sohu.com/a/273005310_712171

农场之外，林肯郡有更多的活动在等着你。喜欢热闹就去林肯郡火车站遗址公园度过一个“蒸汽朋克”周末；喜欢安静就去广场上看一场英国古董家具展；喜欢艺术就去美术馆看一次展览，或去当地的歌剧院欣赏一场歌剧；喜欢运动当然一定要加入林肯郡的“骑行节”感受速度与激情。

（4）布莱克区农场成功经验借鉴

紧抓“亲子旅游”的市场需求　打造适合亲子旅游的环境，增加亲子活动，设置儿童友好，宠物友好环境。

充分展示“田园”特色　乡村旅游最大的特色便是“田园”，成功的乡村旅游打造离不开对“田园”这一主线的充分挖掘和展示，给游客呈现最原生态的自然环境。

提高服务水平和内容丰富度　在“田园”的主线下，游客对于餐饮住宿、服务质量、活动丰富度的要求是所有旅游项目的共性。只有提高住宿、餐饮、服务标准，丰富田园活动，做到“田园 + 服务 + 活动”才是真正的乡村旅游。

（二）复古腔调十足的中世纪古堡村——库姆堡

1. 库姆堡简介

库姆堡（Castle Combe）是英格兰威尔特郡（Wiltshire，England）的一个村庄，位于 Chippenham 镇西北约 8 公里处，只有 150 户居民。同时，它也是英国科兹沃尔茨（Cotswolds）丘陵地带的一个村庄，是全英古风貌保存完好的村庄之一，连续 50 年被评为“世界最美的小镇”。因许多著名影视曾在这里取景，例如斯皮尔伯格的《战马》（War Horse）及阿加莎·克里斯蒂的波洛剧集。小镇只有大约 150 户住家，却有着特殊的吸引力：许多名人包括 Liz Hurley（英国名模），Robbie Williams（英国著名歌星），Kate Winslet（《泰坦尼克号》女主角）的度假别墅都分布在小镇附近。见图 6-11。

图 6-11　库姆堡获“最美村庄”称号

来源：http：// www. sohu. com/a/273005310_712171

2. 库姆堡的成功经验

英国乡村其实并不缺少具有历史感的村庄，库姆堡是如何突出重围，成为英国民众心中“最有历史感”的村庄，其成功的秘诀有哪些？

（1）一次英伦范儿的穿越

完整保存的中世纪风貌　库姆堡村中古色古香小屋还保留着 12 世纪创建以来的风貌，许多建筑都已被列为保护文物。时间与空间仿佛在这里停格，漫步在小镇中，仿佛掉入了时间隧道，一下回到了中世纪。村民为了维持村庄的原始风貌，做出了很多努力。

保留历史建筑　Castle Combe 的名字来自距村庄北面约 1/3 英里的一座 12 世纪的城堡，这座莫特 - 贝利式城堡于 1981 年被列入英国国家文化遗产名录；村庄中的圣安德鲁教区教堂的历史可追溯到 13 世纪，内部运行着英国最古老的钟表；在村庄中心位置的是因“Weekly Market”特权而建立的 14 世纪的市场，现在已成为村庄的地标景观。

现代文明让位于历史遗迹　库姆堡一直身藏于英格兰的小峡谷中，长久以来由于交通不发达，这里的人们一直保持旧有的生活方式。库姆堡任何一条街道上没有安装任何路灯，晚上迎接你的只有静谧深邃的夜幕，不过也正因如此，这里的星光格外明亮。民居外看不到任何电线的痕迹，好像生活在这里的村民们仍然遵守着日出而作、日落而息的规律。来库姆堡游玩的人最好下车步行，不仅仅因为这里需要慢慢地欣赏，更因为这里的居民为了不影响村庄的复古形象，把停车位全部藏在小酒吧周围或者还没有进村的树林边。

属于库姆堡的一切都是古旧而自然的。图 6-12 为库姆堡村街景。

图 6-12　库姆堡村街景

来源：http://www.sohu.com/a/273005310_712171

(2) 体验到中世纪贵族的日常

老派经典的度假酒店　英式乡村的庄园是英国贵族的心头爱。有人说，只有入住一次庄园酒店才是真的体验过英式乡村生活；也只有在乡村，才能更加彻底地体验到庄园酒店的魅力。在库姆堡也有一座这样的庄园酒店——The Manor House Hotel（图 6-13）。

图 6-13　The Manor House Hotel 庄园酒店

来源：http://www.sohu.com/a/273005310_712171

改造历史感的私人庄园，营造不一样的入住感受　不同于英国乡村常见的“B&B”小旅舍，库姆堡庄园酒店原是一座建于14世纪的贵族私人庄园，其最著名的一位主人是莎士比亚戏剧《亨利四世》中的原型约翰·奥尔德卡斯尔爵士。庄园在数世纪中几经易手，最后由前福特高管Giuseppe Pecorelli先生于1981年创立今天的家族式乡村酒店。酒店保存了庄园原始的格局，改造部分也与原有风格相统一，古朴而典雅。

体验古典贵族的生活方式　如果说漫步在库姆堡的街道是一次英伦范儿的穿越，那么庄园酒店会让你深入体验到古典的英伦贵族的日常生活。酒店共有48间卧室，每一间都经过单独设计，但无一不显示着英国古堡的古典精致；米其林餐厅中的食材来自庄园厨房花园中的时令蔬果，并由英国顶级大厨细心烹调；在古堡的露台慵懒地享受英式经典下午茶，眺望不远处的村庄风景；午后在英格兰最好的高尔夫球场优雅地挥杆。库姆堡的生活是古典而优雅的。

(3) 重享80年代的速度与激情

赛事活动同样洋溢复古风　千万别以为库姆堡就只有乡村古迹，在这里举办的活动同样复古范儿十足！距离村庄不远的库姆堡赛道（Castle Combe Circuit）可以举办各类汽车与摩托车的赛事，而其中最具看点的便是每年库姆堡秋季大赏（Castle Combe Autumn Classic）中老爷车的相关赛事及老爷车的展览。

年代感十足的复古赛道　库姆堡赛道于“二战”期间建造，现在的赛道于1943年铺设，最初被用作英国皇家空军机场的跑道。1948年机场的所有权被归还给机场土地所有者戈斯特家族（The Gorst），并于1950年7月由戈斯特家族和布里斯托尔摩托车和轻型汽车俱乐部（Bristol Motorcycle & Light Car Club）举办了第一场赛车活动。同时吸引了斯特林莫斯（Stirling Moss）、麦克霍索恩（Mike Hawthorn）、罗伊萨尔瓦多利（Roy Salvadori）和约翰苏蒂斯（John Surtees）等众多明星赛车手来此参赛。

今天的库姆堡赛道仍然是各项精彩赛事的举办地。有来自英国各地的赛车俱乐部包括750汽车俱乐部和英国赛车俱乐部（BRSCC），举办的赛事包括各类巡回赛、拉力赛、边车锦标赛等超级赛事，但主要还是以当地的汽车锦标赛——轿车（saloon cars）、跑车（GTs）和福特方程式（Formula Ford）为主。

老爷车重领风潮，成为主旋律　在库姆堡，复古便是潮流。库姆堡的老爷车赛事是欧洲最有声望的复古运动，是赛车迷们“必看”的赛事之一。“GT & Sports Car Cup”系列赛期间更会展出很多汽车俱乐部私藏的难以在公共场合见到的珍品，展品全部是20世纪80年代以前或者有特殊历史意义的老爷车。精彩的展览为全部七场比赛“锦上添花”，每年可以吸引到10 000名以上来自各地的游客（图6-14）。

(4) 将复古进行到底，喜旧厌新的村民

库姆堡的完整保存最终还是得益于生活在这里的人们对复古的热爱。

恢复中世纪的集市传统　从14世纪开始，库姆堡被首次授予举办每周集市的特权。到今天，在小镇中心区不仅留有集市的遗址，而且为了延续集市的传统，村民们在库姆堡

图 6-14　2017 Autumn Classic 中的老爷车

来源：http：//www. sohu. com/a/273005310 _ 712171

的乡村礼堂定期举办库姆堡集市（Castle Combe Market），主要售卖一些古董和复古的小物件，例如手工贺卡、蜡烛等；自制的食品，如馅饼、蛋糕、果酱、软糖等。还有手工制作的首饰、布艺、针织物和陶瓷等，品种多样。

不变的小酒馆　如果说中国的小社会在茶馆，那么英国的小社会便存在于乡村酒馆（Public House，Pub）中了。在舒适的乡间酒馆里边烤火边喝麦芽酒、品尝苹果派是英国人长期以来的习俗。库姆堡的白鹿酒吧（The White Hart）历经 5 个世纪，一直保留着酒吧内部的壁炉供来到这里的人们围坐闲谈。这里还供应老牌麦芽酒 Wadworth。除了库姆堡特有的古朴石头建筑外观，还设有餐厅、台球桌和花园。

风格统一的老房子　村庄的街道两旁是用科茨沃尔德地区特有的蜂蜜石和黑灰色的岩石屋顶组成的特色民居，村民们已经约定俗成，能自觉严格地按照传统的工法和材料进行房屋的修葺，良好地融入周围的自然生态环境中。

库姆堡住着一群老派的英国人。

（5）库姆堡成功经验借鉴

主打复古品牌，主题鲜明　整个库姆堡完整地保留了中世纪时的历史建筑，民居也统一按照中世纪的风格延续下来。即使在古堡众多的英国乡村，库姆堡仍然一枝独秀。

旅游配套服务独具一格　除了具备其他乡村旅游地亲民又方便的家庭旅社，库姆堡还有独特的可以感受旧式贵族生活的度假庄园，极大地丰富了游客的旅行体验。

时尚的复古活动为古堡增添活力　复古就是时尚，通过精品老爷车的展陈与历史跑车比赛为一直走复古风的库姆堡带来了持续的活力。

村民的高认同度与参与度　库姆堡历史感的完整保存与风貌上的和谐统一得益于村民们一直以来的复古情怀和对历史建筑的珍视，他们是库姆堡最忠诚的捍卫者。

（三）西方的桃花源，现实的乌托邦——芬德霍恩生态村

1. 芬德霍恩生态村简介

1962年，芬德霍恩（Findhorn）生态村创立，位于英国苏格兰北部，这里是世界生态村的典范，每年接待全球14 000多人来此学习和体验（图6-15）。芬德霍恩位于Forres火车站，是一个人烟稀少且安静的苏格兰小镇。这里曾是一个繁华的港口城市，随着日不落帝国的辉煌消退，彼日熙攘的港湾也逐渐凋零没落。

图6-15　芬德霍恩生态村俯瞰图

来源：http://www.sohu.com/a/273005310_712171

这个享誉世界的小型地球村的建立要归功于半个世纪前来此的三位外乡人。1962年，失业又失意的Peter、Eileen和Dorothy来到芬德霍恩海边村庄的拖车屋栖身（图6-16）。附近的沙质土地贫瘠干燥不适合耕种，但迫于生计Peter还是硬着头皮撒下了种子。而这一撒，却结出了世界最负盛名的“生态村”。

图6-16　从左至右为：Eileen Caddy、Dorothy Maclean、Peter Caddy

来源：http://www.sohu.com/a/273005310_712171

在这片不适合耕种的土地上，大型植物却存活了下来，药草、花束越来越繁盛。园艺专家专程到此考察发现了原因：他们每日必做的功课——冥想与静思。坚持多年的 Dorothy 自称能与植物心灵交流。芬德霍恩生态村从此声名大噪，逐渐吸引到世界各国的人们来此参观并留下一同生活。

20 世纪 80 年代，开始整体生态村的建设。包括生态住宅、绿色能源系统、节水系统与污水再利用、自给自足的有机种植、自治的经济系统与管理机制、定期的生态教育、公共空间及聚会空间；现在，芬德霍恩生态村有 360 多位居民。每年有来自世界 70 多个国家的 14 000 多人来这里参观、游览、灵修。

2. 芬德霍恩生态村的经营之道

(1) 建筑独具特色，处处展现生态理念

芬德霍恩生态村的前身是酒店，拥有维多利亚时期的建筑，也配有符合当时上流社会生活习惯的社交空间：美轮美奂的餐厅、舞厅、经典浴缸……所有空间都铺有沉稳的深蓝色地毯。

这里有绿建筑、拖车屋、移动组合屋等各式各样符合不同需求的房子。当年创始人居住的浅绿拖车屋静默地坐落在园艺草丛中，而一旁则是静谧神圣的静思所。现在仍延续他们的传统，每天早、中、晚都有大约 20 分钟的集体静思活动。

特色建筑 “稻草屋”(Strawbale House) 是会呼吸的建筑（图 6-17)。秸秆压缩成捆的草砖代替钢筋水泥作为墙面，这是一种生态化的建筑材料，其节能性优越，生产工艺和施工方法简单。房屋白天吸热、日落后释放热能，具有调节室内温度的效果。草砖墙作为隔热材料，冬季比普通砖瓦房节省取暖费 60%以上，成本低廉且有益健康。

图 6-17 地中海风格的“稻草屋”

来源 http：//www. sohu. com/a/273005310 _ 712171

“移动屋”（Mobile House）是厢型车打造成的屋子。房屋内部配有基本的生活设备和暖气，一些家庭就居住在里面。这种屋子除具备普通房子的功能外，还有可移动的特点。生活其中，不失为一种独特有趣的居住体验。最具创意的首推巨型威士忌酒桶造出的房子。芬德霍恩河盛产麦芽威士忌，清澈纯净的弗里斯淡水域为威士忌的酿造提供了优质水源。而废弃的威士忌大酒桶被巧妙地回收，用来建造霍比特小屋，十分凸显当地特色。房屋的构造既有单间酒桶小屋，也有精心设计的两层独栋。

环保建材　芬德霍恩的每间房子都有足够的对外窗以保证充足的阳光，在房屋建材的选择上杜绝使用任何有毒材料。太阳能板、地热发电、回收建材等环保设备与举措随处可见；而石料、木头、稻草等天然物品是最为普遍的建筑材料。不论是建材选择还是建造方式，生态村全部秉承“绿色环保健康”的理念，做到无污染、无毒害、无放射性，充分保护了自然环境和人体健康。且建材可循环回收再利用，不会产生污染环境的废弃物。此外，人们不使用除草机，而是选择最原始的方式来为房顶除草，将环保理念发挥到了极致（图 6-18）。

图 6-18　芬德霍恩房子外景

来源：http：//www. sohu. com/a/273005310 _ 712171

（2）*以环保系统作为生态村的技术支撑*

1998 年，芬德霍恩生态村荣获联合国人类住区规划署（The United Nations Human Settlements Programme）最佳范例殊荣，而爱丁堡大学（The University of Edinburgh）也正式将芬德霍恩生态村列为建筑设计科系的研究案例。

生态种植　生态村利用环保生态的方法进行植物种植、培养。占地 44 亩的 Cullerne 花园生机勃勃，两个塑料大棚出产丰富的水果和蔬菜（图 6-19）。这里的人们 50 多年来延用环保生态的种植方法，让贫瘠的沙地变为富饶的腐殖土。沙地由于保水性差、蓄水力弱，土温变化较快，且有机质分解快、积累少，导致土壤保肥性差、营养贫乏，从而不适宜植物种植；而腐殖土是植物和厨余垃圾等经过长时间腐烂发酵后形成，保留了植物所需的各种营养元素，潜在肥效高，有助于植物生长。居民们食用的果蔬也都是自己种植的有机产品（图 6-20）。

图 6-19 Cullerne 花园(左)和塑料大棚(右)
来源：http://www.sohu.com/a/273005310_712171

风力发电 1989 年，生态村里建立起第一座风力发电机。苏格兰地区拥有丰富的风力资源，风能是一种清洁无公害的可再生能源，利用风力发电非常环保，且风能蕴量巨大，日益受到世界各国的重视。直到今天，芬德霍恩的四座风力发电机仍在运作，并有为数众多的太阳能热水系统。生态村实现了100%的能源自给，甚至还有余电能够用作他处。

图 6-20 村民享受阳光午餐
来源 http://www.sohu.com/a/273005310_712171

碳平衡策略 生态村于 2010 年安装了生物质能供热系统，能够保障中央园区大部分建筑的加热需求。由此，实现了碳排放量年均减少 80 吨，且运营第一年所节约的成本远远超过了可行性研究做出的预估。Soillse 多代共居房屋群的建设也已完工。被动式太阳能设计使建筑在冬季充分利用太阳辐射热取暖，尽量减少通过维护结构及通风渗透而造成的热损失；夏季尽量减少因太阳辐射及室内人员设备散热而产生的热量。以不使用机械设备为前提，完全依靠加强建筑物的遮挡功能，通过建筑上的方法，达到室内环境舒适的目的，使得所有住屋可完全不使用化石燃料。

废水回收系统　这里的“废水回收系统”可以视作世界范本。所有生态村厨房卫浴系统的水都不是直接排放到外界，而是透过在地下的过滤系统高温加热杀菌，再来到生态净化区（Living Machine，透过泥土层和排水系统过滤）。经过这一整套处理后，排出洁净的水可以浇花灌溉，终极目标是流到鱼池，形成另一个小型“池塘生态圈”。居民们通过植物，将臭气熏天的废水层层净化，变成可用来冲马桶或浇花的干净水源（图 6-21）。生态村还不时邀请各国团队参观，共同探讨如何优化水源净化工程。芬德霍恩搭建了完善的“废弃物回收计划”，整个生态村的碳足迹仅为英国全国平均量的一半。

图 6-21　水源净化区

来源：http://www.sohu.com/a/273005310_712171

（3）生态冥想活动渗透社区

日常冥想活动　在追求“生活的永续”之路上，芬德霍恩生态村村民效仿三位创始人在团体活动前集体冥想。冥想、与植物对话是半世纪前三位创始人的“生态”秘诀，正是这些活动催生了生态村的土地耕种奇迹，偏远的小村得以闻名世界。在芬德霍恩，静默冥想、感受自然已然成为每位村民的生活方式（图 6-22）。

多样的静心课程 为吸引外界人们亲近自然、使更多年轻血液不断涌入，生态村邀请了很多学校、家庭、团队来此进行不同形式的生活体验。短期类的有体验周、社区生活探索、志工、短期客居等；长期有长期定居等。静心课程的活动形式更为多样，针对不同人群提供了不同的静心课程，有学术研讨类的，也有商业活动类的，包括舞蹈工作坊、音乐工作坊、艺术、星座等另类疗程研习，可谓世界首屈一指兴盛的“灵性社区”。

图 6-22 团体活动前的集体冥想

来源：http：//www. sohu. com/a/273005310 _ 712171

（4）多元文化背景的居民在此和谐共生

不同于传统的自然村落，芬德霍恩生态村是一个多种族、多宗教融合的微型“地球村”。从最初 3 位创始人到如今 360 多位居民，芬德霍恩生态村凭借其独特的“生态”魅力，吸引了来自多国的居民聚集于此。他们拥有不同的国籍和不同的宗教背景，却十分难得的忽视差异、和谐共处。在这个一步一生态、处处皆自然的小型地球村里，不经意间便能享受到慢节奏生活的惬意。当人们有一个共同的称谓——“自然之子”时，文化差异或宗教界限倒显得微不足道。

（5）芬德霍恩成功经验借鉴

专注“生态”IP 从建筑设计建材选择，到多种生态环保系统的运用，芬德霍恩坚定信仰并专注于“生态”领域，村民享受并践行这条生态与自然之路。

高体验度与参与感 无论是充满视觉冲击力的建筑，还是经高科技加持的环保设施，抑或玄妙的冥想体验，零门槛、零阻碍、零距离的超高体验性与感染力是小村“从游客到居民”洗礼的杀手锏。

多元价值观与包容度 不同国籍与宗教背景作基底，相同的环保与生态理念为信仰。生活在或即将生活在这里的人们得以轻松感受熟悉与陌生的火花，探索一条“各美其美”而又“美美与共”的“天下大同”之路。

四、英国乡村旅游创意开发的成功经验

（一）品牌特征

英国的乡村旅游十分成熟和发达，在保留乡村风貌的同时，还注重突出各自的品牌特点，总体来看，英国的乡村旅游主打三大品牌：以田园景象、原生态生活方式为主的田园牌，以历史风貌、旧式生活方式为主的复古牌和以环保生活方式为主的生态牌。

（二）消费特征

1. 娱乐休闲活动种类众多

英国各个乡村结合自身资源，因地制宜，举办各种特色休闲活动，如乡村集市、各类的竞赛和演示；也有与健康结合的徒步运动和冥想静心等项目，让来到乡村的游人不仅能体验到城市里没有的自然风光，还能参与到比城市生活还丰富的乡村娱乐活动中。

2. 游人亲自参与农业活动

英国不少农场将农业生产活动展现给游客，比如耕种工作，向游客传授耕种知识，并允许亲身体验参与，甚至有城市居民到乡村租种耕地。游客还可以在英国乡村进行动物家禽喂养、果实采摘等系列活动，近距离感受生态有机的科技农业种植，深入、全方位地体验英国乡村的田园风光和风土人情。

3. 便捷又特色的旅游住宿

乡村酒店各具特色，有贵族范儿的庄园式酒店，有利用农场原有功能建筑改造的舒适型酒店，有环保科技加持的生态型酒店等。另外，在英国还有一种随处可见的小旅馆B&B，特别是在乡村。B&B 小旅馆是由当地人经营的，是英国的一大特色。莎士比亚小屋就是白金汉郡乡村知名的 B&B 小旅馆。B&B 小旅馆便捷且收费相对低廉，还提供第二天的早餐。

4. 旅游商品突出手工与在地性

英国乡村经常借助乡村展会等推出一些颇具特色的商品以满足游客的消费需求。这些商品有农场自产的农产品和农副产品等特产，也有手工编织的手工艺品和纪念品。多数游客偏好直接购买乡村现场加工的，旅游商品的销售收入是英国乡村旅游收入的重要来源之一。

（三）经营特征

1. 经营规模普遍较小

各景点接待游客 3 000～70 000 人次，年接待游客人数普遍少于 5 万人次；年收入一般不超过 22 万英镑。以村庄为单位的景点一般以小巧精致为特点，但提供的旅游项目和主题很多，即使规模小，也可消化众多的市场需求。以农场为单位的景点，除农业种植占用较大面积之外，其旅游接待方面雇佣的员工极少，一般少于 10 名，全日长期工也只有 2～4 名。

2. 经营的主体私营化

英国政府通过制订各种旅游计划，推动当地人参与乡村旅游经营，如 SPARC 农村旅游业计划，帮助私营主体开展乡村旅游。特别是以农场为主题的乡村旅游，便是在私营农场的基础上发展而来，农场主在从事农业生产的同时，还可以开展多种旅游经营。

3. 经营目标市场明确

英国乡村旅游者绝大多数都是本地区 2～3 小时车程之内的城市居民，外地游客较少，外国人更少。游客中又以家庭和学生为主，以家庭为组织形式的游客约占 40%。游客对乡村旅游的诉求很简单，只要有相应的人文风情，可以满足休闲放松的需要便可，故无需跨区旅游，因此英国的乡村旅游面向的是本土化的居民，以周边城市客群为主要目标。

第二节　美国乡村旅游创意开发与启示

美国乡村旅游主要包括农业旅游、森林旅游、民俗旅游、牧场旅游、渔村旅游和水乡旅游等。人们通过乡村牧场放牧、观光度假、探亲访友、考察体验等方式，既可以观赏田园景色（图 6-23），也可以参与田园耕作，还可以分享丰收果实，有些地方还会举行一些具有当地特色的娱乐项目，这些活动都受到了游客们的欢迎。

图 6-23　美国田园风光

来源：https://new.qq.com/rain/a/20190824A069MZ00

一、黑莓牧场：美国第一乡村休闲圣地

黑莓牧场（Blackberry Farm）建成于 1940 年，总占地面积为 4 200 英亩，坐落在田纳西大烟山脚下，以其优美的自然风光闻名，是美国最奢华的私人牧场之一，也是美国第一乡村度假旅游区。黑莓牧场有果林、菜园、牧场、豪华乡村酒店、乡村别墅、马术，以及全美最好的农庄 SPA。2010 年被食品网评为“美国十大旅游目的地”，曾被评为世界服务第一、餐饮第一。黑莓牧场自 2002 年以来获得旅游相关奖项 30 多项，2010 年被食品网评为“美国十大目的地”；2009 年全球 500 最佳旅游 + 休闲度假区之一，被美国列为旅游休闲的目标，同年跻身康德纳斯旅游者金牌榜；2006 年南方生活美国排名第一的乡村度假村“读者选择奖”，世界服务第一；世界餐饮第一；2005 年全美综合排名第二；度假黄金榜服务第一名。

1. 黑莓牧场的分区与特点

（1）商业区

主要由接待中心和一些营业场馆组成，包括购买纪念品、活动服务馆。

（2）餐饮会议服务区

由接待会议的主楼和各类特色餐厅组成，主要承担度假村的餐饮接待功能，是举行团体活动的主要场所。餐饮一直让黑莓牧场引以为豪，人们在此享受美食的同时，还有机会在定期开放的美食学校学习烹饪。

①黑莓牧场每年接待定量的团体会议游客，并为团队客户提供预留酒店房间的服务，一般能满足 32 间以上的专门客房需求。

②会议室分有四种不同规格，以满足不同数量的会议人数；装修风格隆重，富有格调，吸引高端商务人士来此商务休闲。牧场定期举行以美食为主题的节日，如品酒节，有知名的品酒师与游客交流品酒艺术，也是上流社会的社交聚会。

图 6-24　厨师精心烹饪

来源：https://new.qq.com/rain/a/20190824A069MZ00

③黑莓牧场的饮食在业内声名显赫，知名厨师对每日三餐都是精心准备，每道菜基本都来自农场自产，餐厅随时按照顾客的意愿来选择每一道菜，并提供特制服务（图 6-24）。

④每个季度安排不同的课程，每个课程根据当时的季节时令有不同的烹饪主题，每年举办 15 次。

（3）农园

由大片的果树林和菜园组成，有少量的农舍和加工场所，既是度假村的后勤生产基地，也用于农业观光和农业参与性活动。农园是农业生产的基地，牧场70%的餐饮食材基本由牧场自给，人们还可以在庄园参与种植，了解农业知识，体验亲手劳动的快乐（图6-25）。

图6-25　农场出产的各种各样的南瓜

来源：https://new.qq.com/rain/a/20190824A069MZ00

①果园由很多不同种类的果树组成，如苹果树、樱桃树，还有一些核桃树、榛子树、葡萄藤、蓝莓矮树林、黑莓荆棘丛（图6-26）。

②牧场对土壤进行了充分的测试，以将这些果树种在最适宜生长的地方，实现果园长久地繁荣。

③这些果园都要耐心维护和养育，经过很长一段时期才成熟收获，有了这种精心的过程，才有了用它们制作的美味食物。

④经过加工的农产品有蜂蜜、苹果醋、果酱等。

⑤还可以让小朋友们参与到其中，采摘胡萝卜、挤压苹果酒，这些动手的活动使他们在这里的每一天都很充实。

图6-26　来自果园的浆果

来源：https://new.qq.com/rain/a/20190824A069MZ00

（4）动物牧园

动物牧园由放养牛、羊等牲畜的牧场地和舍馆组成，游客可以欣赏牧场风景、与动物亲密接触、挤牛奶、制作加工品等。动物牧场是孩子的天堂，动物牧场既可进行农场观光，也设置了一些参与性活动让游客加入。

①动物牧场目前大约有几十头羊，管理方打算后期逐渐增大动物的养殖数量，实现度假村内肉类自供自足。成群的牛羊是牧场一道风景线，人们欣赏风景的同时，可以进入羊群，与动物亲密接触。

②园内还设计了很多有趣的活动让小朋友们参与进来，如让小朋友进入鸡栏收集鸡蛋（图 6-27），给动物挤奶、照料动物（图 6-28）等一些简单的活动，锻炼四肢的同时，还增强了他们的想象力。

图 6-27　牧园捡鸡蛋

来源：https：//new. qq. com/rain/a/20190824A069MZ00

图 6-28　与动物亲密接触

来源：https：//new. qq. com/rain/a/20190824A069MZ00

（5）体育运动区

体育运动区由高尔夫牧场（图 6-29）、网球场等组成，是热爱体育运动的人士聚集地，还包括一些养生的 SPA 馆。体育运动区是大人休闲、锻炼的地方，度假村为游客设计了各类体育运动活动，既提供基本的体育场地，更多的是一些充满浓郁度假色彩的项目，增添了运动趣味感。

①牧场设计了让很多运动爱好者打挑战的项目，满足了他们户外活动的需求，也享受到了尊贵的服务，游客需选择一些适合自己强度的项目。

②可供游客选择的运动项目有高尔夫、网球、羽毛球、槌球戏、陶土飞靶、钓鱼、推圆盘游戏等，牧场户外活动有单车自驾、骑马远行、徒步远足、划独木舟、木筏漂流、摩托车和热气球等野外活动。

③度假村为游客提供专门人员教授捕捞鱼，在专业指导下，捕捞有了更好的收获（图6-30）。

图 6-29　高尔夫牧场

来源：https://new.qq.com/rain/a/20190824A069MZ00

图 6-30　游客体验捕鱼

来源：https://new.qq.com/rain/a/20190824A069MZ00

(6) 住宿区

面朝山谷而建的乡村别墅为游客提供休息之地，供人们停留下来好好享受乡村悠闲生活。居住区在面向大峡谷的斜坡上修建，每栋住所风格各有千秋，根据使用者的数量设计了不同规格（图 6-31、图 6-32）。

①别墅区位于度假村的 Poughill 里，配有酒馆和邮局，前往国家公园、海边都十分方便。

②度假村的住宿区一共提供三种类型的住宿场所，Farm House、Guest House、Cove Cottage，共计 60 多个单位。

③内部设备一应俱全，遥控电视、无线宽带、常备非酒精的饮料和快餐，可视电视设备，提供 24 小时随叫随到服务。

图 6-31 牧场住宿房屋

来源：https://new.qq.com/rain/a/20190824A069MZ00

图 6-32 临湖房屋

来源：https://new.qq.com/rain/a/20190824A069MZ00

度假别墅设计十分人性化，讲究细节，为前来休养的游客带来了完美的居住享受，屋前排放的长椅已成为牧场最经典的一道风景。

①黑莓牧场的小别墅拥有私人花园，正前方是大片梯形植被，各种绚丽的花草映入眼帘，别墅摆放了一排长椅供游客欣赏景观，对于身体不适的人来说再好不过，同时这里不允许抽烟。

②别墅是一种现代风格的单层独立住宅，一般含有两间卧室，内部装修一应俱全，满足家庭或四个成人加一个小孩的度假居住需求。

③40 平方英尺的室内泳池；游戏室。

④别墅内部设计人性化天井，BBQ 场地。

二、理想田园——纳帕溪谷

红酒文化是身份与品位的象征，是时尚生活方式的体现。美国纳帕溪谷以“葡萄园、乡村庄园、小镇”为依托，采用六大元素构建理想田园生活：当地特色的建筑风格、开阔生态的田园空间、原汁原味的农业作坊、舒适现代的生活设施 、雅致脱俗的艺术品位和处处渗透的文化历史，使得红酒庄园已经成为业界经典。

纳帕的葡萄酒旅游之所以具有如此的吸引力，除了因为它有世界级顶尖质量的好酒，还与它丰富、新颖的旅游产品是分不开的。纳帕溪谷可以体验到的旅游活动包括酒厂参观、品酒、美食、SPA、高尔夫、热气球、各类休闲体育活动、生态农业游项目、丰富的夜生活、农贸市场农产品采购、公园、海滩、艺术展览、购物等。

（一）美国纳帕溪谷特色旅游项目

美国纳帕溪谷特色项目类型包括“品酒列车”（Napa Valley Wine Train）、自行车谷地游、豪华轿车游、婚庆蜜月游、葡萄酒 SPA 等内容（图 6-33）。

1. “品酒列车”（Napa Valley Wine Train）

纳帕溪谷用一列古董火车装修成“品酒列车”，每天行驶在山谷中，专门为游客提供服务，是专门为游客打造的一种新型品酒体验方式。列车有两个老式柴油火车头，三节车上厨房。纳帕溪谷品酒列车来回行程总计 36 英里，游客可以在车上轻松惬意地度过 3 小时美好时光。从纳帕的历史小镇出发，穿越世界著名的纳帕酒谷，直至古雅的 St. Helena 村庄，最后返回起点。游客乘这列火车驶过纳

图 6-33　纳帕溪谷入口

来源：http://piao.wanbula.com/30579.html

帕溪谷的葡萄园，一边欣赏窗外景致和细数沿途林立的酒庄，一面在装潢典雅的古董车厢里享用加州美食和纳帕美酒。

2. 自行车谷地游

纳帕溪谷有专门的自行车旅游公司组织旅游活动，游客可以参加短短几个小时，或长达几天的自行车游。形式分为有组织的团队游、半自助游和租车自助游，也可以第一天参加团体组织游，接下来的两三天自助或半自助游，活动形式很自由，充分考虑游客的意愿和需求。同时会有专门的行程安排：如白天驱车在葡萄酒庄园里面，零距离欣赏庄园美景、在特色餐厅用餐，晚上有酒吧、聚会等娱乐活动。晚上的自行车游还可以去沿途的品酒屋（通常在酒庄关门过后开放）。

3. 豪华轿车游

纳帕溪谷的汽车行业租赁很完善，游客可以选择租用豪华轿车轻松游览胜景。豪华轿车可以将你快速带到想去的酒庄，有友好和经验丰富的导游陪伴。豪华轿车游途中有大量的时间供游客拍摄美景和结识新朋友。游客可以一边欣赏沿途的美景，一边载满美酒而归。

4. 婚庆蜜月游

纳帕溪谷可以为新人游客承办婚礼、打造浪漫甜蜜的蜜月旅行。品酒列车上可以举行“酒庄列车婚礼”，这种浪漫的婚庆方式，吸引美国各州婚庆蜜月游的年轻人慕名而来，用甘甜的红酒滋润美丽的新婚。据不完全统计，从 1989 年开行以来，到 2010 年，这列车在 21 年里已经接待旅客 200 多万人次。

5. 葡萄酒 SPA

在纳帕溪谷有精致的 SPA 服务。游客可以在纳帕享受到世界顶尖水平的 SPA 服务，独创的红酒 SPA 给游客带来新奇感和特别体验，游客可以在宁静葡萄酒 SPA 的葡萄酒庄园中享受愉快的疗养，得到身体、思想、灵魂的彻底放松。纳帕还有针对夫妻、情侣的 SPA 服务——“Love for two”。

6. 葡萄园野餐

葡萄园野餐是在纳帕溪谷酒乡参观的仪式性活动，是一种充满乡间风味的葡萄园野餐生活体验。野餐的内容也很丰富，谷地里多的是顶尖的美食铺、面包店、熟食店以及农民市场，即使是野餐，也可以全是加州最精致的美味食材。

7. 丰富的酒庄活动

纳帕溪谷一年四季都有非常丰富的酒庄活动，并且提前按日历排好。有些重要的活动提前一年就显示出来，方便游客查询到自己感兴趣的内容。有时在同一天里可能有十多个酒庄开展不同的活动，选择的范围及丰富的酒庄活动极其广泛，如派对、音乐会、家庭聚会、艺术表演、晚宴、葡萄酒和食品知识培训、庆祝活动、艺术展、庄园知识培训等，充分满足游客的兴趣。而且有详细的参会价格介绍，一般都不贵，有明确的时间、地点和联系电话方便咨询。

8. 会展服务

纳帕通常一年内会举行多场展会，最著名的要数每年6月初的葡萄酒拍卖会，每年会吸引世界各地的古董爱好者前往。其他还有如绘画展、摄影展、音乐会等众多展会活动。纳帕有专门的会展服务商，可以为企业及其他会展旅行者安排全程的会展住宿、交通、餐饮、酒庄及特色活动。有齐全的会议建筑和设施提供服务，并将葡萄酒体验加入旅程之中。

9. 其他特色活动

如高尔夫、乘坐热气球鸟瞰纳帕溪谷葡萄园全景等。一些酒庄还内附设高尔夫球场，可以在葡萄园内举行品酒会，在酒窖或葡萄园旁的餐馆里用餐，也可乘坐热气球鸟瞰雾气笼罩的纳帕溪谷葡萄园全景。

（二）成功经验借鉴

1. 品牌为王，不遗余力保护无形资产

纳帕溪谷的葡萄酒旅游，自然是以纳帕溪谷的葡萄酒品牌为基础，酒品牌是吸引游客前往的主要吸引力。因此，纳帕溪谷旅游的发展与其一直注重对品牌和品质的保证是分不开的，当地人与政府一直都在努力维护着纳帕的葡萄酒品质。1976年，在巴黎葡萄酒评鉴大会“盲品”中，纳帕溪谷的赤霞珠和霞多内击败著名的法国葡萄酒，并双双获得首奖。纳帕的葡萄酒打败了法国的波尔多名庄，令世界震惊，纳帕溪谷红酒被一致公认为全球特级葡萄酒品牌。

为让纳帕品牌永立世界顶峰，纳帕人采取了许多行之有效的措施。为了保证葡萄的质量，纳帕酒商有意控制产量，规定产区内每英亩的葡萄产量不能超过4吨，纳帕60%的酒庄年产量低于5 000箱（1箱12瓶），而纳帕附近的中央区产量往往达到了每英亩12～20吨。为了防止纳帕溪谷的名字被那些不用纳帕葡萄酿造的酒商所滥用，2000年，他成功倡议美国国家立法规定，正式实施AVA（美国葡萄酒产地制度），规定凡使用Napa Valley（纳帕溪谷）品牌的酒，具备的基本条件是所用葡萄必须产自纳帕溪谷。目前，“纳帕”（Napa）葡萄酒品牌在中国已受到地理标志产品保护。由于品牌的保护和彰显，纳帕红酒身价倍增，整个加州的酿酒葡萄平均价格是每吨2 500美元，而纳帕葡萄的均价是每吨4 000美元，赤霞珠更是达到每吨4 780美元。

2. 生态至上，注重环境保护与优化

走进纳帕溪谷，蓝天映碧水，葡园倚青山，好一派如诗如画的田园风光。良好的生态环境，是纳帕人最引以为傲的财富，也是葡萄酒产业和葡萄酒旅游发展的先天基础。为了保护生态环境，纳帕于1968年成为全美第一个农业保护区，有效防止了对土地的过度开发。纳帕溪谷酒商协会与其他行业的组织和环境社区进行合作，共同制定出一套适合葡萄园种植和运行的标准。该标准鼓励种植者使用可持续的农业技术，减少化学品的使用，以保护土壤和水资源，修复被侵蚀的地盘，以及恢复动物的栖息地。目前，已有超过 38 000 英亩耕地加入进来。纳帕溪谷具有认证的有机葡萄园种植面积已占全美有机葡萄园种植面积的 18%。

3. 结合科技，不断改良工艺

纳帕人高度注重科学技术对葡萄产业的推动作用。加州大学戴维斯分校距离纳帕不到 100 公里，是世界农业与环境科学研究和教育中心，农业技术研究水平排名全美第一。通过与该校的长期合作，纳帕溪谷在葡萄种植管理和葡萄酒酿造方面融入了很高的科技含量，无论是对地质、土壤、气候、气象、地形等基础条件的研究，还是在病虫害防治、滴灌种植技术、酿造工艺改良上，都走在葡萄酒技术实践和创新的最前沿。在纳帕溪谷，不少酒庄几代庄主都毕业于该校葡萄种植和酿酒专业。

4. 酒庄积聚，统一规划

无论是从对酒庄的管理还是营销，纳帕都是以一个整体在运作，可以说纳帕是各酒庄共同的纳帕，而游客也是各酒庄共同的客人。纳帕地区聚集 280 多个大大小小的酒庄，可以说是一座飘香的葡萄酒城，游客可以从很远就闻到汇聚的葡萄酒味，同时，各酒庄又有着各自的特色，每个都是独一无二的，让游客充满惊喜和期待（图 6-34）。各酒庄之间的交流活动也很广泛，经常有葡萄酒经验交流和共同举办葡萄酒节庆等活动。

图 6-34　纳帕酒庄的红酒

来源：https://huaban.com/pins/217516299/

5. 注重接待设施建设，丰富的旅游产品

完善的游客接待设施是葡萄旅游满意度的保证。在纳帕溪谷中，到处都是闻名国际的知名酒厂，酒庄为游客设立了接待中心、品酒室、展览室和野餐区，同时，还附设餐厅或供应熟食，纪念品店。除了卖葡萄酒之外，各式与葡萄酒及酒厂相关的商品可满足游客购买的欲望。在纳帕，无论从徒步游览到驾车揽胜，从葡萄园野餐到世界名餐厅，从经济型的参观游览到奢华的红酒 SPA，还是从个人度假到团队商务，旅游产品纷繁俱细，应有尽有。丰富的旅游产品给旅游者提供了多种选择，丰富了游客的旅游行程，也满足了个性化的旅游需求，对旅游者充满了吸引力。

6. 主动营销，不断提高影响力和知名度

纳帕在葡萄酒旅游的推广方面是非常积极的，总是通过知名活动来增强自己的影响力。虽然纳帕溪谷的发展历程比波尔多等其他传统葡萄酒产地要短很多，但是作为游客心目中的旅游目的地却丝毫不比波尔多等逊色，这也是纳帕发展如此迅速的原因之一。这种深层原因一方面可能是因为纳帕溪谷起步晚，接受了很多年轻人的观念，如快速消费、注重享乐等。另一方面也可能是由于美国热情奔放的民族传统，大熔炉的精神。它的主动营销不仅为纳帕溪谷带来了明显的经济效益，还影响了波尔多等其他葡萄酒产区。

三、玉米迷宫

风靡全国的玉米迷宫也是美国农业创意的一大特色。美国人钟爱玉米。一些农场受英国麦田怪圈的启发，利用玉米创造了一种大人和孩子们都十分热衷的娱乐方式——玉米迷宫。自 1966 年在犹他州出现玉米迷宫后，美国掀起“迷宫热潮”。与一般的休闲娱乐项目不同的是，玉米迷宫利用农业的特性将旅游业与拓展训练巧妙结合，让人们在享受自然风光、农业风情的同时进行娱乐、休闲。走出迷宫需要自己的判断，需要勇气，也需要运气，所以玉米迷宫在娱乐的同时还能起到教育启发的作用。

（一）玉米迷宫的创意

1. 迷宫环境创意

变无生命的迷宫隔挡为有生命的农作物是玉米迷宫的最大特色。常见的迷宫隔挡都是一些无生命物质，如砍伐整齐的竹子、砖墙、土墙或水泥墙等。而用玉米作为隔挡，随着时间的变化，这些隔挡也“日新月异”地变化着，呈现出不同的景色。生机勃勃的玉米将呆板的迷宫环境变成了绿色的海洋，人们走在迷宫中就如置身天然氧吧，在娱乐健身的同时，也满足了人们亲近大自然的需求。

2. 独具匠心的迷宫设计

常见的迷宫以简单的迂回路线为主。而美国的玉米迷宫园则独具匠心地进行了整体设计，寓教于乐（图 6-35）。美国玉米迷宫的题材极富美国特色。既有家喻户晓的卡通人物形象，也有当地著名人士的图像，或与热门话题相结合。如 2006 年残奥会标志的玉米迷宫表达了美国人的自豪；2012 年美国大选之年，设计了一个“用脚选举”的玉米迷宫。图案是 2 位美国总统候选人，以此号召人们跟着感觉自由选举。这片建筑由 2 个独立的迷宫组成，迷宫其实是代表 2 位政客。游客进入迷宫走向任何一方的机会是相同的。当人们成功地从 1 个总统候选人的头像图案中走出时，则表明给这位候选人投了 1 票。迷宫的工作人员会将“投票”结果进行统计和公布。这种别出心裁的设计，既满足了人们对于自由选举的关心，也迎合了人们对于二选一的调侃心理。

图 6-35 玉米迷宫

来源：http://www.sohu.com/a/124922946_591740

3. 实现旅游业与农业的无缝结合

迷宫本来是一种旅游娱乐项目，用玉米营造迷宫，实现了农业与旅游业的巧妙结合。一方面，迷宫中的玉米在成熟时可供游客采摘，使游客在游玩的同时体验采摘的乐趣；另一方面，迷宫吸引了大量的游客，不仅可以带动迷宫内部的旅游项目，还可以带动迷宫外围相关的吃、住、行、游、娱、购等旅游项目的发展。玉米迷宫，既不影响作物正常生长，同时有效增加了种植者收益。以休闲体验式的田园旅游为卖点，实现旅游业与农业的无缝结合。美国有专业经营玉米迷宫的公司，精心设计和制作的玉米迷宫遍布美国各地。甚至还设计了专门面对学生的“田园之旅”。这项活动中加入了许多动手课程，可以让学生们亲身体验农业生产，提高青少年对农业的认知，培养对农业的兴趣。

（二）玉米迷宫创意的经验

1. 依托规模产业发展创意农业

美国农业创意主要是在当地的规模产业上做文章。规模产业不仅为创意开发提供了雄厚的产业基础，而且在已具有非凡知名度的规模产业上进行创意开发，认知度起点高，很容易形成社会效应。依托规模产业进行创意开发，相得益彰，进一步扩大了规模产业的影响，通过一产与二产、三产的融合，提升了规模产业的附加效益。

2. 注重创意项目的民众参与度

农业创意项目的生命力在很大程度上取决于民众参与度。如南瓜节上的南瓜评比由普通民众来评出；获奖南瓜巡游更是吸引了大人小孩都参与其中；草莓节上草莓酥饼的制作是由几十甚至百名志愿者共同完成；草莓酥饼的拍卖与认购，更是以公益善举来吸引民众的参与；玉米迷宫则融知识性、趣味性、娱乐性于一体，吸引游客乐在其中。只有民众喜闻乐见并积极参与其中，农业创意项目才不会昙花一现。

3. 依托优势进行创意

垂直农场的创意并不难，但垂直农场的实践需要有大量高端的农业科技做支撑。垂直农场不仅要解决农作物种植和动物养殖所需的一切条件，还需要解决自身能量来源、污水处理及废弃物循环利用的问题。这些都非传统农业技术能完成。美国即利用了自身农业科技高度发达的优势，将垂直农场的创意付诸实践，并借此来寻找解决城市发展困境的路径。

四、美国乡村旅游发展特点

1. 政策支持

美国各州政府的重视和相应机构的建立为各地乡村游的发展创造了良好的宏观环境。美国的联邦政府并不重视乡村游的发展，联邦政府制定的政策过多集中于发展国际旅游，即使是由国家旅游管理机构于 1973 年所制定的《国内旅游法》也根本没有提到乡村游。尽管有学者呼吁乡村游政策的出台，但仍没有得到国会、总统的重视。在没有任何联邦政策指导的条件下，各个州政府提供了支持。最显著的政策转变是各个州分别制定了新的税收立法，允许市政当局针对用于商业用途的食宿服务征税，一般被称为床位税、房间税等，这些收入被用于在当地建立“会议和旅游者办公署”，这些机构的使命是带动本地区旅游收入的增加。以前仅仅是一些大城市才有足够的资金来建立这样的机构，而这一税收政策制定后，即使是一些小镇也建立了这样的机构。这一政策被认为是迄今为止对美国乡村游的发展极具影响力的政策。其他一些州立政策还包括建立旅游机构或部门，现在美国的每一个州都有专门的机构来负责当地的旅游营销工作。

2. 消费习惯

众所周知，美国的人均国民收入位居世界前列，富裕的国民出游的目的不再仅仅满足于观光，他们更多追求的是体验或者休闲，这些新的旅游消费习惯在逐渐形成，也对乡村游的发展起到积极的推动作用，这一趋势具体体现在：人们对文化遗产观光游开始青睐；对传统以及乡村生活的兴趣逐渐增加；拥有更多的假期；对健康问题的关注，使人们更加向往乡村生活，憧憬宁静和无压力的环境。此外，人口老龄化使更多老年人的出游活动愈加频繁。

3. 营销策略

营销推动了乡村游市场的拓展。数据表明，自 1980 年以来，美国各地的年度性节日增加比例平均每年达到 5%以上，很多乡村游正是以这些节日为纽带而组织进行的。如威斯康星州以世界的“汉堡之乡”著称，人们在 1998 年烹制出了重达 2.5 吨的汉堡包，并记入了吉尼斯纪录，从此该州每年都举行享誉全球的“汉堡盛宴”，吸引了大量的旅游者。目前，越来越多的地区已经开始依赖于年度节日所带来的品牌效益，这也成为众多地区宣传旅游特色、吸引游客的有力工具。

五、对国内乡村旅游创意开发的启示

1. 政府主导“双建”

结合政府的主导集中体现在政府对乡村旅游规划的主导、对基础设施的专项投入、对乡村旅游管理经营的正确引导、相关条例规定的制定等。乡村旅游发展是开放的体系，在重视政府主导作用的同时，应聚合社会之力，协同、健康发展。首先，要正确理解乡村旅游的概念和内涵。乡村旅游的发展应建立在对乡村旅游正确认识、理解的基础上，把带有浓厚地方特色的乡村自然风光、乡村民俗风情、乡村农事活动、乡村文化景观等作为乡村旅游的开发资源，围绕行、住、游、食、购、娱等要素，精心设计，从而正确引导国内乡村旅游的发展。其次，要做到与文明生态村建设、社会主义新农村建设相结合。文明生态村建设为乡村旅游打下了很好的基础。今后，乡村旅游的发展更应与生态文明村建设、社会主义新农村建设相结合。

2. 规划到位，合理布局

发展乡村旅游，应做到规划先行，杜绝盲目开发。对此，政府部门在制定相关政策、专项措施的同时，国内旅游部门与相关规划部门也应尽早出台相应指导措施，为乡村旅游发展规划提供科学、全面、可行的参考。乡村旅游规划涉及面广，区域经济规划、农业规划、旅游规划、文化规划等都是要考虑到的因素。在空间布局上，乡村旅游规划应充分考虑到本地区地理格局东西差异、南北异同，以及各地区自然资源、人文资源的差异。

3. 因地制宜，突出特色

国内各地文化差异较大，各地资源状况不尽相同，各有特色。在乡村旅游发展过程中，应做到因地制宜，突出特色。各地要深入调查自身的优势，扬长避短，把优势做大、做精、做强。红色旅游资源丰富的地区不妨挖掘红色资源，做成“红色乡村游”；生态环境优越，具有大面积连片农业种植区的村镇则可考虑朝“绿色乡村游”方向发展；对于经济相对落后、文化底蕴深厚又有独特性的村镇，可依托邻近区域，深入挖掘当地民俗、民风，走一条古朴的“文化乡村”之路。

4. 适度利用，保护并重

良好的旅游资源是产业持续发展的资本。虽然在乡村旅游开发过程中应遵循高端开发，但在开发规模上并非越大越好，而应适度开发。适度开发利用现有的乡村旅游资源，避免过度开发，走可持续发展道路，是发展乡村旅游的一条科学、长远之路。对于有条件开发乡村旅游的村庄，开发前应对开发前后可能造成的环境影响、资源破坏等情况做出相应的评估，做到未雨绸缪。对于乡村旅游条件尚不成熟的地区，有关部门也应给予高度重视，尤其应对村内的古建筑、民居、文物等进行专项调查统计，并制定相关的保护措施。

5. 定位市场，培养人才

乡村旅游的目标消费者主要是城镇游客，差异性文化和生活方式是城镇游客对乡村旅游感兴趣的主要方面。如何找准目标客源城市以及目标细分客源的特征和需求，如何在满足目标游客的现实需求，并且针对其潜在需求和可能需求来打造旅游吸引物是乡村旅游开发的关键。各级政府及相关部门应认真研究各自旅游市场，完善资料统计，对不同村镇发展乡村旅游的客源、市场等进行准确定位。人才的培养应包括两个方面：一是旅游从业人才；二是民俗文化传承人才。旅游从业人才的培养包括各级旅游行政管理机关领导干部的培养、企业经理队伍的培养；旅游队伍建设，主要为高素质导游的培养；服务员工队伍建设，主要包括司厨人员、接待人员、工程技术人员、旅游车船驾乘、旅游商品销售人员等。民俗文化传承人才的培养主要指的是民族特色技能人才的培训。特色技能包括传统建筑工艺、烹饪工艺、民族舞蹈、乐器等，培养这方面的人才是传承乡村文化乃至我国传统文化的必要措施，意义深远。

第三节　法国乡村旅游创意开发与启示

法国旅游业十分发达，自 2005 年以来旅游人数一直位居世界第一。作为世界旅游大国的法国，旅游主要由四大产品体系构成：以滨海游为主体的蓝色旅游，以高山滑雪为特点的白色旅游，以巴黎等城市名胜古迹为代表的城市旅游，以及以美丽乡村风光、土特产品为主要吸引物的乡村旅游。而乡村旅游作为法国第二大旅游产品体系，其农业的产业化经营为发展乡村旅游奠定了基础。第二次世界大战后，法国政府实行“领土政策”，将土地集中起来进行规模化、产业化经营，同时各项配套服务设施也在不断完善提高，此外，为了解决农民工、农产品过剩的问题，法国政府开始实施大量优惠政策调动农民参与乡村旅游的积极性。农民除了经营农业外，改造马厩和仓库，建设便宜的旅馆，接待不同经济水平的游客，以增加收入。学习和借鉴法国乡村旅游，了解它的起源和特色之处，对我国乡村旅游发展具有重要意义。

一、法国乡村旅游的起源

第二次世界大战后，法国农村的发展水平较低，农村空心化严重，农村人口老化、密度稀疏的问题越来越明显。19 世纪法国的农村人口有 800 万人，到了 1990 年就只有 70 万人了。为消除地区发展不平等，解决法国农业问题，法国政府开始实施“领土整治”政策。

早在 1955 年该项政策实施之初，南方议员欧贝尔创意性地提出乡村旅游构想，他提出可以在发展农业同时发展旅游业，从国家、地区角度在资金上支持乡村住宿的改建。该议题得到东南方地区政府的支持，他们首先将一些马厩和仓库改造为旅馆，营造便宜旅游住宿设施，让经济不富裕家庭得以参与旅游。法国当时休假制度形成以周末旅游为主体的旅游需求，因而到附近乡村旅游成为主要旅游方式。农民除了种地外，还可以接待旅游者、与人交流，增加收入，这种模式的乡村旅游随之逐渐在世界发达国家和地区流行。

二、法国乡村旅游项目

自从法国推出“农业旅游”后，以农场经营为主的休闲农业得到较快的发展。这些农场基本上是专业化经营，其中主要有九种性质：农场客栈、点心农场、农产品农场、骑马农场、教学农场、探索农场、狩猎农场、暂住农场以及露营农场。法国耕地面积广阔，农业资源丰富等特点，在乡村休闲农业旅游模式构建上，选用传统旅游开发模式，保持旅游产品的原真性及本土性，致力于传统农业生产开发，给予游客贴近传统、贴近自然的清新体验，凸显法国乡村旅游的独特之处。

法国与 1998 年专门设立了“农业及旅游接待服务处”，联合其他有关团体，建立了“欢迎莅临农场”的网络组织，有 3000 多农户加盟。2004 年，法国农村接待了全国 28. 2%的旅游者，可见乡村旅游的影响。农场客栈、点心农场、农产品农场、骑马农场、教学农场、探索农场、狩猎农场、暂住农场和露营农场九个系列，上述项目可划分为美食品尝、休闲和住宿三大类，目的在于创造出一个原真（authenticity）的绿色旅游来吸引寻求安逸和探索的游客。希望通过乡村旅游体现出非现代化水准的新道德观念：一个宁静而自然的乡村环境、宾客受到家一般温暖的欢迎与接待，以及与当地建筑完美结合的家庭旅馆（图 6-36）。

图 6-36　法国乡村民宿

来源：https：// mp. weixin. qq. com/s? __biz = MzUxNjExMTM2OQ%3D%3D&idx = 2&mid = 2247484662&sn = 5498504d0699b8b0432cbeccd80fa536

法国乡村旅游中的每一个产品及其由产品构建起来的系统都力图保持其原真性与独特性。以“农产品农场”为例，游客可在乡村购买当地的产品，也可享用农场的美食，但是每个农场销售的主要农产品必须是自己所生产的，主要原材料原则上不可以向外采购，必须是以农场种、养殖的动、植物为主，副材料可以来自农场之外的产区，其生产加工程序必须在农场内部进行，从而保证每个农场都有自己独特的产品（图 6-37）。

图 6-37　法国乡村牧场

来源：https://mp.weixin.qq.com/s?__biz=MzUxNjExMTM2OQ%3D%3D&idx=2&mid=2247484662&sn=5498504d0699b8b0432cbeccd80fa536

为了保证农产品不是大规模工业生产的产物，农场必须向有关部门提交有关资料，从制度上保证了乡村旅游与自然和谐，减少了农场之间同质恶性的竞争。

家庭旅馆的建设也同样遵循自然法则，在美丽的村庄，每一座房子与自然的完美和谐共处，展现出独特的魅力。游客在法国可选择古老民居改建的家庭旅馆，也可在洞穴家庭旅馆入住，或者在古城堡中追忆贵族的奢华与浪漫，旧的宗教祠堂改建而成的家庭旅馆散发着古朴、历史与文化的气息，让游客沉醉其中，流连忘返（图 6-38）。

图 6-38　法国乡村民宿

来源：https://mp.weixin.qq.com/s?__biz=MzUxNjExMTM2OQ%3D%3D&idx=2&mid=2247484662&sn=5498504d0699b8b0432cbeccd80fa536

三、法国乡村家庭旅馆的四种类型

1. 乡村民宿

乡村民宿是一栋独立住宅，坐落于乡村，外观与当地风格相一致，用于招待停留一周（或者更长时间）的游客。

2. 床餐出租房（B&B）

床餐出租房是一种利用居民家多余房间出租的住宿形式，可在房东家中，也可以是房东其他的房子里。房租按天计算，包括当夜住宿和一个早餐服务，房东也可以向游客提供农家餐饮服务（图 6-39）。

图 6-39 法式面包

来源：https://mp.weixin.qq.com/s?__biz=MzUxNjExMTM2OQ%3D%3D&idx=2&mid=2247484662&sn=5498504d0699b8b0432cbeccd80fa536

3. 远足者宿营地

为远足者提供住宿，并适合于为周末和度假的团体客人（朋友、家人、会议、绿色团体、探险团）提供住宿。

4. 户外旅馆

紧邻家庭旅馆的住处，在美丽的乡村环境中，一个绿树成荫的地方。

法国乡村旅游已成为当地人们生活中的一部分，生日、婚礼、家庭聚会、小孩子洗礼等活动都喜欢安排在农庄中进行，乡村也是人们节假日徒步、骑自行车的首选之地。

优美的环境、清新的空气、富有特色的食品、乡间音乐以及浓浓历史与文化的积淀，成为人们选择乡村游不可抗拒的理由，当然物美价廉也是重要因素之一。

四、法国乡村旅游创意开发典型案例

1. 发展概况

法国南部地中海沿岸的普罗旺斯不仅是法国国内最美丽的乡村度假胜地，更吸引来自世界各地的度假人群，到此感受普罗旺斯的恬静氛围。在彼得·梅尔的《重返普罗旺斯》一书中介绍道："普罗旺斯作为一种生活方式的代名词，已经和香榭丽舍一样成为法国最令人神往的目的地"，几乎所有人"逃逸都市、享受慵懒"的梦想之地（图 6-40）。

普罗旺斯旅游形象定位是薰衣草之乡，功能定位是农业观光旅游目的地。旅游核心项目及旅游产品是田园风光观光游、葡萄酒酒坊体验游、香水作坊体验游。在业态方面设置家庭旅馆、艺术中心、特色手工艺品商铺、香水香皂手工艺作坊、葡萄酒酿造作坊。

2. 模式经验

（1）农业产业化——游客体验，乐在其中

法国农村的葡萄园和酿酒作坊，游客不仅可以参观和参与酿造葡萄酒的全过程，而且还可以在作坊里品尝，并可以将自己酿好的酒带走，其乐趣当然与在商场购物不一样。同样，游客在田间观赏薰衣草等农业景观的同时，还可以到作坊中参观和参与香水、香皂制作的全过程。

图 6-40　法国普罗旺斯地区乡村餐厅

来源：https://you.ctrip.com/travels/provence750/1496172.html

（2）生产景观化——有机结合，增加业态

运用生态学、系统科学、环境美学和景观设计学原理，将农业生产与生态农业建设以及旅游休闲观光有机结合起来，建立科研、生产、加工、商贸、观光、娱乐、文化、度假、健身等多功能于一体的旅游区。

（3）活动多元化——大众参与，感悟乡村

旅游活动多样化，真实体现乡村生活，增加乡村旅游的大众参与度。可通过庄园游、酒庄游等乡村旅游都可以让游客体会到真正的乡村生活，这得益于旅游区开展的项目丰富多彩，集中体现了乡村地区居民的生活特征。因此，在开发过程中要力求旅游产品的多元化。

（4）节庆多样化——节庆举办，特色凸显

普罗旺斯地区的活动之多，更是令人目不暇接，几乎每个月都有两至三个大型节庆举办，从年初 2 月的蒙顿柠檬节到 7—8 月的亚维农艺术节，欧洪吉的歌剧节到 8 月普罗旺斯山区的薰衣草节，四时呼应着无拘无束的岁月，更吸引着来自世界各地的度假游客。

五、法国乡村旅游创意开发的经验借鉴

（一）立足本地诉求，政府大力支持

法国乡村旅游一直在政府主导下发展，近年来，随着乡村旅游行业协会及其他民间组织的成立，行业自律行为也逐步产生作用，政府的管理职能弱化，而监管职能加强，各级地方政府继续执行直接监督检查的职责。1955 年，当时法国政府鉴于法国农村大量的具有传统风格的民居空置、损坏，开始启动了以繁荣农村小镇，克服农村空心化现象的“农村家庭式接待服务微型企业”计划。为了使农村民居适合于“家庭接待服务微型企业”的标准，法国政府提供经费的资助以促进维护与修缮。农民可以加入国家的“欢迎你到农庄来”“农家长租房”和“农庄的餐饮与住宿”等几种协会型组织中。图 6-41 为法国传统农耕。

图 6-41　法国传统农耕

来源：https://www.quanjing.com/imgbuy/estrm1040422.html

另外，法国政府每年组织一次为期两天的乡村旅游博览会，提供更多的相关信息。

对于乡村旅游财政方面的投入，各地政府规定，只要住所业主遵守利益相关者的约定，家庭旅馆在建设后达到三稻穗（三星级）标准，10 年中每年向公众开放 6 个月，就可以得到政府家庭旅馆修缮补助津贴，补助津贴占总投资额 20%～30%。大约有 40%家庭旅馆获得政府的公共资金补贴。

2000—2006 年法国政府共拨款 5 300 万欧元为乡村旅游景点修筑公路。

2001 年法国政府还成立了乡村旅游常设会议机构来促进乡村旅游的发展。

2003 年成立部际小组，开始在全国规划自行车道和绿色道路。

法国乡村旅游经营的主体不是外来的投资商，而是本地“所有的农业开发者、乡村居民”，这是乡村旅游可持续发展的重要基础。乡村旅游如以外来的投资商为主，虽然旅游开发项目在短期内资金充足，政府投入较小，具有一定的管理水平，运营比较顺畅，但是对提高农民收入，保护生态环境以及繁荣农业意义较小。

目前，我国部分地区乡村旅游主要以“政府 + 公司 + 旅行社”或者以“公司 + 农户”的开发模式。

（二）充分发挥行业协会的作用

法国乡村旅游起步之际，政府与行业协会的合作便应运而生。协会在政府的政策范围制定行业规范、制度及质量标准，以达到行业自律，最终实现乡村旅游可持续发展。乡村旅游的主要规范、质量评级标准由法国农会下属协会制定。

法国农会是公共职业联合机构，具有半官方、半民间性质。一方面代理或协助政府主持农业行政事务，另一方面要为农民提供各种服务，并代表该农民与政府交涉，拥有政府和民间的双重身份，也是它们之间的重要桥梁。农会常设委员会（APCA）下属成立了农业及旅游接待处并研发了“欢迎你到农庄来”的组织网络。

APCA 与农业及旅游接待处制定严格的乡村旅游管理条例。例如，提供饭店餐饮类型的“农场客栈”，是农场动、植物生产与经营的外延，因而“农场客栈”管理条例规定：餐饮必须使用当地生产的农产品，不得贩售或采买其他远方农场的某些农产品，不得使用罐头食品（酒与奶酪除外）。必须使用本地的烹调方法，呈现本土乡间美食特色，餐饮提供的主要食品，必须是新鲜食品，不得用冰冻食品。农庄外观必须遵照当地风格，农庄餐具应用粗陶、瓷器或其他具有代表性材质，以凸显农庄质朴及对环境保护，禁止用纸质的桌布、餐巾纸。规定“暂住型农庄”主人必须亲自向来客介绍农庄的历史、运作等方面的知识，以提高游客了解风土民情。在餐饮方面也有相当具体的规定，要求提供具有地方特色的家庭式简单多样化的菜式。另一方面，协会担负起全方位指导农民、教育农民、帮助农民的重任。

协会对于加入协会的会员从房屋的修缮、经营、定价、财务管理等方面进行指导、培训与帮助。APCA 与农业及旅游接待处下设的“欢迎你到农庄来”为法国乡村住所联合会，是一个为居民家庭接待旅游、度假提供服务的协会组织，该组织每年对遗产建筑提供

1.8亿欧元的维护、修缮费用，在当地发展与领土治理中承担了重要作用。该组织通过提供营销的服务、标识系统的服务以及技术咨询方面的服务，使业主具有遗产价值的物业得到恢复、保护以及增值；增加业主收入，土地减损增益为未来退休做好准备；业主在个人职业发展多样化，拓展在接待业方面的业务，并使业主发展更多的人际交往，与他人分享对乡村的认识与热爱；参与社区旅游活动，提升每一处土地、一种文化、一段历史的社会价值。

以安茹乡村旅馆联合会为例，协会为家庭旅馆业主提供的服务主要有：

①筑师或CAUE（城市与环境建筑委员会）风景设计师的咨询服务。

②5天以上的培训，培训内容主要有市场调查、法律与税收制度与条款、项目管理、价格标准与定价原则、筹资计划与津贴申请。

③提供与有关管理部门（安全、水资源管理、卫生与消毒、泳池水质管理、餐饮质量管理、卫生标准管理）合作管理的指导。

④与旅游委员会共同组织对项目利益相关者的培训。

⑤对投诉处理提供咨询和协助调解。

⑥个人网站的制作。

⑦出版或更新国家旅游指南，帮助业主联合促销。

（三）立足农业，解决“三农”问题

法国乡村旅游发展的初衷是为消除地区发展不平等，解决法国农业问题，开始实施“领土整治”政策。法国乡村旅游的发展不应仅仅站在旅游的立场上，而应从发展农业、解决“三农”问题的战略高度出发，也只有这样定位，才能保持乡村旅游的可持续性发展。

第四节　日本乡村旅游创意开发与启示

我国农村与日本的农村基本情况相似，文化上也有相同之处，借鉴日本的乡村旅游做法和经验对我国乡村旅游的发展很有意义。日本乡村旅游是在20世纪90年代以后在国家农（山）村政策支持的背景下发展起来的。

一、日本乡村旅游的起因

（一）第一产业衰落，催生新的经济增长点

随着工业化和城市化进程，青壮年外流，日本出现了农业生产降低，农业收入降低，农业地位弱化等一系列问题。这些现象引起了政府和学者的关注，为提高村民收入，改善农民生活质量，振兴乡村经济等目的，政府出台了一系列措施，鼓励、支持、引导发展乡村旅游。以旅游为目的，既可以带动地方经济，又可以保护、发展乡村文化与特色。

（二）基于“本土化”回归的旅游需求

日本原生性休闲活动一直在民间进行着，特别在当代社会，日本文化出现了一种“本土化”回归的趋势。在迅速城镇化的进程中，日本城市居民产生一种故乡丧失的感觉。它的一个重要表现形式是日本的乡村成了日本人民通过旅游的方式寻找和重现乡村传统社会和文化的地方，进而也促进乡村旅游的发展。

（三）乡村精英的示范联动作用

乡村精英指的是在经济资源、政治地位、社会关系、办事能力等方面具有相对优势、并对当地的发展具有较大推动作用的村民。如日本上野县四贺村的现任村长，在当地蚕业和烟叶失去竞争力、农民生活状况日益低下的情况下，利用废弃的桑园地带领村民开发逗留型市民休闲农园，取得良好的效应，带动当地村民参与到乡村旅游中。

二、日本乡村旅游的发展过程

日本乡村旅游从整个演进阶段来看，它萌芽于20世纪80年代初期，初步发展于80年代中期，快速发展于90年代初，21世纪初进入产业升级阶段，目前正朝着绿色休闲与体验型农业方向进行演进。从内涵发展过程来看，经过1980年之后的初步发展，80年代中期衍生度假农场，例如1985年后分别设立了大仁、名寄、石垣等自然休闲农场。在80年代后期，休闲农场发展为市民度假农园，并迅速成为世界农业观光公园的典范。20世纪90年代日本旅游休闲农业在旅行社的助动下又向纵深发展，逐渐突破以往只有观光与休闲功能的局限，进一步拓展其体验与学习功能，使旅游者不仅“看”而且“干”，真正体验农事的原汁原味。例如，日本一些旅行社推出的“插秧割稻旅行”“采茶旅行”，在耕种时节，利用假期组织城市游客到农村去和农民共同生活、学习插秧与管理茶叶生产，在收获季节旅行社选出小包稻米或茶叶寄给先前游客，让他们亲口品尝自己的劳动果实，体验耕种与收获的喜悦，同时又为吸引游客回农村故地重游埋下伏笔。日本21世纪提出“绿色旅游休闲农业”发展计划，将保护环境纳入休闲农业发展内容与政府政策建设序列之中，促使休闲农业全面向更高级阶段跃升。目前，日本乡村旅游已步入全方位运行阶段。

第一阶段　经济高速增长期，政府和民间共同推进了高级度假村的开发与经营。日本的休闲农业与乡村旅游始于20世纪50年代末期，长野县的农民在冬季农闲时期，利用当地得天独厚的自然条件，开设滑雪场和民宿旅馆，吸引了大批游客。

第二阶段　泡沫经济破灭后，生态旅游、农事体验型休闲农业与乡村旅游发展迅速。为了改善经济泡沫带来的恶劣旅游环境，从1993年开始，在全国范围内推进休闲观光农业的发展，特别是大城市周边农村地区的水果采摘型农业园区的发展。

第三阶段　休闲农业与乡村旅游的新时期。随着周末休息时间的延长，日本城市居民的休闲生活需求在逐步增加。同时，由于城市化、工业化导致农业的萎缩，日本农业、农民也需要增进与市民的交流，加大宣传农业的生态保护、文化传承等作用。城乡居民的这些需求，进一步促进了日本休闲观光农业发展，并使之走上了良性发展的轨道。

三、日本乡村旅游的发展模式与运行机制

日本的乡村旅游主要分为观光型旅游、休闲型旅游、乡村文化旅游，具体可以分为以下形式。

1. 观光体验型乡村旅游发展模式

观光体验型乡村旅游地大多位于传统的农村山庄。乡土气息浓郁的村落、山清水秀的水乡集镇、生机勃勃的生态田园等，其自然淳朴的农村风光，对久居都市的居民具有极大的诱惑力。观光体验型乡村旅游的成功模式主要包括时令果园和乡村农场等。

时令果园是城市居民非日常性的旅游观光场所，它根据果物的成熟季节，定期向市民开放，并向其提供优质的旅游服务。游客可以在果园里观赏、采摘、了解起生长和生产过程，在欣赏乡村美景的同时，又收获劳作的乐趣。

2. 休闲生活型乡村旅游发展模式

日本乡村秀丽的田园风光、与城市截然不同的悠闲环境、自由自在的生活方式和宁静祥和的生活氛围等都具有吸引都市游客的巨大魅力。因此，许多山村农庄成为都市人度假旅游的理想去处（图 6-42）。

图 6-42　休闲旅游的乐园——休闲农庄

来源：https：//www. 360kuai. com/pc/9e04305c8b587a648？ cota = 4&tj_url = so_rec&sign = 360_57c3bbd1&refer_scene = so_1

日本乡村的休闲农庄，将农业生产、农产品消费和休闲旅游融合为一体，并依据自然条件和农产品的类型进行开发、经营，形成了其独特的风格。其中，有以单一农产品为主构成的专业性农场，如葡萄公园农场，将葡萄园景观的观赏、采摘、制品，以及与葡萄有关的品评、写作、绘画、摄影、体验、竞赛与季节、庆典活动融为一体。但最多的还是各类综合性的休闲农场，它们一般在农场内规划有服务区、景观区、草原区、森林区、水果区、花卉区及活动区等，分别开展综合经营活动，为游客提供各种不同类型的农业体验（图 6-43）。

图 6-43　都市人度假的会馆——民宿农家

来源：https://www.360kuai.com/pc/9e04305c8b587a648? cota=4&tj_url=so_rec&sign=360_57c3bbd1&refer_scene=so_1

乡村农家是“农家乐”旅游休闲度假的最佳住宿场所。在日本，农户耕作面积虽然不大，但都具有秀丽的景色、独特的文化和丰富的农产品等特色。在这些地区，农民将废弃或多余的农舍加以精心改造，提供给都市休闲度假者住宿，称之为“民宿”。日本的这种农家住宿一般以家庭成员为主进行经营，经营者参加旅馆公会，按照《酒店法》的规范进行管理。每月定期接受行业协会的指导，并由协会进行游客分派。

农村教育的课堂是针对城市儿童农知教育的体验性旅游。城市儿童利用假期到农村去体验生活，可以从中学到农业知识、生态知识，开展野外拓展活动。

3. 生态保健型乡村旅游发展模式

生态保健型乡村旅游的特点是强调崇尚自然，充分利用原有的自然资源，尽量保留原有的自然风格，新鲜的空气、洁净的水体、绿意盎然的花草、干净卫生的绿色蔬菜等，这些原生态的自然体验同目前方兴未艾的环保热潮相结合，迎来了生态旅游的新高潮。在日本，生态保健型乡村旅游的最成功模式就是温泉旅游。日本从北到南有2 600多座温泉，75 000多家温泉旅馆，素有“温泉王国”的美称。在日本，乡村温泉旅游通过营造一种休闲、健康的独特体验，使旅游者身心融入温泉中，感悟其独特的温泉文化，给旅游者带来了全方位的感受，给广大游客带来了物质和精神的双重享受。

20世纪90年代初日本就进入了“老年社会”，全国的老年人口占到总人口的50%以上。日本的老年人一般有时间、有健康、有金钱，被称为“三有老人”。他们对自己的身体健康状况也非常重视，其中很多人把接触大自然当成修身养性的重要方法之一。为适应老年人的这种旅游需求，日本的很多乡村设有专为65岁以上老人提供疗养、休闲、保健服务的旅游度假村。

4. 产业集群化的运行机制

20世纪60年代，日本工业经济飞速发展，使越来越多的农民离开土地进城成为工人，以致日本农村地区普遍出现了高龄化农业和过疏化的严峻局面。为解决这一问题，日本政府采取了一系列措施以提高农业的机械化、集群化水平。在政府的引导和扶持下，农村地区的兼业化程度也普遍提高，有许多农民开始兼营蔬菜、水果和花卉等，有的还转向经营园艺和畜牧水产业。与此同时，飞速发展的经济使都市人渴望充实的精神生活，希望有更多更好的休闲场所。于是，城市近郊的观光果园、休闲农场等简易型乡村旅游形式应运而生并迅速发展起来。20世纪70年代，日本农村地区（包括山村）开始出现了相对规模化、专业化的“农村观光”经营场所，如专业农庄、农家果园等，大量城市居民开始走向乡村度假。20世纪80年代，日本各地农村出现了利用民间资本大规模开发乡村度假村和进行农村旅游建设的热潮，一大批可以容纳500～1 000人的大型休闲度假村相继建成，如北海道的“农业综合休养地”、长崎县的农业主题公园“荷兰村”、熊本县的“老年农村公寓”等。

进入21世纪以来，日本的农家乐旅游更是迈入了高速发展期，呈现出多元化、专业化、社会化、精品化的特点，其经营范围相当广泛，经营成效日益显著，已发展成为前景良好的新型旅游业态之一。在日本，乡村旅游业及其关联企业从本地的文化和资源特色出发，为满足乡村旅游者的旅游消费需求而相互结网和互动，创新并衍生出乡村旅游服务的产业链，乡村旅游产业的集群化发展成为推动日本乡村旅游可持续发展的关键。

四、日本乡村旅游创意开发典型案例

（一）日本水上町项目

1. 水上町简介

水上町项目由4个村落组成，聚集着“人偶之家”“面具之家”“竹编之家”“茶壶之家”“陶艺之家”等20多个（一说30）传统手工艺作坊，占地总面积350公顷。其旅游概念的提出吸引了日本各地成千上万的手工艺者举家搬迁过来。1998—2005年，每年来

“工匠之乡”参观游览、参与体验的游客达 45 万人，24 间“工匠之家”的总销售额达 3 116 亿日元（约合 271 万美元）。

2. 主要项目及产品

核心旅游项目：胡桃雕刻彩绘、草编、木织（用树皮织布等）、陶艺等传统手工艺作坊，形式多样，异彩纷呈。水上町群山围绕，当地人以务农为生，种稻、养蚕和栽培苹果、香菇等经济作物，把区域整体定位成公园，探索农业和观光业相互促进、振兴地方经济之路。目前，水上町已经建成了农村环境改善中心、农林渔业体验实习馆、农产品加工所、畜产业综合设施、两个村营温泉中心、一个讲述民间传说和展示传统戏剧的演出设施。游客不仅可以现场观摩手工艺品的制作过程，还可以在坊主的指导下亲自动手体验。

旅游产品：田园风光观光游、乡村生活体验游、温泉养生度假游、传统工艺体验游。

业态设置：特色餐馆、传统手工艺体验活动、水果采摘及品尝体验活动、温泉中心等。

3. 模式借鉴

水上町的“一村一品”特色旅游产业发展模式，极大地提高了农民的生产生活水平，促进了地方经济的活跃和产业化发展，它们承载着当地人振兴家乡的“农村公园”构想，为建设现代化新农村、发展地方经济做出了贡献，经验值得思考和借鉴（图 6-44）。

图 6-44　建筑融于景，和谐而不突兀

来源：https：// www. 360kuai. com/pc/9e04305c8b587a648？ cota = 4&tj _ url = so _ rec&sign = 360 _ 57c3bbd1&refer_scene = so_1

游客不仅可以现场观摩手工艺品的制作过程，还可以在坊主的指导下亲自动手体验。“工匠之乡”以传统特色手工艺为卖点，进行产业化发展和整体营销，提供产品生产的现场教学和制作体验，大力发展特色体验旅游，获得了极大的成功。带动区域经济发展，地方经济添活力。农业与观光相结合的模式促进了地方经济的活跃，使居民们获得了实惠。居民观念大转变，当地土生土长的匠人不仅感受到了家乡面貌的变迁，还感慨于人们观念和意识的转变（图 6-45）。

图 6-45　为旅游者亲自体验手工艺制作

来源：https://www.360kuai.com/pc/963e3d659a6e0065d?cota=4&tj_url=so_rec&sign=360_57c3bbd1&refer_scene=so_1

（二）豪斯登堡——荷兰村

1. 荷兰村简介

荷兰村位于日本长崎大村湾，占地 152 公顷，是亚洲最大的休闲度假主题公园。整个园区的规划以荷兰女王在海牙的宫殿为蓝本，具有浓郁的欧洲风情（图 6-46）。

2. 核心旅游项目

①体验荷兰风情，不出国门可以欣赏到还原度极高的高质量（基础设施建设等十分完善：44 家餐厅、4 家酒店，且具备不同星级）欧洲风情景区。

②众多的主题活动（在不同季节，以郁金香、海洋、收获、圣诞节、农历新年等为主题，设计风格各异的盛大表演活动，并在晚间安排精彩的运河游艇音乐秀、激光秀、水舞秀、焰火秀）。

③各式博物馆（玩具熊博物馆、陶瓷器博物馆、音乐盒博物馆），具有教育意义。

图 6-46 豪斯登堡

来源：http：// www. lvmama. com/trip/show/286213

④科技乐园。

⑤“运河风情”（可选择豪华餐厅船、荷兰王室专用的派对游艇或港湾游艇、鸡尾酒游艇等欣赏夜幕降临的豪斯登堡）。

3. 特点

①景观开发具有鲜明的特色（以荷兰为主题）；同时将各分景点的特色做足（博物馆区、花卉区等）。

②可以同时满足不同消费水平人群的需要（各种设施都有不同的星级，游客可以根据自己的需要购买星级券或自由护照券）。

③科技水平高，旨在建立一个未来的实验都市。

④多功能性发展（教育、经济、保护生态等）。

⑤坚持“人与自然共存”的理念：开凿运河，种植树木、鲜花，使长期工业区的土地再现生机，同时大规模建设下水道处理设施，避免海水污染。

⑥设施现代化，利于服务体验。

⑦规模庞大，服务半径长，容量巨大。

⑧借景，选址于山海之间，远离城市，寻求自然意境。

⑨单体建筑具有较强的微景观意境创造。

（三）日本岩水县小岩井农场

1. 小岩井农场简介

小岩井农场位于岩手山南麓，东西长 15 公里，南北长 13 公里，面积 3 000 公顷，是拥有百年历史的日本最大的民营农场。此地以雄伟的岩手山为背景，建有历史感厚重的桶仓和牛棚，绿色的草原上牛、羊成群，可以欣赏到牧场的大自然景色（图 6-47）。

图 6-47　小岩井农场

来源：https：// mp. weixin. qq. com/s? __biz = MjM5MzU2Mzk0Mw%3D%3D&idx = 1&mid = 2651764190&sn = 662abc943fe42f4aa0e769d31abfbcd1

2. 小岩井农场核心旅游项目

①体验挤牛奶、与羊群亲密接触以及骑马的乐趣。

②参观动物农场、山麓馆、乳业工场、天文馆、农具展览馆。

③春天时节的"樱花林荫道""一本樱"（图 6-48、图 6-49）。

图 6-48　春天樱花盛开的小岩井农场

来源：https：// mp. weixin. qq. com/s? __biz = MjM5MzU2Mzk0Mw%3D%3D&idx = 1&mid = 2651764190&sn = 662abc943fe42f4aa0e769d31abfbcd1

图 6-49　樱花林荫道

来源：https://mp.weixin.qq.com/s? __biz=MjM5MzU2Mzk0Mw%3D%3D&idx=1&mid=2651764190&sn=662abc943fe42f4aa0e769d31abfbcd1

④品尝新挤的牛奶以及用其制作的冰激凌。

⑤Sheep & Dog Show：4 月底到 11 月初之间，游客在动物农场区观赏牧羊犬和羊群表演的 Sheep & Dog Show，欣赏牧羊犬和牧羊人的联合表演，将羊群追赶到栅栏中。

3. 小岩井农场特点

①动物农场集自然牧场观光和参与性场馆为一体，游客既能与动物亲密接触，又可以增加动物学知识。

②发挥科教功能，具有生态教育意义。

③民营农场，私人出资。

④产业链长，食材、农产品开发完善，如从牛奶到冰淇淋、从羊毛到羊毛玩偶等。

⑤特色文化体现明显：以“羊”“牛”为主题。

⑥定期举办特色活动（Sheep & Dog Show 等）。

⑦保护性开发，较好地将牧场资源与旅游结合。

（四）日本合掌村

1. 合掌村简介

白川乡合掌村位于岐阜县西北部，于 1995 年被列入“世界文化遗产”（图 6-50）。该村处于日本的“豪雪地带”，百姓自古就用厚厚的茅草盖成屋顶，且把屋顶设计成非常倾斜的角度便于积雪落下，远看就像合起的手掌，因此得名合掌村。现存房屋约建造于 300 年前的江户至昭和时期。

图 6-50　合掌村

来源：http://www.agriplan.cn/industry/2017-09/zy-2320_4.htm

2. 合掌村核心旅游项目

①参观合掌造型建筑（和田家、神田家、长瀬家、合掌造民家园等）（图 6-51）。

②城山展望台可俯瞰白川乡全景，是摄影的最佳地点。

③观光白川八幡神社。

④于每年 10 月举办“浊酒节”。

⑤观看当地民歌民谣表演（如边唱秧歌边劳作）。

3. 合掌村特点

①保护原生态建筑，充分利用现有特色资源进行旅游业发展（图 6-52）。

②制定景观保护与开发原则（当地村民自发成立“白川乡合掌村集落自然保护协会”等），在保护下进行开发。

③建立合掌造民家园博物馆，有科教意义。

④旅游景观与农业发展相结合。

⑤开发传统文化资源（举办“浊酒节”、组织民歌民谣表演）（图 6-53）。

⑥发展民宿，游客体验性强。

图 6-51　合掌村原生态建筑

来源：http://www.agriplan.cn/industry/2017-09/zy-2320_4.htm

图 6-52　冬季白雪覆盖下的合掌村

来源：http://www.agriplan.cn/industry/2017-09/zy-2320_4.htm

图 6-53　合掌村民俗活动

来源：http://www.agriplan.cn/industry/2017-09/zy-2320_4.htm

（五）日本越后妻有

1. 越后妻有简介

越后妻有位于日本的中北部，新泻县的南部。这里有 200 多个村庄，常年冰雪封山，仍保留着传统的农耕生产方式。当地劳动力多外出打工谋生，“老龄化”严重，难以有所发展。该地从 2000 年开始举办“越后妻有大地艺术节”，以艺术带动了乡村旅游的发展。图 6-54 至图 6-56 为越后妻有大地艺术节部分作品。

图 6-54　詹姆斯·图瑞尔“光之馆”

来源：http://collection.sina.com.cn/2018-07-30/doc-ihfxsxzh8445396.shtml

2. 越后妻有核心旅游项目

①“越后妻有大地艺术节”。

②越后妻有里山当代美术馆。

3. 越后妻有特色

①外界力量推动发展（策展人北川富朗有感于农村地区的无奈衰败，决定利用艺术促进乡村建设，其团队在通过与地方政府和村民沟通协调后，鼓励艺术家进入社区，融合当地环境，开发出“越后妻有大地艺术节”）。

②以艺术带动乡村旅游的发展。

③艺术与自然相结合，给游客带来全方位的旅游体验。

④当地村民与艺术家协作，带动当地发展。

⑤非营利组织的支持：越后妻有—里山合作组织。

⑥坚持“人类属于大自然”的理念，保护与开发相结合。

⑦专一打造一个特色——越后妻有大地艺术节，使之成为世界上规模较大的国际艺术节。

图 6-55 艺术家 Ilya & Emilia Kabakov 的作品《梯田》

来源：http://www.agriplan.cn/industry/2017-09/zy-2320_4.htm

图 6-56　马岩松《光之隧道》

来源：http://collection.sina.com.cn/2018-07-30/doc-ihfxsxzh8445396.shtml

五、日本乡村旅游创意开发对我国的借鉴意义

我国是农业大国，乡村旅游资源极其丰富，自 20 世纪 90 年代以来，乡村旅游由南到北迅速发展，它作为一种新型的旅游业态，深受大众的喜爱，逐渐成为国内旅游的新亮点。“绿水青山就是金山银山”，中国乡村旅游有着强大的生命力。借鉴日本乡村旅游的发展经验，采取工业反哺农业、城市支持农村的方法，发挥好旅游业对农业、城市对农村的经济带动作用，对于加快我国农业经济发展、促进农村建设、增加农民收入具有重大意义。

首先，日本乡村旅游的发展受到了政府的高度重视，并变成了政府行为。日本各级政府认为在农村人力外流、工资上涨、公害污染严重等不利条件下，发展乡村旅游是一种既稳定农村人口、增加农民收益，又保护环境、满足消费者愿望的农业发展新策略。因此，政府直接参与旅游的规划和行动，由农林水产省负责对其管理、咨询、提供补助经费和贷款等，从而有力地推动了日本乡村旅游的发展。

其次，做好乡村旅游规划，包括乡村旅游的发展和休闲农业景区的建设规划，是确保这一产业持续、健康发展的重要基础。日本政府为防止观光休闲农业景区偏离农业本质而趋向纯粹娱乐，为了形成合理的区域布局，制定并颁布了《发展观光农业示范规划》和《发展休闲农业规划》，把这些法律和法规列入全面的综合规划之中。

再次，乡村旅游内涵向多元化发展，满足不同群体的需求。从日本的乡村旅游类型来看，单纯观光旅游型产品比较少，更多都是融合观光、体验、教育等综合性旅游产品。并且按照不同群体进行细分，如儿童教育类、养老疗养类。

最后，重视乡村精英的示范作用。随着乡村社会的转型和村民自治的发展，乡村精英对乡村社会的发展起着越来越重要的作用。在乡村旅游开发与经营过程中，应充分发挥乡村精英的示范，带动周边村民积极参与到乡村旅游当中，形成规模效应与联动效应。

总体上，日本推进乡村旅游与我国发展乡村旅游目的是一致的，都是希望在满足都市人的旅游需求的同时，带动农村地区的发展。但是在乡村旅游的发展道路上，我国乡村旅游在发展形态上还远不如日本丰富。特别是乡村旅游业态在国内还比较单一，推进儿童教育，养老养生，甚至结合商务、会议去满足家庭、老人、公司团队等不同人群的需求对乡村旅游的发展具体重大作用。

第五节　荷兰乡村旅游创意开发与启示

荷兰是一个农业强国，不仅仅体现在他们的农业出口上，也体现在荷兰的乡村旅游上，羊角村和库肯霍夫公园就是荷兰乡村旅游创意开发的代表性地点，同时也是我国乡村旅游应该学习参考的案例。

一、羊角村——“荷兰威尼斯”

（一）羊角村简介

羊角村最早的居民是 13 世纪前来定居的一些方济会修士，他们为运输煤泥开凿了水渠。1958 年，荷兰电影导演 Bert Haanstra 在羊角村取景拍摄了电影《吹牛》，它才开始闻名世界。羊角村位于荷兰东北部的上艾瑟尔省（Overijssel），坐落于 Weerribben-Wieden 国家公园内。尽管它只是一座小村庄，却有着“北方威尼斯”的美誉，以纵横交错的运河水道、闲适安宁的田园风光、历史悠久的茅草小屋闻名。图 6-57 至图 6-63 为羊角村的秀美风光。

羊角村现在的居民不到 3 000 人，村里的居民大都住在私人小岛上，平时主要的交通工具是平底船、小舟、皮艇或者耳语船（因行驶时悄无声息而得名）。这座当地人称为“荷兰威尼斯”的村落已经成为重要的旅游地。游客们或骑脚踏车兜风，或乘船航行，抑或者在导游的带领下在运河上浏览观光，陶醉在迷人的淳朴风情中。

176 架桥纵横交错在运河上方，桥身都是木质结构，它们是到达大多数房屋的唯一路径。除了运河和木桥，羊角村还有很多供骑车和步行的幽静小路。游客可以租一辆自行车探索荷兰的乡村周边，看无尽的田野，听鸡犬相闻。

图 6-57　羊角村

来源：http://blog.sina.com.cn/s/blog_4d43aa9c0100blp4.html

徒步探索乡村，游客会惊讶于博物馆和教堂数量之多。羊角村有著名的农场博物馆——Het Olde Maat Uus 博物馆，向众人展示几个世纪前的典型农场是什么样子的。还有很多为儿童设计的展览会和特殊活动。

（二）羊角村土地开发规划

羊角村土地开发规划综合了农业生产、自然景观保护、旅游休闲等多个方面，由于规划理念与方法得当，使其成为荷兰乡村地区规划的经典案例，并促使其成功转型为荷兰著名旅游景点，自然景观保护和旅游休闲业的价值进一步得到显现。1969 年，羊角村各利益主体开始筹备相关事项，1974 年当地的土地开发委员会正式组建，并制定了土地开发规划。在征得 61%的农民和农业土地所有者同意后，该规划在 1979 年正式实施。规划覆盖约 5 000 公顷的土地，其中 2 600 公顷集中用作农业生产用地，2 400 公顷用作自然保护用地。自然保护用地中 900 公顷是农户土地，250 公顷作为开放水域。几条特定水道可用于旅游休闲，其他水道则对旅游关闭，以保护当地的生态。

规划首先提升当地基础设施，拓宽增加道路，优化交通可达性；新建抽水站，降低农业区域地下水位提高土地生产效率；调整农场布局，使农户更接近自己的土地，方便农户进行作业；若农户土地被划定为生态保护区，政府则补贴因为农业生产受到限制的补偿金；旅游休闲区被限制在几条水道和两个重要湖泊及邻近的村落中，不会影响其农业发展。土地开发将农业、生态保护、旅游休闲用地分离，实现了地域上的分区化和产业上的专门化。

羊角村拥有良好的生态条件，至今仍保持着美丽的自然风光，没有汽车、没有公路，只有纵横密布的河网和176座连接各户人家的小木桥。整个乡村就是一个公园，一个公园田园社区，被誉为“荷兰威尼斯”“人间仙境”，现在每年拥有不少于50万人次的游客量。

图 6-58　羊角村的木桥

来源：http://blog.sina.com.cn/s/blog_4d43aa9c0100blp4.html

图 6-59　羊角村水道纵横

来源：http://blog.sina.com.cn/s/blog_4d43aa9c0100blp4.html

图 6-60　幽静的田园乡村

来源：http://blog.sina.com.cn/s/blog_4d43aa9c0100blp4.html

(三) 对我国乡村旅游创意开发的启示

荷兰的乡村规划积极追求：提供广阔的农业空间，兼顾生态、游憩和居住的发展，同时延续场地的历史文脉。

1. 功能主义与历史文脉

乡村景观兼有实用性和美观性，是居民生产、生活和区域生态的统一，相关的规划设计需要考虑功能性和文化性的结合。特别着重研究土壤特征、聚落历史和土地形态、水管理模式，要求规划表达潜在的景观结构，并努力降低新开发对原有景观的冲击。

图 6-61　兼顾生态、游憩和居住

来源：http://blog.sina.com.cn/s/blog_4d43aa9c0100blp4.html

2. 自然进程与生态网络

设计师在进行乡村规划时，特别关注自然的进程。为维护地区内的生物多样性，会划定出一定的自然保护区或大片的森林区；在更大尺度的区域中，还会依据景观生态学的理论，规划区域整体的生态网络，并运用灵活的弹性策略对乡村景观的发展加以调控，提高乡村地区的生态环境。整体生态网络中既包含自然核心保护区域，也包含户外休闲、森林、淡水水库等其他形式的土地利用方式。

图 6-62　冬季羊角村景色

来源：http://blog.sina.com.cn/s/blog_4d43aa9c0100blp4.html

3. 空间规划与完善立法

荷兰中央层面的空间规划政策——全国空间规划（planning core decision）对乡村地区的保护，以不同的形式反映在各时期的全国空间规划报告中。从 1965 年的《空间规划法》（spatial planning act）开始，荷兰国土规划体系从传统的侧重于城市—区域领域的空间规划，开始逐步渗透到乡村规划领域中，体现出城乡统筹一体的积极理念转向。荷兰近乎百年的乡村规划历程中，颁布的相关法规对各时期的乡村规划起到积极的促进作用，并及时根据实际效果加以修正，从单一关注农业发展，到农业优先，直到关注生态、景观、文化等各个方面。农业生产不再是乡村规划的主要目的，非农化的多种土地利用方式得到重视，从以土地整理为主的规划方式转变为综合性土地开发为主的规划方式。

图 6-63　空间规划理念渗透到乡村规划中

来源：http：//blog. sina. com. cn/s/blog _ 4d43aa9c0100blp4. html

二、库肯霍夫公园——荷兰景观创意的典范

荷兰库肯霍夫公园被誉为世界上最美丽的春季公园，它是荷兰较受欢迎的景点，数次荣获欧洲“最具价值旅游景点”，每年开园 2 个月，吸引游客约 80 万人。在欧洲诸多景点中，荷兰库肯霍夫公园如何能成为“之最”，世界最成功的农业主题公园是如何炼成的？

1. 库肯霍夫公园简介

荷兰库肯霍夫公园在 15 世纪是贾各巴女伯爵的狩猎场，因园内种植烹调用蔬果而得名，后由左加特父子设计景观，直到 1949 年才成形为郁金香花园。目前，它已经成为世界上最大的郁金香公园、世界上被拍摄最多的地点、荷兰最受欢迎的景点，并数次荣获欧洲“最具价值旅游景点”奖。60 多年以来，公园年接待游客 80 多万人次，累积接待近 5 000 万游客。位于盛产球根花田的中心城市利瑟（Liess）的库肯霍夫公园，占地 32 公顷，是世界上最大的球茎花卉公园，距荷兰首都阿姆斯特丹 40 分钟的车程，周围城市设有开往公园的环保公车，并且机场专门设置15分钟一班的班车，发于巴黎、柏林及布鲁塞尔的国际列车也在史基浦设有站点，交通十分便利（图6-64）。

图 6-64 郁金香花海

来源：https：// www. 360kuai. com/pc/9d6e22d016768030b? cota = 3&sign = 360 _ 57c3bbd1&refer _ scene = so_1

公园整体的景观设计以英式的风格为主：高大的乔木、蜿蜒的小径、青翠的草坪、幽静的水池。此外，库肯霍夫公园还有三个设计独特、用皇室名字命名的展厅。6 000 米^2 的威廉—亚历山大馆（Willem Alexander Pavilion），主要汇集各类鲜花；1 000 米^2 的碧翠斯馆（BeatrixPavilion），主要是兰花馆，展出世界各地的兰花；奥兰治—拿骚馆（Oranje Nassau Pavilion），荷兰风情馆，展示最荷兰的东西，如地标、特色自行车等。

（1）库肯霍夫公园

库肯霍夫公园位于阿姆斯特丹近郊盛产球根花田的小镇利瑟（Liess），也是每年花卉游行的必经之路。库肯霍夫公园内郁金香的品种、数量、质量以及布置手法堪称世界之最。公园的周围是成片的花田，园内由郁金香、水仙花、风信子，以及各类的球茎花构成一幅色彩繁茂的画卷。园中各类花卉达600万株以上，包括最著名的郁金香、风信子、百合花等等，其中郁金香就有约1 000种，共300万朵，还有很多难得一见的珍稀品种。每年的春天，这里都将举行为期八周左右的花展，同时还安排许多相关的活动，包括园艺与插花等的工作坊、各种主题的展览等，此外，还有特别为儿童设计的探险之旅、花园迷宫、牧场等活动，更有不少郁金香特色的纪念品和工艺品。这里最让人瞩目的活动是花帽的展览，展出花卉在帽子设计方面的运用。

（2）诺德维克花田

诺德维克不但是花田城市，同时也是海边度假胜地。许多的公司都喜欢到这里来举行会议，许多的球队也喜欢安排这里作为受训的地点，因为诺德惠克拥有 2 500 个 4 星级与 5 星级的饭店床位、13 公里长的沙滩、广阔的森林区，当然还有如一块彩色的拼布的片片花海。

在诺德维克最有特色的活动是田园骑行，游客可以自由自在地穿梭在花田与林地间。诺德维克随处都有出租自行车的小店，游客可以沿着自行车道和弯曲的田间小路穿越面积广大的郁金香球茎花田。几万株花束连在一起，组成了天地间的巨型调色板，沿途还不时有古老的风车在“吱悠吱悠”地缓缓转动。

（3）花车游行

4 月 24 日是荷兰花车游行日，世界各地游客多愿在这一天来到郁金香王国，既可在公园或农田里看花，又可欣赏花车游行。荷兰花车游行的花车上的花的图案和造型全部都是各重颜色的鲜花组成的。游行将从诺德维克开始，行程长达 40 公里，预计 21 时到达哈勒姆。游行队伍由 20 辆鲜花装饰的大型花车和 30 多辆鲜花装饰的豪华轿车组成。届时，数十万的观众将聚集在巡游线路的两旁等待花车的经过。花车游行前夜，即 4 月 23 日晚，诺德维克将会首先进行晚间灯光花车游行。25 日哈勒姆也将会进行晚间灯光花车游行。荷兰南部 Zundert 小镇的居民都会迎来一年一度的花车游行盛会，作为全世界最大规模的花车游行，这里汇集了众多精彩缤纷的艺术品和多才多艺的花车艺术家，他们凭借高超的制造技术在 3 层楼高的花车上肆意地发挥丰富的想象力，天马行空的花车样式让参与人员大饱眼福。

2. 库肯霍夫公园七大特色功能

（1）灵感花园

最具特色部分，各个花园大小各异，从 50 米^2 至 120 米^2 不等；每座均拥有自身的特点和主题，从古典到超现代感，风格百变；游客在设计自家的花园时，可以借鉴灵感花园的设计。七大灵感花园每年都有一个开园主题，2015 年主题是凡・高，以纪念凡・高逝世 125 周年，主题亮点在于由上千朵郁金香、葡萄风信子组成的 250 米^2 的凡・高像。

（2）艺术公园

由荷兰著名艺术家创作的数百座雕塑及艺术品。公园自然优雅的环境巧妙地映衬了这些艺术品的美妙绝伦。

（3）每日花展

碧翠丝庭苑（Beatrix Pavilion）举办大规模的兰花展；奥兰治拿骚庭苑（Orange Nassau Pavilion）每周都会有令人称奇的新品花展。威廉亚历山大庭苑（Willem Alexander Pavilion）每年开园期间举办全球最大规模的百合展。

（4）主题花车

按照每年的主题，公园活动期间可观赏满载百万株鲜花驶过库肯霍夫巡游大道。2015 年 4 月 21 日，为了纪念凡・高逝世125 周年，荷兰库肯霍夫公园用郁金香和葡萄风信子拼出 250 米^2 凡·高画像。

（5）探索旅行

游客可通过影音、图片、采访学习丰富的园艺知识。

（6）摄影指导

在库肯霍夫公园设有摄影工作室，有专门的摄影师指导实用摄影技巧。

（7）儿童乐园

儿童可在园区内学习花卉知识，玩各种游乐设施，并且餐厅专门设立儿童菜单。

3. 年度举办“郁金香节”，每年都会选择一个创新主题

公园自 2006 年起，开启了一个新的传统，每年都会选择一个特别的主题。除此之外，周六日，公园的游戏区和动物牧场都会为孩子们开展各项有趣的活动；在节假日，比如复活节、传统民族服装节上，库肯霍夫公园也会举行盛大游行期中会有数百名身着旧式荷兰传统服装的表演者。每年这样的特色新颖主题活动，不仅可以变化展示花卉种类，还可以吸引客流，每年都有大量的游客到公园参观。

4. 案例借鉴

（1）生态公园

景观自然是乡村旅游的发展基础，以本土特色景观树立核心形象。

（2）创新活动

项目创新是乡村旅游的持续动力，每年举办不同主题的节日，变化展示花卉的种类，每年以特色新颖的形象展示，聚集客流，保持每年都有大量的游客到公园旅游参观。

（3）特色功能

多元化特色功能是乡村旅游的吸引各类客群的重要手段，也使游客可以在园区内充分享受 1～2 天的旅行时光而不觉得单一乏味。

本章图片彩色版请扫描下面二维码进行查看。

第七章

国内乡村旅游创意开发案例与启示

我国农耕历史悠久、农耕文化灿烂辉煌，我国地域广袤，山川秀美，如诗如画，锦绣河山滋养与孕育了丰富多彩的农耕文化。半坡文化、河姆渡文化、良渚文化、红山文化……如一颗颗闪亮的明珠，镶嵌在祖国大地上向世人展现出一幅幅美丽曼妙的水墨画，让人如痴如醉，流连忘返。20 世纪 80 年代以来，成都、北京、杭州等地兴起的以“吃农家饭、干农家活、享农家乐”为特色的休闲农业深受市民喜爱。进入 21 世纪以来，在党中央、国务院和地方各级党委、政府的大力扶持下，全国各地的经营者依托丰富的山、水、海、陆等地貌和生态资源，加快旅游业与农、林、牧、渔等休闲农业相关产业的互通融合，因地制宜发展了观光、休闲、采摘、餐饮、娱乐、度假、养生和康体等多种形式的乡村旅游。乡村旅游已经成为我国农业增效、农民增收、农村发展的重要渠道，成为改善农村生态环境和扩大农民就业的有效路径，成为繁荣旅游市场和扩大内需的重要支撑，成为乡村传统文化和现代文明的传承阵地。

第一节　袁家村——“舌尖”经济带动创新业态

礼泉县烟霞镇袁家村陕西礼泉县袁家村地处渭北关中平原，全村共有 62 户 286 人，土地面积 660 亩。袁家村干旱贫瘠，历史上是个“点灯没油、耕地没牛、干活选不出头”的“烂杆村”，这里缺山少水，自然和人文条件均不突出，也不是政府重点扶持的“典型村”。但这个村的村干部们带领村民们想办法、出点子，齐心协力硬是以独具特色的关中“农家乐”特色旅游打开了一片发展的新天地。20 世纪 70 年代初，村支部书记郭裕禄带领村民艰苦奋斗，找水改土，粮棉产量跃居全省前列，甩掉了贫困帽子。80 年代，抓住改革开放机遇，大力发展村办企业，一跃成为陕西著名的“富裕村”“小康村”。90 年代后期，随着国家产业政策调整，淘汰落后产能，村办企业陆续破产倒闭。2000 年以后，袁家村逐步沦落为一个“空心村”，但却在近 10 年时间里，变化天翻地覆，很多方面都值得研究和学习。近年积极发展乡村旅游业，荣获“中国十大美丽乡村”“中国传统村落”“中国魅力乡村”等荣誉称号，被称为“陕西丽江”。2017 年“十一”黄金周，袁家村日接待游客 18 万人，超过著名景点“兵马俑”，平均每天收入 200 多万元，一年 10 个亿，他们村是怎么做到的？

一、袁家村的成功经验

（一）科学精准定位

从西安出发，一个小时的车程，便到了“关中印象体验地”——袁家村（图 7-1）。走进村子，映入眼帘的是一幅幅近似于原生态的农家生活画面，使游人恍惚中有穿越时空之感，古朴典雅的小巷，两边店铺、作坊林立。有油坊德瑞恒、醪糟坊稻香村、豆腐坊卢氏豆腐、辣子坊天一阁、面坊五福堂、茶坊童济功、醋坊五味斋、布坊永泰和、药坊同顺

堂……（图 7-2）

图 7-1　袁家村街景

来源：http://www.sohu.com/a/257616062_750125

图 7-2　店铺一角

来源：http://www.sohu.com/a/257616062_750125

定位“关中第一村”主打关中民俗和美食文化。当陕西各地旅游还在靠吃祖宗的老本时，袁家村另辟蹊径，挖掘关中地域文化，发展民俗旅游，成为第一个吃关中螃蟹的村，享受了优先发展的红利（图 7-3 至图 7-6）。

图 7-3　袁家村定位:关中印象体验地

来源：http://www.sohu.com/a/257616062_750125

图 7-4　游客体验推磨盘

来源：http://www.sohu.com/a/257616062_750125

袁家村的主要客户群体是城市里的高消费人群，以及怀念农村风情的人们。这里家家主营的是家常便饭、野菜、粗粮，有很多原始的可以体验的东西，给人们带来无穷的欢乐，能够使人们消除身心的疲惫。给都市人提供一个体验风土民情的好去处。

袁家村不仅保留了真实的古董民居，就连各种小吃都属于非物质文化遗产。

图 7-5　关中美食

来源：http://www.sohu.com/a/257616062_750125

图 7-6　各种小吃琳琅满目

来源：http://www.sohu.com/a/257616062_750125

（二）“全民皆兵”模式，运营、管理成本低

通常旅游景点采用资本投资、公司化统一管理的模式，即通过投资征地，把农民从景点搬迁出去，然后统一规划建设景区，通过收门票、景点内住宿、餐饮娱乐等项目招商或直营的方式运营。这种模式需要大量管理维护人员，而且员工积极性不高导致效率低下，服务质量差。而袁家村采用的是自称“全民皆兵”模式，即农户自己经营老字号、农家饭，农民还住在原地，这样既完好地保留了农村原生态的生活场景，又调动了村民的积极性（图 7-7、图 7-8）。避免了很多景点开发后变味、不接地气的问题。

图 7-7　摆摊的村民

来源：http://www.sohu.com/a/257616062_750125

通常景点的工作人员和景点管理公司之间是雇佣关系，很难调动基层工作人员的积极性，景点的运营和管理成本很高。

袁家村的运营和管理成本非常低，低到不可想象。管理上村委会牵头，村委会下面有管理公司，公司下面是协会。农家乐有农家乐协会，小吃街有小吃街协会，酒吧街有酒吧

图 7-8　村民参与其中

来源：http://www.sohu.com/a/257616062_750125

街协会，这些协会里的成员都是商户们自己推选出来的，这些成员都给协会义务服务，等于是村民经营户自己管理自己，村里的干部都是义务的。村干部自己家里也经营农家乐，收入也有保障，整个村子经营好了，村民、干部都受益。大家是一个利益共同体，自己管理自己，所以管理成本极低。

（三）逐步发展，逐步升级

袁家村发展旅游业也不是一帆风顺，尤其在相对保守的关中古村，要让农民改变原有生活方式，并且让他们自己出钱改造房屋达到做旅游的要求，也是件非常难的事！

2007 年左右袁家村带头人郭书记开始发展旅游业，动员农民先从做农家乐起步，打造了一条关中老街，然后扩展到小吃街。当村民们看到有人赚钱了，参与的人才逐渐多了，当这些产业发展比较成熟后，袁家村又开始向乡村度假转型，做乡村客栈留住游客，同时开始做弘扬乡土文化的祠堂街，让游客深入体验关中乡俗文化，这样一步步发展起来，逐渐升级产业。

（四）适度补贴，避免恶性竞争

袁家村的管理模式表面上看似松散、粗放，实际上背后是精细化、接地气的管理方式。袁家村郭书记以小吃街打比方，一条街上有 100 个商户，就要有 100 种小吃。锅盔、豆腐脑、炸麻花……村民各自认领，如遇几家同时报名便 PK，留味道最好的那一家。这样就避免了同质化恶性竞争。图 7-9、图 7-10 为袁家村内经营的店铺。

图 7-9 锅盔店一角

来源：http://www.sohu.com/a/257616062_750125

图 7-10 忙碌的店家

来源：http：//www. sohu. com/a/257616062 _ 750125

另外，由于各户经营的项目不同，所以民俗街上有的门店生意好，一年可能有上百万元的收入，有的生意不好的一年几万元。村里经过估算，一家店如果两个人经营，保证每个人每个月有 5 000 元左右的收入，一年得挣 10 万元，才算挣钱了，才能持续经营。然后，村管理公司看谁家不挣钱，比如说卖蒸馍的店，蒸馍本身利润低不挣钱，但是一条街上必须得有一个卖蒸馍的，那怎么办？村里就给补贴，补到这家店能挣 10 万元。

当然这种模式也不是大锅饭，村管理公司每个月都要统计销量后五名，帮助这些商户调整经营和管理，实在调整不过来的就考虑换人。

（五）大作坊孵化成公司，全民股份制共同致富

袁家村在全民股份制的制度设计上，还创造性的搭建农民创业平台，孵化能做大的企业，郭书记讲了一个酸奶公司的例子："现在做酸奶的农户原来是养牛的，我就给他设计了做酸奶项目，帮助他做酸奶。从 2007 年开始做酸奶，到 2010 年的时候我就觉得他的收入比较可观了，我出了个政策，把这个酸奶作坊改成公司。改公司的时候我跟他讲，我不要你的股份，你自己留一些股份，把大部分股份分给群众。当时做旅游的时候我们村里也不是齐步走，有一部分村民还在观望，分给他们股份就等于共同致富了。我们这个酸奶厂改成股份制公司以后，当年入股每股一块钱，第一年和第二年都分到每股九毛多，到今年大概可以分到每股一块五毛钱。我们这个酸奶每年的纯利润大概是 1 000万元"。

"当时投资酸奶的时候，村民基本上没人投，商户也没有投的，都不敢投，不知道股份公司这个怎么弄。就一直开会，鼓励这些人，做思想工作，村委会觉得能让大家伙挣钱才让大家投的，要让99%的群众入到这个股份公司里。后来，有的群众为了照顾村干部的情绪，象征性地入了一两万元，等到年底分红的时候拿到了90%的利润。到这个时候，大家才认识到股份制能挣钱。第二年扩了一点股，大家就开始抢着要了。现在群众对这个股份制已经完全接受了。现在村上大大小小的股份制公司有几十家，有醋坊、油坊，豆腐、辣子、醪糟、粉条、面坊等，都是股份制。股份制公司都是股民投的。”图7-11为袁家村酸奶店，图7-12为手工挂面。

图7-11　酸奶店客人络绎不绝

来源：http://www.sohu.com/a/257616062_750125

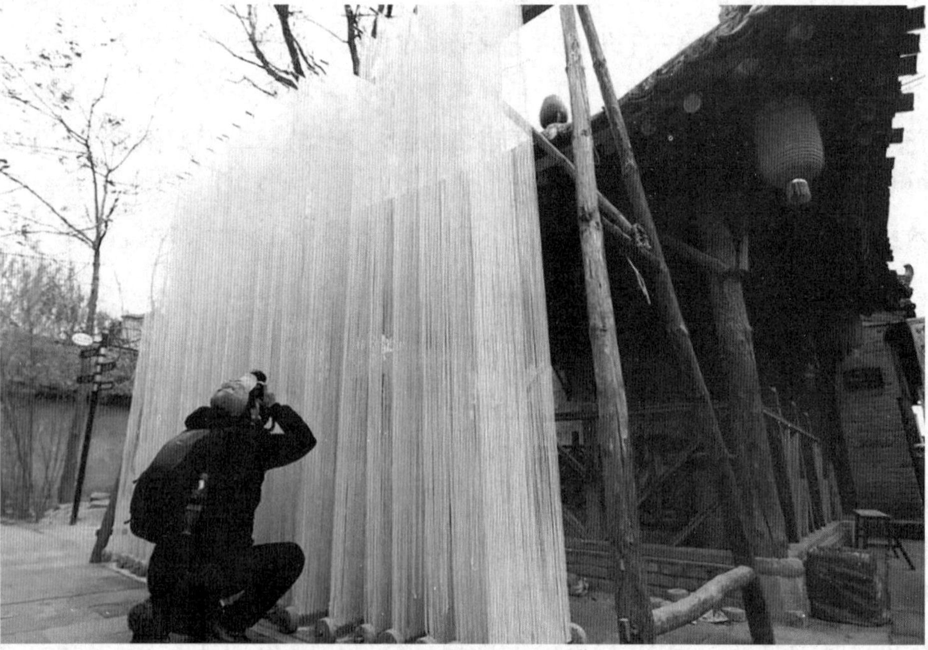

图7-12　精耕细作的手工挂面

来源：http://www.sohu.com/a/257616062_750125

（六）绿色、生态的无烟工业是发展方向

目前，国内很多古村面临着空心化、衰败化的情况下，400 多口人的袁家村，村民家家住上了小洋楼，人均住房 52 米^2，家家生活得很滋润，人家根本就不考虑去大城市（图 7-13）。以前的袁家村也建过水泥厂，如今这个村的领导者朝着环保、生态、绿色的方向发展，带领全体村民大力开发无烟工业——旅游业，创建民俗、民风体验一条街，集中展示关中农村自明清以来农村生活的演变。

图 7-13　袁家村民居内部

来源：http://www.sohu.com/a/257616062_750125

再加上近几年《白鹿原》这样的小说和影视作品火爆，也无疑给袁家村这样体现关中文化的旅游景点做了市场推广。

袁家村的旅游业是从关中民俗起步的，现在在继续发展民俗旅游的同时，开始逐步向乡村度假转型。乡村度假是一个产业，不仅包括旅游，还涉及农业、农副产品、文化产业，将来要形成一个可持续的产业链，袁家村三个字就是最值钱的品牌。当然，袁家村任性发展的背后是村企业的强力支持，1993 年，袁家村就成立了农工贸为一体的集团型企业袁家农工商联合总公司，下辖 12 个子公司。这些都为袁家村后来调整发展战略，按照

自己的规划一步一步打造产业链奠定了基础。

（七）关键是要有一个强有力的带头人

令人吃惊的是袁家村发展旅游业没有依靠政府，也没有依靠外界力量，全凭村支书郭占武带领村干部边摸索边干，不仅关中民俗的定位是他们自己定的，就连景区规划这样“高大上”的活也是他们自己干的，不得不佩服农民的智慧，高手在民间！

所以袁家村的成功不是偶然，因为袁家村汇集了像村支书郭战武这样有见识、有胆略、有想法、有行动、有能力的农村贤才，只有这些扎根农村的农民企业家、干部才能带领农民发展当地产业，脱贫致富；改变农村面貌，改善农民生活，缩小城乡差距。

二、袁家村的启示

袁家村在发展乡村旅游、壮大乡村经济、推动乡村现代化方面取得了众所瞩目的突出成就，走出了一条面向市场需求，依靠乡村内在力量，创新产业发展模式的成功道路。深入分析袁家村经验，对于各地加快实施乡村振兴战略具有重要借鉴意义。

（一）面向市场：创新产业模式　推进产业振兴

从基本条件来看，一是袁家村有一个很好的带头人。二是具有历史声誉的优势。袁家村村集体有一定经济基础。三是区位条件较好。袁家村本身有地理区位的优势。

从发展模式来看，第一，创新产业形式。袁家村乡村旅游模式可以说是开全国之先。及时地发现了市场的新需求，敏锐地捕捉到了旅游产业转型的新动态与趋势，从旅游消费转变为休闲消费，从门票经济转变为消费经济，把这种新动态与趋势转化为实实在在的产品。第二，袁家村具有很强的整合资源的能力。很好地整合了周边区域一些有特色的民俗文化资源的精华，包括民俗民居、小吃文化。第三，袁家村很好地处理了村集体、村民以及业主之间的关系。另外，袁家村形成了规范的管理模式。袁家村对于商户有很规范的管理模式。准入门槛、服务标准、原料渠道等都有一套很规范的管理。

袁家村的成功就是一个村庄从自身实际出发，面向市场需求，不断创新驱动发展的结果。任何事情都不是一劳永逸的，整个旅游产业的需求和供给都在随着形势而变化。一方面消费者的需求在变，另一方面就是袁家村创造这种形式之后，很多地方都在学。对于如何保持自己的竞争优势这个问题，袁家村的答案是：不断地创造新的话题，不断地创造新的产品。

在袁家村身上，我们看到了基层旺盛的创造力。应该说，基层的这种实践、这种创造力，很多不是专家策划的，也不是领导指示的，而是完全属于基层的一种敏锐的判断和精准的策划，是一个探索、摸索、创新的过程。所以，包括袁家村在内的无数事例说明，基层的创新创造是活力无限的。

（二）治理有效：党建带动提供制度性保障和团队性支撑

袁家村通过基层党建把带头人个人的作用转化成了组织的作用，把个人作用这种随机性的发挥转变为了制度化的引领和保障。以一个能人为龙头，把他的作用放到党建的引领体系中来，带动和形成一个团队。通过村党支部、村委会、村集体经济组织，形成党建团队、管理团队、经营团队，进而形成“传帮带”和集体分工协作机制，使袁家村整个项目的建设和发展，有了制度化的保障和团队性的支撑。

袁家村的整体经验，对基层党建也有很大的启发。一方面，要尊重能人，依靠能人，最大限度地发挥能人的作用。另一方面，就是要把能人的能量转化成为基层组织建设的能量。同时，要处理好能人个人和团队的关系，处理好能人和他所带领的团队和村里的关系。

通过对袁家村的分析，可以看到，要处理好能人，或者说基层党组织和村民之间的关系，有两个问题需要处理好：一个是理，一个是利。理，就是干部和基层组织的所作所为，所思所想，所有制度安排，得符合乡村的实际，能够凝聚共识，体现民意，形成合力。利，就是在利益面前，带头人和领导班子要能处理好与村民之间的利益关系。袁家村的整体安排，包括整个项目运行，符合合理又合利的原则。

（三）创新驱动：商业模式创新为持续发展注入不竭动力

袁家村表面上看起来很容易复制，但是为什么别人很难超越？一是因为它做得早，这是先发优势。再就是它在不断地创新。

现在，很多地方都在学习袁家村的经验，像省内外有些市就组团去学习。袁家村就开设培训班，编教材，由农民做老师去传授经验，这也是一种创新。袁家村产业的发展过程，就是它的营销和品牌形象传播的过程。如今，抓住社会的热点、应用新媒体来策划一些活动，例如带头人演讲、开设培训班，其实都达到了某种聚集人气、扩大影响、吸引客源的作用。就拿袁家村来说，其带头人郭占武的演讲有的人听了未必全然认同，但是它起到了造势的作用，起到了吸引社会关注的作用。

（四）城乡融合：从整合资源吸引客源到主动融入城市

袁家村已经突破了袁家村的“地理界限”，在西安的商业综合体里开设了袁家村的品牌餐饮店，正在加紧打造全国连锁店。这是一种相当超前的设想，已经走出了一种立足乡村、吸引城市的道路，这只是它的第一步。

城乡融合发展，一方面是把人吸引进来；另一方面是走出去，农村主动走向城市。袁家村在这方面是先行者，不断走向城市，进入城市的黄金区域、黄金地段，推广品牌、发展产业、做大自身。可以说，袁家村不是等着城市来带动，等着城市来投资，等着市民来消费，而是主动走进城市，按照商业逻辑在城市中闯出一片天地，这是一种双赢。

乡村振兴必须走城乡融合发展，积极引入城市现代生产要素的道路，调动社会资金和人才向乡村流动，实现城乡的资源互动。城乡融合的基本逻辑就是行政手段、市场手段和社会手段。而在市场手段里面，既包括通过改造自己的投资环境吸引别人进来，同时也包括自己走出去，这是一个双向互动的过程。

（五）利益共享：尊重农民意愿　保护农民利益

外来资本、市场化项目进入村子的时候，有可能会冲击到村民在产业中的收益，有效保障村民的利益非常重要。关键是工商资本进入农村以后，和农民的合作必须建立在自愿的基础上，这是一个基本原则，决不能搞强制的流转，强制的合作。如果能够尊重农民的主体地位，尊重农民的自主性和自主决策，短期内利益受损的情况几乎不太可能发生。二是从在制度设计上既要考虑短期，也要考虑长期，就是既要考虑现在的问题，也要考虑长远的问题。强化工商资本带动小农户对接现代市场的机制，形成利益共享机制，特别是形成农民实质性参与的机制。三要防范经营风险。可以借鉴江苏、浙江在土地流转时设置风险保证金的做法。经营失败的项目可以收回土地经营权，把土地恢复原状。

袁家村很多项目是由村民集资入股，最后实施收益分成，在袁家村品牌走出去之后，村民仍然能够从中获得收益。村民集体经济组织作为一个整体在袁家村这个品牌里面本身是占股的，所以袁家村的品牌，哪怕做遍中国，做遍全球，每个村民在其间或多或少都能收获不同程度的收益。品牌做得越大，村民受益越多。这样就形成了“大河有水小河满”。

乡村旅游产业发展起来之后，农村可能会变得越来越商业化。那么从长远来看，如何保证村民的生活质量，保护农村的生态环境呢？核心就是坚持“两山理论”，任何开发行为绝对不能破坏青山绿水，不能破坏农村基本的生活环境。当然，发展乡村可能会带来比较大的人流量，晚上可能还有一些娱乐活动，如唱歌、跳舞等，需要产业区和生活区适度分离，这个完全可以做到。

游客在游览过程中可以亲自参与各种传统手工艺品的制作，在此过程中切身体会到农家生活的乐趣，同时通过个性化的创意，将传统与现代、民俗与时尚、乡村与都市摩擦融合，形成内涵丰富、文化特色鲜明的民居景观。

袁家村持续发展的精髓是不断创新产业形态。在村干部的带动下，袁家村先是建起农民个体经营的“农家乐”，将关中民俗文化、传统民间艺术、古民居建筑、手工加工作坊、关中小吃聚合，打造关中印象体验地休闲旅游，后来又建了特色小吃街，引来特色餐饮、旅游商品等资源，提升了乡村旅游层次。随后又打造“月光下的袁家村”，发展酒店住宿、酒吧等夜间经济，还通过成立股份公司、群众入股的方式，实现“全民参与、共同富裕”。

良好前景让外出打工的袁家村人纷纷回村。2007 年，现在很多村民收入是打工时的 10 倍。据村干部介绍，现在每户村民能保证年入 20 万元，在外打工的 20 多名年轻人也几乎全部回村发展。袁家村还带动了周边 10 个村发展，吸纳了超过 2 000 名外村民众来此就业。

第二节　中国最美民宿——莫干山

莫干山景点是国家 4A 级旅游景区。莫干山是中国四大避暑胜地之一，众多的历史名人，既为莫干山赢得了巨大的名人效应，又为莫干山留下了难以计数的诗文、石刻、事迹以及 200 多幢式样各异、形状美观的名人别墅。德清民宿的精髓在莫干山，莫干山民宿是一个统称，并非指某一个民宿。以 104 国道为界，以莫干山风景区为制高点，莫干山镇、筏头乡和武康镇的上柏、城西、对河口、三桥等区域，统称为德清的西部，是生态环境保护区，也被称作环莫干山旅游休闲观光区，这里汇集着大量名声在外的民宿（图 7-14、图 7-15）。2014 年德清民宿共接待游客 23. 4 万人，实现直接营业收入 2. 36 亿元，每张床铺的年产值达到 1. 5 万元。官方数据显示，莫干山镇的精品民宿有上百家，实现直接营业收入 3. 5 亿元。动辄千元一晚的价格俨然成了当地民宿的标配。图 7-16 至图 7-18 为莫干山民宿内部图。

图 7-14　莫干山民宿(一)

来源：http://k. sina. com. cn/article_6433148837_17f720fa5001004gml. html

图 7-15　莫干山民宿(二)

来源：http://k. sina. com. cn/article_6433148837_17f720fa5001004gml. html

图 7-16　莫干山民宿内部(一)

来源：http://k. sina. com. cn/article_6433148837_17f720fa5001004gml. html

图 7-17　莫干山民宿内部(二)

来源：http://k. sina. com. cn/article_6433148837_17f720fa5001004gml. html

图 7-18　莫干山民宿内部(三)

来源：http://k. sina. com. cn/article_6433148837_17f720fa5001004gml. html

莫干山不但民宿让你流连忘返，当地的风景也是秀丽多姿，景区面积达 43 千米^2，有绿荫如海的修竹、清澈不竭的山泉，还有难以忘怀的民宿，简直就是如同人间仙境一般。

一、区位优势明显，心灵归属地触手可及

莫干山地处沪、宁、杭金三角的中心，莫干山脚下的德清筏头乡，距杭州、湖州 55 千米，离上海不过 210 千米，离南京也就 250 千米，09 省道贯穿全境，104 国道、宣杭铁路、杭宁高速公路傍侧而过。

上海是现代化大都市，南京和杭州是古城古都，更是目前旅游的热门城市，在如此优越的地理位置上，为莫干山人气的汇集提供了无限可能。

二、自然资源丰富，是依托又是民宿构成部分

《纽约时报》评选了全球最值得一去的 45 个地方，莫干山排名第 18 位。CNN 将这里称为：除了长城之外，15 个你必须要去的中国特色地方之一。从外媒的这些报道，可窥一斑。事实上，莫干山本身是国家 4A 级旅游景区、国家级风景名胜区、国家森林公园。莫干山山峦连绵起伏，风景秀丽多姿，景区面积达 43 千米^2，它虽不及泰岱之雄伟、华山之险峻，却以绿荫如海的修竹、清澈不竭的山泉、星罗棋布的别墅、四季各异的迷人风光称秀于江南，享有“江南第一山”之美誉（图 7-19）。

图 7-19　莫干山风景秀丽多姿

来源：https://m.sohu.com/a/277748374_732298

三、人文历史深厚，让名人、洋人背书

莫干山，因春秋末年，吴王阖闾派干将、莫邪在此铸成举世无双的雌雄双剑而得名。莫干山是中国四大避暑胜地之一，众多的历史名人，为莫干山赢得了巨大的名人效应。鸦片战争后，清廷签订了一系列不平等条约，美、英、德、法、俄等外国势力开始染指，纷纷在山上建别墅、筑教堂，莫干山沦为外国人可自由居住的天堂。由于传教士梅生等人将在此所见所闻刊于外文报上，于是，莫干山声名鹊起，成为与庐山、北戴河、鸡公山并列的我国四大避暑胜地之一。洋文化，从那个年代就已经开始与莫干山“结缘”。换句话说，莫干山本身就是一个休闲旅游的胜地，各种配套早就齐备，这是莫干山民宿光大的基础，可谓直接站在“巨人的肩膀上”。

四、建筑遗存众多，建筑本身就是风景

莫干山本身就是传统的避暑胜地，大量名人留下了难以计数的诗文、石刻以及200多幢式样各异、形状美观的名人别墅。这200多幢别墅形象丰富、无一雷同，分别代表了欧、美、日、俄等10多个国家的建筑风格，使莫干山素有“世界建筑博物馆”之美称（图7-20）。其中，皇后饭店：毛泽东下榻处，张云逸在此疗养，陈毅多次前来探望；武陵村：蒋介石度蜜月、参加会议等多次在此下榻；白云山馆：国民党第一任外交部长黄郛所建，周恩来与蒋介石在此进行国共和谈；静逸别墅：国民党元老张静江的别墅；林海别墅：杜月笙、张啸林的别墅。这些数目繁多的建筑，本身就是独具魅力、文化底蕴深厚的住宿依托。当然，山上的很多别墅不是谁都可以住的，肩负着特殊的接待任务、疗养需求，而接待普通游客反而是他们的“副业”，我们谈及莫干山民宿也多指山半腰的民居改建而成的那些民宿。换句话说，别处的自然风景是依托和支撑，而莫干山的自然风景只是住宿的配套设施。

五、乡村旅游推动，越是大城市越先逆势而动

当多元、混杂的现代文明逐渐消减农耕文明时，身处上海、杭州、南京这些大都市的人率先开始觉醒、怀旧、回归，他们开始渴望乡野田园的宁静和平实，乡村旅游应运而生，而莫干山正好静静地等待在他们附近，离得那么近，且千姿百态、独具内涵。很幸运，莫干山没有朝城市化的模本飞奔，而是呈现一副更具生机的乡野面貌，完成了一次漂亮的城市化逆袭。当莫干山的乡村旅游有效连接了城市需求和乡土资源时，发挥出了惊人的发酵力。莫干山上曾经被散乱废弃的农房，现在每栋30年的租金高达100万元。衍生而来的配套产业、出租农房和流转土地等方式，让村里的沉睡资产变成了现实资本。仅莫干山一带的60多家“洋家乐”，带动的农民房屋出租收入、流转土地收入等财产性收入超过1.83亿元。在如此形势下，莫干山民宿越发展越得人心，越具凝聚力，越有影响力，这是莫干山长续发展的经济基础。

图 7-20　山中遗存的别墅变成了“洋家乐”

来源：https://m.sohu.com/a/277748374_732298

六、深挖文化资源，创意赋予新的灵魂

江南村落，山山水水，自然景观大同小异。要形成“一村一品”、差别竞争，文化包装不可少。莫干山麓的燎原村做足了“民国文化”文章，燎原村发轫于民国时的“乡村改良”运动，民国要人黄郛政治上失意后，在燎原村办起了奶牛场、蚕种场、跑马场等，光阴荏苒，这些风雨剥蚀的场站、库房、学校都成了乡村旅游的“素材”；废弃的铁路枕木、老式自行车配件以及就地取材的竹子，当作文化墙和围栏，就隔成了一座座茶社、客栈和文化创意空间。文化就像味精和调色板，丰富和提升了乡村旅游这顿大餐，从而拉动了莫干山民宿的壮大。

七、塑造新品类，独树一帜

提及莫干山民宿，不得不提“洋家乐”。2007 年，从上海骑车赴莫干山旅游的南非小伙子高天成一眼看中了青山环抱的“三九坞”小村庄。当他听说这些农房大多闲置时，立刻与朋友们租下了 6 间大房子，租期 15 年。从此，他们以环保理念将泥坯房改建为低碳型“三九坞乡村会所”就成了莫干山“洋家乐”的发源地。

可以说，正是“洋家乐”这张新奇的招牌，为莫干山民宿汇集了数不清的目光。人们先是好奇，不是“农家乐”吗，怎么出来一个“洋家乐”？继而开始探寻，极大地满足了人们的猎奇心理。与此同时，各大媒体纷纷跟风报道，为这一新奇事物的出现大书特书，掀起舆

论高潮，让莫干山民宿、“洋家乐”一夜成名天下知。“洋家乐”的成功造势，对莫干山民宿来说，功不可没。

八、高规格，却又形式多样，规模效应凸显

莫干山民宿 1 000 元起价那是客气的，动辄三五千元一晚的比比皆是，这么说吧，莫干山民宿正因贵再次聚拢了目光。“啥房子啥床，这么贵？老子一定要去看看！”无疑，对于生活一味求新求异的富裕阶层，还真不怕你贵，还就怕你不敢贵。你越贵，我越住！在这个过程中，再次冲击了大众的神经，也点燃了媒体的报道欲，莫干山民宿想不火都难。

当然，你若看后感觉不过如此（大多也是自欺欺人，左右衡量的不过是自己的腰包够不够鼓），莫干山还有几百元的民宿，甚至有百十元的，想你所想，急你所急。你大可在三五百元的民宿住一夜，然后在名声在外的民宿旁边来个自拍，紧接着上传朋友圈，末了标注一句话：莫干山民宿，没啥大不了。

九、当地政府大力扶持，背靠大树好乘凉

不独莫干山，整个浙江省，乡村旅游都走在全国前列。举例说明：荻浦村总共 687 户村民，七成以上经营农家乐；燎原村去年有 270 万城里人入住民宿；富春江畔的芦茨村，几乎整个村子开发成了乡村酒店。

跟各地乡村游相比，浙江的“投入产出比”明显高出一筹！而要形成这样的民宿运营氛围，无疑和当地政府的大力支持有很大的关系。这种扶持不是口头和文件上的，而是各部门的有机联动，比如相关政策的适度宽松、相关配套设施的建设、相关执照的办理、民宿协会的成立、媒体的循环报道等。

第三节　台湾乡村旅游创意开发及案例

台湾的乡村旅游，已成为乡村建设的典范。探索台湾乡村旅游开发能成铸就经典的秘诀，对促进我国乡村旅游的发展具有重要意义。

20 世纪 70 年代末，台湾人均年收入达到中等小康生活水平，人们的生活方式和消费方式由劳动型转向休闲型，观光果园在台湾一些地区应运而生。历经 20 多年的发展，台湾观光农园已经处于普及阶段，各项工作已步入正轨。管理也逐步走向规范化、制度化，特别是观光农园的管理体制已相当健全。另外，文化因素的渗透也在不断提升观光农业的层次和水平。

一、台湾桃米村

桃米村是中潭公路往日月潭的必经之地，面积 18 千米^2（图 7-21）。这里依山傍水，

有六大溪流流经此地。由于维护良好，桃米村水流清澈，植被葱郁，农田、村落、森林及多样性的湿地相交错，孕育了丰富的生态资源：蛙类 23 种、蜻蜓 56 种、蝴蝶 151 种、鸟类 72 种（图 7-22）。3 月看青蛙，4 月观萤火虫，5 月赏油桐花，6—7 月览独角仙（一种甲虫），8—9 月上暑期生态课堂，10 月之后做教育团。一年皆有景，四时均不同。在桃米村，你可以漫步在桃米坑溪滨步道，沿途种满了淡紫色的马鞍藤，景致宜人。村中有许多民宿可供入住，白天可以预约民宿主人进行生态解说，夜晚可以享受青蛙合鸣的热闹。或者也可以到邻近的颜氏牧场清晨观雾听雨、夜晚赏茶望月。

图 7-21　桃米村路标

来源：http：// www. sohu. com/a/278934601_732298

图 7-22　桃米村昆虫木雕

来源：http：// mini. eastday. com/a/180531101418716-2. html

1. 生态为底——恢复生态环境的“清溪活动”

桃米溪是桃米村里第一个以生态工法改造的河流，在改造的同时还建造了亲水公园与观景台。亲水公园中种植了九穹树和野牡丹等植物。夏日里，游客在亲水设施中戏水，清澈透明的泉水赶走了满身的暑气，沁凉、清爽之感使人觉得夏天也别有风姿。

另外，桃米村的设施建设也体现了生态原则。亲水公园中厕所的电力来源于太阳能光电再生能源系统，它结合太阳能资源供应电力，每年大约产生 1 000 度的电力供亲水公园使用，融合了自然生态与环保理念。

2. 产业为用——突出原乡创意的“青蛙共和国”

桃米村蕴藏着丰富的生态资源，台湾有 29 种原生青蛙，仅桃米村就占了 23 种，这是其他地区所不具备的。早年，桃米村在山林间辟地种植地瓜、稻田，一直以来以农业为生。

20 世纪 90 年代初期，以麻竹笋为主要产业，辛劳一年的农民收入水平很低。在重建过程中，桃米人对当地资源进行了深入挖掘，重新定位了自己的产业——全台首个以青蛙观光为特色的生态旅游休闲产业。桃米村民通过挖掘资源潜力，将“青蛙共和国”提炼为新的文化符号，把青蛙设计成各种可爱的卡通形象，遍布乡村醒目位置。在桃米，处处可以看到青蛙雕塑和图案，还有湿地公园，以及一家家民宿院落里为青蛙营造的生态池。有意思的是，就连这里的男女卫生间也命名为“公蛙”和“母蛙”。这里的村民还亲自动手，用纸、布、石头等乡村材料，制作手工艺品，俨然使桃米村变成了一个昆虫生态文化体验休闲区（图 7-23）。另外，桃米村的产业还从青蛙观光、生态旅游，走向了影视媒体，产业链条不断延伸，如 2014 年的一部 3D 动画电影——《桃蛙源记》，就是以桃米村为原型拍摄的。

图 7-23　青蛙元素处处可见

来源：http://www.sohu.com/a/278934601_732298

3. 文化挖掘——重塑社区精神的“纸教堂”

纸教堂是桃米村重建中的一个关键性项目。它是台湾第一座纸建筑，内部由 58 根纸管支撑，室内与室外的长椅也都是用纸制作的。教堂里使用温暖的黄色灯系，给人一种温馨沉静的感受。傍晚时分，温暖的橙黄灯泡照亮整座教堂，与倒映在水面上的教堂光影成双，黑夜里让人充满重生的希望和勇气。这个教堂象征着桃米村坚贞而博爱的精神信仰，既是社区精神和生态文明的诠释中心，又是当地开展其他重要活动的社区生活中心（图 7-24）。

图 7-24 桃米村纸教堂

来源：http：// www. sohu. com/a/278934601_732298

围绕纸教堂，周边还建有生态文化见学园区，里面设有遵循自然农法的“农之园”，推广在地农产的“食之堂”，推行创作工艺的“市之集”，艺术与生态结合的“艺之地”，提倡学习的“学之房”，以及鼓励人们亲自体验的“工之坊”。当地居民和游客在此除了观景，参加活动，还可交流、购物与食宿。这些景观与纸教堂交相辉映，给人一种回归自然的宁静之感。

4. 社区营造——构建情怀互动的民宿

桃米村在重建初期，鼓励有条件的居民先把自家旧房打扫一两间出来试运营，并且邀请农委会、世新大学等多位专家，培训村民休闲产业的相关课程及生态解说技巧，引导社区居民学习生态工法、休闲民宿经营。同时，“造屋”的过程也成了重塑社区核心价值的契机，进而将桃米村推向了“合作与互助的时代”，逐渐把人与人之间的感情联结了起来。随着桃米村生态观光游产业的发展，目前桃米村已建立了比较完善的观光休闲网络及生态导览解说，并成立了30多家合法民宿。民宿主人会将与生态相关的经验知识、社区里的生活，同来这里旅游的朋友分享，凡是到过桃米村的朋友，都可以感受到民宿的亲切、温暖和专业。

5. 成功转型——乡村生态社区的典范

桃米村凭借其丰富的自然资源及专业团队的协助，成功向兼顾生态保育与观光休闲的农村区域方向发展。桃米村的重建促进了桃米农业走向休闲化，并于2007年审核通过成为“南投县埔里镇桃米休闲农业区”。目前，桃米村的一级农业产业仍以种植业为主，包括竹类、菇类、茭白、笋、茶、金线莲等；二级农业产业有灵芝加工厂（以外销为主）、竹笋加工厂及工艺坊等，主要农产加工品有笋干、笋丝、角笋等，竹笋成为桃米村重要的经济作物。另外，由于生态产业已成为桃米村的主要产业，2010年日月潭国家风景区管理处将桃米村纳入日月潭国家风景区范围内，并将桃米村定位为“周边游憩空间系统桃米系统”的生态旅游服务中心。桃米村从一个老旧没落的乡村社区成功转型为台湾乡村生态社区永续经营的典范。桃米村将生态为本的理念贯彻到每个角落，形成了参与度广、体验性强的系统性人文、生态工程，同时也为桃米村带来了巨大的效益：有数据显示，2016年，拥有1 200多名原住民的桃米村节假日日均接待游客1 500人，平日每天接待游客500人，每年门票收入达200万元人民币，住宿、餐饮、农副产品、手工艺品收入达800万元人民币。

6. 案例分析

桃米村在重塑产业的过程中，以保护生态为出发点，考察调研当地物种资源，提炼文化符号，打造生态农业观光村，将生产、生活、生态和农业、加工业、旅游业有机结合，实现了生态农业、休闲旅游、田园居住等复合功能，为人们描绘了一幅“采菊东篱下，悠然见南山”的美妙图景，是一种可持续的发展模式。

二、台湾乡村旅游发展启示

（一）要把产品当做是作品

把产品当作作品讲究的是乡村旅游策划者的用情与用心。以民宿为例，用创作的态度去营造民宿独特气氛美感，这是民宿主人对休闲的诠释。让民宿变成一间具有生命、会呼吸会成长的房间，是来自民宿主人热爱他的房子所产生的能量。民宿经营要基本满足以下几个方面：民宿的服务态度；提供隐私空间及旅游资讯；特色餐饮料理；生态与文化活动；民宿设计与美观；房间设施；安全度及清洁程度等。民宿的经营，具有主人的品位和当地的文化特色，是主人用心做出来与世共享的作品。

（二）要把文化与创意合理地进行融合

乡土文化与创意的融合，是台湾乡村旅游的一大亮点。台湾乡村旅游文创有外来团队的参与，但是文创的主体一定是当地农民。一般从当地乡村居民的生活环境及文化氛围出发，充分调动、发挥他们的积极性和创造力，结合旅游要素大胆地进行创意，而后邀请专业的旅游规划院来提升，来美化、艺术化。因地制宜，就地取材，经过这样科学合理的创作过程，创造出的文创产品独一无二，引人入胜。

（三）服务是比山水特产更重要的资源

山水是资源，服务更是资源，甚至是比山水特产更重要的资源。台湾有个花田民宿，只有5间客房，房间少，建筑没啥特点，民宿周边除了一片葡萄园，也没有特别好的景点，但是却经营得有声有色，吸引着全球的游客慕名投宿，为什么？就是因为他们的服务。因而，服务绝对是乡村旅游经营过程中的重要制胜点。

（四）不盲目模仿，要做就做差异化

乡村旅游不止可以卖可以看得见的山水花鸟，还可以卖看不到的特色。对于一些没有好山水的乡村，要做的不是去人为地“制造”好山好水。可以静下心来，仔细想想自己有什么，最大特色是什么，有没有好的隐性资源，如果有，就将人力、物力、财力集中起来把这个特色充分挖掘起来，包装起来，然后再把它“卖给”有山有水有人气的村。换句话说，乡村旅游要搞差异化的东西，别人有的我不一定非要有，我有的别人一定没有。

（五）产品与市场开发齐头并进

乡村旅游产品肯定有市场，包括高端产品，但这个市场也需要整个市场的培植，需要大众消费习惯的引导。不注重市场的开发，乡村旅游产品容易进入“孤芳自赏”的境地。一方面，乡村游要经营出特色，让消费者感受到乡村旅游不仅是卖产品，更是卖习惯，卖环境。另一方面，我们不能夜郎自大，把自己的喜好当成市场的偏好，作茧自缚，要时刻跟上消费者的“味蕾”，开发适销对路的乡村旅游产品。

当下的中国乡村正处于重要的转型时期，乡村未来究竟何去何从，是每个旅游策划者应当考虑的问题。中国乡村可以走乡村旅游的道路，使乡村资源得以活化。但就目前而言，中国乡村旅游依旧存在一系列的难题，比如交通问题、政府支持和引导问题、特色创建提炼问题以及现有大陆旅游观光的思想问题，都需要慢慢花时间和精力去消化和解决。借鉴台湾乡村旅游经典发展理念，对于中国乡村的发展有很重要的意义。

第四节 北京小毛驴市民农园

市民农园又称社区支持农园，是指由农民提供耕地，农民帮助种植管理，由城市市民出资认购并参与耕作，其收获的产品为市民所有，期间体验享受农业劳动过程乐趣的一种生产经营形式和乡村旅游形式。

一、北京小毛驴市民农园简介

小毛驴市民农园创建于2008年4月，占地230亩，位于北京西郊著名自然风景区凤凰岭山脚下、京密引水渠旁，是北京市海淀区政府、中国人民大学共建的产学研基地，由国仁城乡（北京）科技发展中心团队负责运营（图7-25）。2012年，产学研基地项目在海淀区苏家坨镇柳林村推广，国仁城乡（北京）科技发展中心与柳林村村委会合作共同启动了“小毛驴柳林社区农园”，进一步探索城市和农村社区的互助模式（图7-26）。

图7-25 小毛驴市民农园卡通形象

来源：http://www.igouwu8.cn/jiajufuwu/lelar/806898_gztzid_11053.html

小毛驴市民农园同时还推动适用技术研发、儿童自然教育、可持续生活倡导等多方面的公益项目，并且将一直秉承社会企业的经营理念，以社会综合收益最大化为发展目标。小毛驴市民农园希望秉承“人民生计为本，互助合作为纲，多元文化为根”的乡村建设思想，坚持“发展生态农业，支持健康消费，推动城乡互助，走向生态文明”的行动原则，本着“关注乡村、热爱土地，与自然合作、以土地为生”的生活理念，推动政府、高校、媒体、社团、企业等多种力量和全社会广泛参与，共同促进城乡互助事业健康发展。

二、生产原则

坚持改良土壤，农场原来是一块荒废的苗圃地，经过国家相关专业机构的检测符合有机的种植标准，从2008年开始连续四年不施用任何的化肥和农药（包括商用的生物农药），重视种植、养殖结合的循环模式。

图 7-26 享受采摘的乐趣

来源：http：// www. sohu. com/a/206771239_765447

坚持良好的肥料来源，一部分来源于用粮食、青草和蔬菜喂出来的发酵床养猪法的猪粪（微生物是采集和培养的土著微生物），一部分是采购的牛粪、蚯蚓粪做底肥，麻渣做追肥；同时农场自建堆肥栏，将厨余、菜叶和秸秆等堆制成有机肥，保持全价肥料的积累。

对于病虫害防治方面，追求农场整体生态系统的多样化，利用天然植物制作的营养液和一些物理的方法防治病虫害，并通过轮作、间作、多样化种植、休耕等方式，尽可能降低生产风险。同时，推动适用技术体系，并基于以下原则：

（一）简单适用

凡是试验和推广的技术，必须经过实践，符合农村劳动力的学习传授能力。要做到"老人听得懂，年轻人学得会、传得出"。

（二）因地制宜

结合当地自然环境选择适宜当地种植的各种作物，结合本地的种植环境进行生产技术试验，结合本土的生活环境进行小型工程开发与试验，并在适宜本土文化的基础上进行优化。

（三）可持续

开发与保育相结合，生产与生活相结合，尊重以本土社群为基础的自然条件和生活经验，实现人与自然和谐相处。技术、方法和经验的传播，要符合当地劳动力的接受能力，本着技术开放、方法适当、成本合理的原则，促进当地自我学习及自我改进的可持续文化的形成。

（四）多元包容

在技术的引进上，摒弃门户之见，根据实际的生产生活习惯加以学习和引进，重视新技术与当地传统习惯的结合，保持对各种创新技术及地方经验的包容，在当地实现创新性的技术革新。

三、团购原则

小毛驴市民农园除了提供农园自产的生鲜农产品外，还努力帮助其他地区开展生态农业的农户建立销售渠道，推动全国的社区支持农业网络。客户可以通过团购补充其在配送和附加份额以外的各种日常所需的健康食品，并且通过这种方式支持健康生产的农民和农民合作组织。

同时支持和发展以健康消费和支持城乡事业为主的本地社区团体，吸引更广泛的群体参与健康事业。小毛驴的成员和任何支持健康消费的人，都可以通过参与健康农产品团购活动，共同购买与小毛驴建立长期合作关系、经过严格考察并且拥有一定社会公信力的合作机构及合作农户生产的生态产品。团购原则如下：

①尽可能选择不使用任何化学品或者按照有机农业标准生产的农产品。

②优先选择由农民合作社、小农户、小型农场生产的农产品。

③尽量选择本地生产的，或距离本地较近的产品，以减少长距离运输的能源消耗。

④鼓励和支持正在进行转型的农民，与他们共担转型中的部分成本，帮助农民实现健康生产转型。

⑤与农民协商定价，不压低农民的价格，并给予消费者合理的价格。

⑥选择与现有具有公信力的社会组织合作的试验点的产品。

⑦公平透明，实事求是，生产信息长期公开，产品标识清晰明确。

四、产品和服务特点

（一）特点之一：最土的蔬菜

没有复杂、华丽的包装，降低了成本，也减少了浪费；当地当季的蔬菜，季节性很强，可能会连续一个月每周都会收到同样的蔬菜；没有清洗加工，最大限度保持蔬菜的可储存性。

（二）特点之二：最土的服务

在小毛驴没有上帝，每个人都是这项社会事业的参与者；与社员不只是简单的买卖关系，而且是平等、互信的伙伴；遇到问题时，我们会负责任地解决问题，希望双方可以友善地沟通和交流。图 7-27、图 7-28 为市民认养的土地。

图 7-27　市民认养的菜地(一)

来源：https://wx.abbao.cn/a/690 - dcddf4ecfc388533.html

图 7-28　市民认养的菜地(二)

来源：http://www.sohu.com/a/206771239_765447

（三）特点之三：最土的生意

无法挑选蔬菜的品种，降低农场生产的损失风险，也降低了蔬菜的成本，不仅仅农场受益，您也受益；提倡劳动和参与，农场是一个开放的平台，与 CSA 的理念“分享”一样，我们愿意与您共同收获快乐、共同成长；强调责任与回报社会，小毛驴从开始就是以解决社会问题为出发点，不追求利润的最大化，而是用一种商业形式形成可持续的对乡村建设公益项目的反馈和支持。

五、案例分析

小毛驴市民农园在种植方式上采用自然农业技术，尊重自然界的多样性，遵循种养殖结合的原理，重视传统农耕文化和乡土知识的传承；在经营模式上采取社区支持农业（CSA）的经营理念，倡导健康、自然的生活方式，这一模式将重建乡村和城市社区和谐发展、相互信任的关系。

第五节　浙江斑竹村古村落

斑竹村位于浙江新昌县城东南 15 公里的会墅岭麓。村后斑竹大山层峦叠嶂，苍然直插天表，北面芭蕉山龙潭坑之水和会墅岭地下坑之水，在双坑口汇合后，流向斑竹村前。浙闽古干道（古驿道）穿村而过。新版《新昌县地名志》载，因村“多斑竹”故而得名。古村斑竹，坐落在天姥古驿道上，在历史上曾经一度辉煌过，积淀下了非常深厚的历史文化（图 7-29）。古村斑竹往外延伸，或者说，从外面延伸至古村斑竹的，是一条古道。斑竹、古道，一起成为一段历史，构成一片风景，连绵千年。李白名篇《梦游天姥吟留别》里的“天姥连天向天横，势拔五岳掩赤城……”不仅让位于新昌县境内的天姥山名扬海内外，而且为山水形胜的新昌增添了无穷魅力。这座传唱千年的文化名山，承载着后人孜孜不倦的寻梦之旅，然而，现实中的天姥山却是沉寂的，位于天姥山脚下的斑竹古村，遗存的大量古迹破败不堪，是一个基础设施不完善、青壮年外出打工、村民生活水平较为低下的空心村和落后村。

一、修旧如旧：打造古迹唐诗村

中国第一本神话小说，东晋干宝著的《搜神记》里，开篇第一个故事，“剡人”刘晨阮肇遇仙记，里面描述的桃花林、桃源洞、惆怅溪等场景宛存于斑竹村后的天姥群山脉中，惆怅溪水至今沿村而过。虽然古村历史悠久、文化底蕴深厚，古迹古貌众多，现存古桥（落马桥）、古庙（司马悔庙）、古驿道（谢公道）、古宅（章家祠堂）、古街等 10 余处，但如何让这些古迹旧貌换新颜，传承起历史文化的重任，让这颗极具价值的珍珠重现光彩，着实让连任两届村委主任的章必才伤透了脑筋。弄不好一个小小的闪失，就完全有可

图 7-29　斑竹村

来源：http：//www. lsnews. com. cn/zt/2018/zg/hh/201902/t20190227_153635. shtml

能从此留下千古遗憾。同时，他也敏锐地预感到，天姥山和唐诗品牌历史文化悠久、影响力深远，唐宋时期，四百多位诗人都曾到过新昌，吟咏哦赋，留下大量诗作，使新昌成为唐诗之路的精华地段。新昌的宣传促销必将重推天姥山、唐诗路。

二、准确定位：天姥门户的“唐诗村”

紧紧天姥山国际性名片、运用好唐诗之路的重要资源，建设天姥山第一古村——天姥门户的“唐诗村”，形成了“以天姥山为依托，以乡村地域为背景，以乡村特色为对象，以当地家庭为抓手进行开发”的发展思想。“唐诗之路”上的古驿道、古驿站、古村落等便在保护与建设并重的指导思想指引下进行了有计划、有步骤、修旧如旧的建设改造。在村庄整治的过程中，他将天姥山、唐诗路这些重要资源都和斑竹村联系在一起，基础建设也好、开发保护也好，准确定位、文化为魂，始终围绕天姥山这个重要的核心资源来展开。古村落保护性开发主要采取了以下几条措施：

①在房屋新建上，通过空心村的整治，将整理出的一批宅基地安排给农户建房，并规定新建房屋必须与斑竹古村的风格相符，做到古朴与现代的结合。

②在古建筑的修复上，按照文物保护“修旧如旧”的原则，对古驿道两旁街面进行立面改造、对破损的古驿道进行整修、对章家祠堂进行了修缮，建设祠堂前广场及文化长廊，仿古树立状元旗座和旗杆，使章家祠堂基本恢复古时原貌。同时在章家祠堂旁建造了村文化活动中心，设计为三间两层的仿古建筑，面积近 200 米^2，风格上与古祠堂相融合。

③在斑竹古文化的挖掘上，如斑竹的历史典故、斑竹八景等方面进行了深挖。与此同

时，还在村口新建了一堵文化墙和三座石桥，并在墙上题上与天姥文化、斑竹村相关的诗文、绘画，使天姥山文化、唐诗文化底蕴得到进一步挖掘和弘扬。长远打算将以天姥文化园为起点，拟建设一个贯穿全村的草坪式音箱网线，既可供村里广播使用，又可播放童声朗诵诗歌、轻音乐等，营造新昌老幼妇孺皆吟唐诗的氛围。

经过几年的努力，已完成古村一期工程仿古立面改造工程、空心村整治、休闲长廊、司马悔桥拦水坝、4 000 米^2 的停车场、村口景观工程、古驿道整修、旅游接待中心、图书阅览室、老年活动室、文化体育广场、生态公厕、安全饮用水工程、道路硬化、天姥山青云梯登山路等公益建设工程。一个融“天姥门户”和“唐诗村”为一体的文化村、特色村已像模像样地呈现在了人们面前。市县领导到斑竹村现场考察时，对他们的做法和斑竹村的发展变化予以高度评价。当县文管委的负责人看到天姥门户建设保护得如此完美时，由衷地对章必才说：“你是我县古村落保护性建设的第一人。”

三、募集资金、整合规划

建设美丽生态村在保护古村的基础上，如何再谋求发展，又成了摆在村委主任章必才面前的一项挑战，应该说，他也是遇上了新昌县委县政府大力倡导发展“美丽乡村”、重视新农村建设的大好时势，为他施展人生宏图拉开了序幕。巧妇难为无米之炊，章必才面临的首先是募集建设资金的问题，作为政协委员的他，一方面在政协相关会议上，提出多项议案，争取县领导予以重视，推动全县乡村游开发；另一方面又四处“化缘”，多渠道争取项目资金、各类补助，联系机关、局办，企事业单位资助，甚至从个人处都募集到40多万元捐款，对每一笔资金都精打细算，确保用在刀刃上，从“硬化、亮化、绿化、美化、古化”入手，聚民力、挖潜力，探索建设美丽乡村、生态乡村。斑竹村专门委托县风景旅游管理局对全村进行了科学合理、特色鲜明的规划指导，突出三条基线：一条山脉线——村后靠山天姥山登山线；一条古道线——村里古驿道线；一条小溪线——村前惆怅溪线。分项目、划区域，对整个村进行基础建设和开发利用，达到全面的改观和提升。

1. 主题

浙东乡村风土人情体验（图 7-30、图 7-31）。

2. 项目开发

游赏山水风光，体验山乡民俗，闲享山村生活，品尝山珍美食。

3. 项目设计

游赏山水风光——天姥山登高、沃州湖泛舟、桃园仙景探秘、溪畔戏水等。体验山乡民俗——落马桥、司马悔庙、章家祠堂、唐诗文化遗迹考究；农事体验：果园采摘、竹林挖笋、谷雨采茶、菜地认种。乡村节庆参与、时令节气、过大年、看社戏。闲享山村生活——农家小住、休闲度假、退休疗养、溪涧垂钓。品尝山珍美食——农家土菜宴、田园烧烤宴、野菜野味宴。

图 7-30　斑竹村一角

来源：http：// m. sohu. com/a/164116311_803663

图 7-31　古村民居

来源：http：// m. sohu. com/a/164116311_803663

规划方案考虑游客市场心理和实际需要，主要项目有：修建生态停车场等配套服务设施、古建筑文化浏览区、水上休闲娱乐区、民俗文化区、戏水烧烤区、耕读文化体验区等体验项目或活动。这份后来付诸实施的规划突出的三条基线成就了天姥旅游精品游线的打造。2012 年斑竹村启动了新一期开发建设。天姥山是一座道教名山和佛教圣山。为恢复重修道观，从而进一步挖掘天姥文化底蕴，建设重点将放在即观音之阁、太白楼的仿古修建上，目前各项建设进展顺利，工程完成超过 50%。新昌县风景旅游管理局局长、党委书记李一峰说："新昌旅游要实现两大转变，一是从传统观光旅游向现代休闲旅游转变，二是从景区景点旅游向全县旅游转变。新昌旅游资源丰富，人文和自然景观有 300 多处，大部分在农村，发展乡村休闲旅游前景广阔，也是一个方向。南明街道斑竹村，作为天姥山的门户，文化积淀深厚，在发展乡村休闲旅游方面做出了积极的探索与实践，是全县乡村休闲旅游的一个样板、一个典范。"

四、整合资源、市场营销，齐心共奔富裕村

有了硬件和软件的环境，章必才又谋求整合资源，通过宣传营销和活动举办，将斑竹村推向市场，吸引游客，带领全村人民实践他的"旅游兴村"梦想，走出了一条旅游富民之路。

（一）合理安排集体整合农产品开发

村里土地和人力资源十分有限，只有整合资源才能合理利用，实现共同富裕、集体兴村。新开发了 20 亩金银花种植基地，不仅加快当地经济发展，又为当地增添一处新的旅游景点。分队、分组规划种植农产品，既可集中供应又可自然采摘，既可美化观赏又可品尝享用，既可一枝独秀又可规模成片，切实形成农村特有、颇具自然特色的农产品乐园。

（二）建立天姥山户外登山基地和摄影基地

2010 年 9 月 27 日，总投资 50 万元用于连接斑竹村与天姥山各景点的登山路径即"天姥山青云梯"开通，万人登顶天姥山暨全民健康生活方式行动启动仪式在斑竹村举行后，古村名气大涨，引得大量沪宁杭、温甬台地区的驴友来此登山野营，一饱天姥风光。古村邀请县登山协会在村建立了天姥山户外运动接待中心；与有关部门、企业联合修建天姥山登山基地、户外露营基地、拓展训练场所；引进摄影、写生基地，进一步丰富村旅游项目，形成长期建设发展的效益。2010 年《剑雨》剧组古村拍摄引发了大批新人"我愿化身石桥，受五百年风吹日晒雨淋，只为你从桥上走过"的婚纱摄影潮。2010 年，中央电视台戏曲频道摄制组又亲临斑竹村，通过著名书画家描绘天姥古村风光以及在章家祠堂古戏台听调腔等内容，制作了两集专辑，在全国播放。通过登天姥高峰、觅古村遗风、走唐诗之路、忆驿栈风韵、赏农家风情、品农家风味等一系列活动，天姥山文化、唐诗文化底蕴得到了进一步挖掘和弘扬，从而打响了斑竹休闲旅游的知名度，推动了斑竹休闲旅游业的健康有序发展。

（三）开发融餐饮、住宿、娱乐于一体的农家客栈

古村发展了多家具有一定规模和档次的特色农家乐。主要通过引资新建，吸引有资金实力和管理能力的老板到斑竹进行投资。村中原有房屋在他们的带动下以夫妻店或店面出租的形式经营农家乐，形成特色、形成规模。区内“天姥驿站”农家乐的发展最具代表性。天姥驿站农家乐于2010年1月正式营业，是一个集观光、登山、露营、垂钓、种植、养殖于一体的三星级休闲农庄。目前经营面积3亩，从业人员7人，餐位数200，年接待游客3万人次，年经营收入约30万元。该农庄一直以绿色生态为亮点，相继推出了“特色餐饮＋户外登山活动相结合”的一系列别具特色的活动。还将投资10多万元用于种植、养殖项目，方便游客农事参与，丰富旅游项目。

2009—2012年，斑竹村共投资600多万元，用于古村落保护性开发、基础设施建设、旅游特色项目开发，做好了三篇文章：古迹修缮保护文章、休闲旅游娱乐文章、农产品产业链带动文章。目前的斑竹古村，在李白魂牵梦萦的天姥群山环抱中，峡长涧深，林森木秀，山径通幽，惆怅溪水沿村而过，青瓦白墙零星点缀，古迹古貌风情依然，春夏秋冬景色宜人，是新昌县卫生村、生态村，绍兴市村庄整治先进示范村、森林休闲旅游村、美丽乡村建设样板村，浙江省特色旅游村，是集餐饮、住宿、休闲、娱乐、观光、度假和影视拍摄于一体的人间仙境、世外桃源，引来游客络绎不绝。

五、案例小结

本案例的成功之处主要体现在以下几个方面：第一，突出唐诗品牌，保护古村见成效。新昌县斑竹村充分运用天姥山这张国际性的名片和唐诗之路的重要资源，倾力建设天姥山第一古村——天姥门户的“唐诗村”，将古桥、古庙、古驿道、古宅、古街等像珍珠一样的古迹有机串起，修旧如旧，营造浓厚的唐诗文化氛围，进行古村落保护性建设，成效显著。第二，以三线为依托，古老乡村展新貌。以山脉线（村后靠山天姥山登山线）、古道线（村里古驿道线）、小溪线（村前惆怅溪线）为依托，打造水上休闲、民俗文化、耕读文化等为载体的天姥旅游精品，古老的斑竹村呈现勃勃生机，实现了古村保护与旅游发展的有机结合。第三，延伸产业链，旅游兴村出实效。斑竹村通过集体整合农产品开发、建立天姥山户外登山基地和摄影基地、开发融餐饮、住宿、娱乐于一体的农家客栈等途径，成为美丽乡村建设样板村、浙江省特色旅游村，成为发展古村旅游的典范。

第六节　仙居油菜花节

一、仙居油菜花节概况

从浙江仙居县城出发仅需半小时的车程即可到达目的地，沿途山清水秀，风光旖旎。

8 万余亩金灿灿的油菜花海与桃花、梨花交相辉映。游客都不由惊呼："太美了吧，词穷了!"油菜花节围绕"美丽乡村、童话仙居"主题，营造"蝶舞花海，'醉'美仙居"的田园仙居风貌（图 7-32 至图 7-35）。

图 7-32　仙居油菜花海

来源：http://control. blog. sina. com. cn/myblog/htmlsource/blog_notopen. php? uid = 1509503843&version = 7&x

主要活动有"稻草人带你找春天"、仙居油菜花，做出大文章。油菜花节越办越好。仙居县素有种植油菜的习惯。一般在每年 9—10 月播种，次年 4—6 月收获，花期在 3—4 月，1 个月左右。金灿灿的花海形成了良好的景观效果，2008 年开始，仙居县把就油菜种植与农业观光旅游有机结合起来，每年 3 月举办浙江省油菜花节，营造气氛，进一步拉长产业链，促进产业互动，提高经济效益。历届仙居油菜花的成功举办，已成为浙江省十大最具影响力的农事节庆活动之一。

图 7-33　油菜花田中的布景(一)

来源：http://m. sohu. com/a/199078514_469008

二、仙居油菜花传承和发展

图 7-34　花田中的布景(二)

来源：https://www.pcauto.com.cn/qcbj/bd/csh/1105/1483128.html

2009年围绕“油菜花开、浪漫乡间、美丽心情”主题，丰富油菜花节活动内容，开展了春日踏歌行、浪漫婚典主题婚纱摄影、乡村大挑战、古镇夜间历史文化情景游等活动，收到良好效果，仙居油菜花知名度有了很大提高。2010年油菜花节在借鉴前两届成功经验基础上，进一步挖掘仙居文化内涵，把油菜花节作为展示仙居民间文化的平台来打造，进一步丰富了内涵，在围绕“油菜花开、浪漫乡间、美丽心情”活动主题基础上，以“蝶舞花海、醉美仙居”“仙居油菜花、美丽你我他”为形象口号，在各旅游景区外围分别设立动感花海、印象花海、神奇花海、古韵乡村等观赏活动区；同时开展缘定仙居中国相亲大会、稻草人花田创意制作大赛、春日踏歌花田锦绣、仙居开心菜园征集、仙居竹筏对歌会、网络油菜花节、亲子放风筝、找童年趣味体育健身等丰富多彩的活动；植入“低碳旅游”“生态环保”“绿色生活”等新理念，使仙居成为浙江省第一个以油菜文化为主题的专题博览馆。

图 7-35　花田中的布景(三)

来源：https://www.pcauto.com.cn/qcbj/bd/csh/1105/1483128.html

三、部门联动，加强领导

兄弟齐心，其利断金。“油菜花节能办得这么好，这么受欢迎，和我们领导有力、部门团结是分不开的，集体的力量是无穷的啊。”县旅游局局长如是说。为规模种植油菜，办好油菜花节，县委县政府高度重视，建立组织机构，加强领导，统一思想。从油菜花种植区域选择、贴农资金拼盘、种植技术下乡下村、油菜花节组委会组建、油菜花节活动方案制定、具体责任分工落实等环节入手，主要领导亲自抓，并亲临现场指挥落实。

旅游局精心筹划了“聚焦仙居”——网络摄影·博客·播客·微博大赛;宣传部与旅游局合作，举办“聚焦仙居”——长三角媒体大型汽车采风活动暨新闻发布会；文广新局负责做好浙江卫视《流动大舞台》节目录播；教育局发动全县中小学校师生制作了上百稻草人；体育局精心策划了“双庙油菜花童玩世界”趣味主题活动；城管局在现场组织开展了乡村美食节；交警派出了大量的警力在油菜花基地帮助维护交通秩序；农业局策划并实施了“绿色仙居”——绿色农产品展销节；团县委组织招募了300多名志愿者在现场开展“游游欢迎您”志愿者服务活动等。“欢迎您来仙居”，“让我们低碳出行、环保出游”进入景区，志愿者一句句一声声的问候和友情提示以及良好的服务温暖着每个游客的心。

“秩序很好，风景优美，美食无敌，活动多样，文化内涵又很丰富，志愿者也很给力，看得出组织者的心力和良好的团队素质啊！真是一次美好的旅游经历，以后有机会一定还会再来的。”随意采访的一个游客的心声让所有为油菜花节付出劳动的成员都倍感自豪与荣耀。

四、“一条龙”服务

农业增效、农民增收、旅游增辉。“种油菜有钱补贴，技术县里有人来指导，游客来了能做做小生意，美景有的看，菜籽能榨油、能卖了赚钱，茎、叶翻耕入土又是肥料，哪有不愿种的人啊，抢着种啊，种得高兴啊!”农民们高兴得合不拢嘴。

2008年，全县上下发动群众，油菜种植面积达到6.97万余亩，2009年进一步推广，种植面积达7.84万亩，取得很大成效。2010年以来，油菜种植面积保持在8万亩，农民收入稳定增长。无论普通的村民还是旅游从业人员，都达成了一个共识，那就是：通过连续举办油菜花节，不仅提高了仙居知名度和美誉度，而且促进了农业增效、农民增收、旅游增辉，实现生态效益、经济效益、社会效益的多赢局面。

五、案例小结

仙居连续几年成功举办了浙江省油菜花节，使旅游者、农民和乡村社区达到了多赢。从油菜花节案例可以看到有以下几个特点：

①充分利用农业资源发展乡村旅游。作为乡村旅游的重要资源之一的农业资源，仙居选择了油菜花作为载体，油菜花具有乡土特征鲜明、城市居民喜爱、原生美感突出等特

点，所以深受旅游者欢迎。

②充分利用多种营销方法吸引游客。仙居县发展乡村旅游有强烈的市场营销意识，多样化的促销手段应对目标市场顾客，综合运用广告、营业推广、公共关系、人员推销等各种方式，如筹划网络摄影·博客·播客·微博大赛、长三角媒体大型汽车采风活动暨新闻发布会等，再加上油菜花节中的相亲大会、花田创意制作大赛、访古寻香等系列活动，又具有了参与体验性强的特点。

③充分利用节庆活动树立旅游品牌。仙居打造的浙江省油菜花节已经连续举办了5届，每次油菜花节都有主题，2009年围绕“油菜花开、浪漫乡间、美丽心情”为主题；2011年“浙江青年美丽乡村生态游”等，打响了休闲观光的旅游品牌，收到了非常好的效果。

本章图片彩色版请扫描下面二维码进行查看。

第八章

乡村旅游创意开发趋势与策略

随着中国社会经济的迅速发展，城乡居民可支配收入的不断提高，尤其是 1995 年 5 月 1 日开始实行双休日制度，全国各地农家乐、休闲农庄、乡村旅游园区、民俗文化村等应运而生，从而形成了近 20 年来中国乡村旅游快速发展格局，乡村旅游创意开发的深度与广度前所未有，势不可当。

第一节　乡村旅游创意开发趋势

一、创意策划品牌化趋势

在中国乡村旅游发展早期的自发发展阶段，多数乡村旅游经营者品牌意识不强，不注重品牌建设，导致项目形象模糊，品牌影响力弱。目前，全国各类乡村旅游经营实体都开始重视创意品牌策划，注重面向乡村旅游消费群体打造市场吸引力。品牌的终极目标是归宿感，成功地塑造一个品牌，需要完成一个相当漫长的客体心路体验过程。创意是品牌塑造的先期策划，乡村旅游发展历史相对较短，历史沉淀型品牌相对较少，因此创意设计就成为乡村旅游品牌塑造的重要基础。创意策划完成以后，品牌塑造是一个实践创意和履行创意的漫长过程，市场是检验创意策划和品牌塑造成功与否的唯一标准。

1.“诚信、低碳、环保、生态”是乡村旅游创意品牌策划的基本要素

作为一种新兴的消费业态，乡村旅游的消费群体主要是距离较近、相对固定的人群，诚信显得更为重要。“低碳、环保、生态”实际上是一组交叉的概念，低碳强调低能耗、低污染、低排放，环保强调区域环境质量、景区环境状况以及生产和消费过程中对环境质量的影响，生态则强调和谐、协调、绿色和安全（包括食物安全和生态安全）。“诚信、低碳、环保、生态”都是基于解决社会焦点问题切入的，容易获得社会认同，创意策划一般都应考虑这些基本要素。

2. 创新具有特定文化感染力和市场冲击力的发展理念

旅游消费者具有在旅游过程中了解文化、学习文化、体验文化的心理需求，这种心理需求的满足，既包括对未知文化的渴望，也包括对文化的过程感受和心理共鸣。文化感染力强调对消费者的心理共鸣，激发消费者的参与欲。因此，乡村旅游的创意策划应注意挖掘、传承、弘扬特定的传统文化、民俗文化、农耕文化，以激发消费者的参与欲和心理共鸣。例如，“绝壁上的古纳西族宝山石头城”“城市文明尚未触及的查济村”“西宁乡趣农耕文化生态园”等，对于身处闹市的城市居民带来无限的想象空间和吸引力。市场冲击力强调对消费者的心灵震憾。“幸福在哪里，开远告诉你”，这一创意，很容易使人产生去开远看看的想法；一听到“开心农场”的名称，可能不由自主地想去感受一下那里是怎样使人开心的。

3. 创新具有乡野魅力和技术含量的休闲体验模式

乡村旅游既是一种农业生产经营实体，同时也是一种旅游资源，但它始终不能脱离农业、农村、农民这一中心主题。乡村旅游的阵地在农村，田园风光、山水风景、乡风民俗、农业文明（包括传统农耕文化和现代农业技术）、乡野风味等，都是其重要特色，立足于乡村旅游的特色资源，创新具有乡野魅力和技术含量的休闲体验模式，对乡村旅游的可持续发展具有十分重要的现实意义。例如，“中南百草园——清风拂面；风挟松香，啾啾鸟语；无市井之喧哗，似山野之情趣”“梦寻廊桥：隐藏在田野间的奇迹”“响水湖王大姐农家院让您体验原汁原味的农家生活”等，都是较好的创意策划。

二、创意要素组合集约化趋势

乡村旅游的要素组合集约化，主要表现在 4 个方面：

（1）作为乡村旅游资源，乡村旅游经营实体集成当地自然景观、人文景观、田园风光、乡风民俗以及农业生产设备设施和生产过程等，为游客提供了游憩度假、休闲观光、娱乐欣赏、生产体验、科普教育等多样化的旅游资源，为乡村旅游业的持续发展提供了丰富的资源基础。

（2）作为一种新兴的农业产业形式，乡村旅游集成整合了中国生态农业运动、庭院经济、一村一品以及农业产业化发展等多方面的理论和实践成果，巧妙组合种植业、养殖业、农副产品加工业及其他农村工副业等生产经营项目，灵活运用传统农业技术和现代农业技术，形成了产、供、销一体化的独具特色的高效益生产系统，从而体现出更高的经济效益、生态效益和社会效益。

（3）乡村旅游重视农村文化产业或文化消费项目与第一、二、三产业的融合和渗透，注重将精神层面的文化内涵以物质文化和多样化的文化表现形式展示给旅游消费者，鼓励旅游消费者直接参与或体验这种过程，激发其心理共鸣，实现弘扬传统文化、繁荣农村文化事业。乡村旅游以农业为依托、以农村为阵地、以农民为主体、以城镇居民为客源，使城乡互为资源、互为市场、互为环境，实现了大农业与大旅游的有机结合，从而实现了更大跨度的要素组合集约化。

（4）进入 21 世纪后，乡村旅游迅速发展，政府积极介入乡村旅游的指导和引导，逐步形成了区域整体推进的特色化乡村旅游集聚区，这类乡村旅游集聚区主要集中在城市周边、名胜风景区边缘、少数民族地区、传统特色农区等，实现了地域分布上的集约化。

近年来，随着工商资本的大量投入，乡村旅游经营实体积极发展集约化、规模化经营，大型乡村旅游园区占地数百上千公顷，日接待规模最高可达上万人。乡村旅游的规模化经营，有利于经营实体拓展生产性项目和规模，增加文化消费项目，规范接待条件和设施，专业从业员人管理，扩大乡村旅游接待能力和服务水平，打造乡村旅游大品牌，实现乡村旅游的整体提升。

三、创意技术集成模式化趋势

乡村旅游继承和发扬了中国生态农业运动和庭院经济建设的成果，使各类乡村旅游经营实体表现出明显的技术集成模式化趋势。20 世纪 80 年代，受国际生态热和环保热的影响，国内掀起了轰轰烈烈的生态农业运动，生态农业的建设成果，使农业在发扬传统农业优势、吸引传统农业精华的基础上，形成了立体生产技术、循环养殖物质能量多级利用技术、小流域综合治理技术等一系列生态农业技术，以及以基塘系统、稻萍鱼系统为代表的多样化的生态农业体系，实现了农业从单一种植或单一养殖向综合利用资源和空间的方向发展，为乡村旅游积累了丰富的经验。20 世纪 90 年代初，中国庭院经济迅速发展，巧妙地将各类生态农业技术和生态农业体系应用于庭院生产中，形成了中国庭院经济建设高潮，形成了独具特色的庭院自净生产系统、庭院资源循环利用系统、庭院空间绿化美化系统等，为农家乐的诞生和发展奠定了良好的物质基础。20 世纪 90 年代中后期，以南方猪—沼—果生态农业模式、北方“四位一体”生态农业模式、西北五配套生态农业模式为代表的生态家园富民工程，在服务“三农”中发挥了重要作用。

目前，全国各类乡村旅游经营实体都很注意继承和发扬生态农业和庭院经济建设成果，多样化的生态农业模式或庭院经济模式在乡村旅游经营实体中得到了充分的表现和应用。与传统的生态农业模式或庭院经济生产模式不同，乡村旅游强调模式的优化设计和要素间的量比关系，使模式具有更高的综合效益。近年来，工商资本投入建设的休闲农庄或乡村旅游园区，一般都根据园区的面积、区位特征、地形地貌、旅游资源状况等进行了科学的规划设计，使园区内的种植业项目、养殖业项目、农副产品加工或其他工副业项目具有更优化的系统结构和功能，实现了产业链的合理衔接。同时，在乡村旅游规划设计中，根据品牌创意策划，将文化消费项目和文化内涵与生产性项目进行巧妙的对接、融合或嵌合，使生产性项目成为承载农村文化的载体，促进农村文化事业的发展和繁荣。乡村旅游的技术集成模式化发展，使各地涌现出了丰富多样的田园观光休闲度假模式、生产体验果蔬采摘模式、有氧运动和素质拓展模式、农业新技术示范科普教育模式、手工艺实践和农耕文化体验模式、民俗文化演艺和农事节庆模式等，多样化的模式在同一乡村旅游集聚区的合理布局，为乡村旅游的品牌打造和提升核心竞争力提供了丰富的素材。

四、创意生产建设标准化趋势

乡村旅游的快速发展，引起了农业部门和旅游部门的高度关注，政府部门开始介入乡村旅游产业的指导和乡村旅游业务的规范化管理，陕西、四川、湖南等省分别制订了乡村旅游或乡村旅游的地方标准，农业部正着手制订《农业观光采摘园建设规范》《乡村旅游星级企业（园区）建设规范》《农家乐建设规范》等行业标准（规范），着力推进中国乡村旅游的规范化、标准化发展，全面提升行业的整体水平。随着乡村旅游的不断发展，在生产建设标准化方面，突出乡村旅游集聚区的品牌建设以及基础条件的改善和提高，积极推进以生产体验、生态观光、人文创意、生活服务为重点的产业功能区建设，不断提高乡村旅游产业的自我发展能力、核心竞争力和对外影响力。在生产体验区建设方面，强调特色产品标准化生产与示范，围绕具有特色的优质农产品生产，建设标准化的种植和养殖基地，配备必要的标准化生产设施，开展新品种、新技术、新产品标准化生产与示范，有不少乡村旅游园区的食用农产品达到了 A 级绿色品标准，并能承载生产、体验、观光、采摘、科普教育等基本功能，整体提升农业生产过程体验服务、农产品采摘服务、科普教育服务、游憩观光服务的能力和水平。在生活服务设备设施建设方面，注重游憩服务辅助设施建设，游憩区内建设了必要的给水排水设施、供电设施、交通设施和公共停车场等并有专人管理；乡村旅游重视餐饮和住宿条件建设，具有完善餐饮设施和良好的防蝇、防尘、防鼠、防火设施，客房舒适、整洁、卫生，床上用品注意突出地域特色并形成统一风格，给游客形成了价廉物美的良好印象。乡村旅游经营实体，重视农耕文明和民俗文化挖掘、保护与传承工作，通过当地典型的农耕文化整理和展示、民俗文化演艺和传承、传统手工艺展示和体验，实现创意策划品牌化。一些大型乡村旅游园区，结合农业生产过程和自然生态条件，依托生产性项目，着力打造大型农业景观，充分利用自然生态景观，尽可能安排不同生产季节的特色景观，尽可能增加园区内的游憩资源。

五、创意资源利用循环化趋势

乡村旅游的资源利用循环化遵循 3R 原则，其中减量化（reducing）是指通过适当的方法和技术手段，尽可能减少废弃物的产生和污染排放的过程，这主要是针对乡村旅游过程中所形成的生活污染物，通过垃圾回收和集中处理实现减量化；再利用（reusing）是指尽可能多次以及尽可能多种方式地使用物品，以防止物品过早地成为垃圾，乡村旅游是种养加结合的复合生产系统，通过系统内的废弃物资源化再利用，完全可以实现系统的自净生产；再循环（recycling）是把废弃物返回某一生产环节，作为原材料融入新产品生产之中，如畜禽粪便作为废弃物，可以作为沼气生产的原料；沼渣作为废弃物，可以用于生产食用菌等。按照能量流动和物质循环规律而设计的良性循环乡村旅游园区，某一生产环节的产出或副产品是另一个生产环节的投入或生产原料，使得系统中的物质、能量多次循环利用，从而提高能量的转换率和资源利用率，获得更大的经济效益，并有效防止废弃物对农村生态环境的污染。在进行乡村旅游规划设计时，通过人工食物链设计，将多种生产性项目，通过食物营养关系连接起来，实现了农业废弃物的资源化。在资源利用循环化方面，沼气发酵、食用菌生产、腐生动物养殖对实现系统内物质能量多级利用具有特殊重要的意义。最典型的资源循环利用模式是，种植业生产的副产品和秸秆作为养殖业的饲料，养殖业生产的畜尿通过沼气发酵生产沼气能源，沼渣沼水作种植业生产的肥料，实现系统内的良性循环。

乡村旅游重视再生能源的开发和利用，除对植物秸秆和残体、动物排泄物等生物质能源的循环利用以外，根据当地特色资源情况，在风能、太阳能、水能、地热能等开发利用方面，涌现了许多建设典型，这类项目的引入，不仅提高了系统的生态效益，而且增加了园区景点，拓展了乡村旅游的科普教育功能。乡村旅游的资源持续利用循环化，以实现园区环境“净化、美化、绿化”为主线，以建设低碳环保、环境友好型乡村旅游发展平台为目标，以生活垃圾处理、污水处理、环境美化、村镇绿化为重点，进行生活污水、生活垃圾、秸秆等生产、生活废弃物的资源化利用。通过经济手段和市场机制，建立新型物业化管理模式。在环境净化方面，通过家园清洁设施建设、田园清洁设施建设、社区公共清洁设施建设，实现园区环境的无污染、无废物生产和消费。环境美化方面，在主要道路、社区设置乡村旅游观光休闲景点指示牌及广告牌，改造各接待户和景点与公路的连接道路，接待户建筑物的墙面粉刷和风格化装饰，庭院美化建设等，使乡村旅游集聚区内村容整洁、村貌风格化，形成了本乡村旅游集聚区的特色和风格化特征。园区绿化方面，通过项目区绿地建设，推动乡村旅游集聚区的美化绿化工作；因地制宜，合理种植和配置花、草、树木，以进一步增加村庄绿地面积，提高环境质量。

六、创意产品优质生态化趋势

无论是乡村旅游集聚区，还是各种形式的休闲农庄或乡村旅游园区，其生产性项目的产成品都尽可能实现高产、优质、安全（生态）、特色，并高度重视产品的品牌建设。据调查，2010 年全国各类乡村旅游经营实体依托乡村旅游，实现年农副产品销售总额 604.2 亿元，平均每个经营实体通过游客直接销售农产品 44.89 万元。依托乡村旅游直销的农副产品，主要是各类鲜活产品、绿色食品、特色产品和各类高端农产品，其价格一般高于当地市场价，部分高端农产品的价格达到当地市价的 3～8 倍。绿色食品是遵循可持续发展原则，按照特定生产方式生产，经专门机构认证，许可使用绿色食品标志的无污染的安全、优质、营养类食品。绿色食品分 A 级绿色食品和 AA 级绿色食品。截至 2010 年 12 月 31 日，国内有各类休闲农庄或乡村旅游园区 39 846 个，其中获得 A 级绿色食品认证的有 11 045 个，占 27.1%，还有不少乡村旅游经营实体或乡村旅游集聚区正在认证过程中。乡村旅游的产品优质生态化趋势，是打造乡村旅游品牌和提升经营实体核心竞争力的重要举措。乡村旅游经营实体所推出的各类高端农产品，包括有机食品（AA 级绿色食品）、特色农产品、手工艺精品等，面向中、高收入群体和乡村旅游消费者，全面体现了产品的优质化、生态化、精细化、特色化趋势，具有明显的价格优势。

七、创意服务人本规范化趋势

乡村作为乡村旅游的基地或载体，以农业为依托，以农村为阵地，以农民为主体，以城镇居民为客源，在长期存在城乡差异的我国农村承载乡村旅游业务，不可避免在文化差异和服务上出现一些问题。例如，早期的农家乐，家庭主妇接待游客用餐时使用抹布擦干筷子或擦拭碗沿，导致游客心理承受障碍。近 20 年来，乡村旅游迅速发展，服务人本规范化方面有了长足的进步，表现在：

1. 道路建设规范化

党的十六大后是中国“三农”发展的黄金期，农村基础设施建设取得了巨大成就，新建、改建272万千米农村公路，有效地改善了农村交通状况。同时，地方政府的专项投入或工商资本投资乡村旅游基础设施建设，不仅实现了硬化路面通到每个接待户或园区，而且各类乡村旅游集聚区或乡村旅游企业大都建设了专用停车场，园区内主要景点之间一般也都建成了硬化路面或艺术化廊道，充分考虑了游客的需要。

2. 标识标牌人性化

为了方便游客进入乡村旅游集聚区或乡村旅游企业，一般都在主要道路的分岔口设置了指路标牌，避免游客路途浪费时间。为了方便游客在园区内游览，各景点间设置指路标牌和景点标识牌，注意合理配置游客观赏途中的休息场所和设施，游憩途中适当设置景观小品，甚至配备导游或解说人员，使乡村旅游消费者能充分感受乡村旅游的人性化服务。

3. 接待服务礼仪化

近年来，乡村旅游经营实体和政府职能部门非常重视从业人员的培训，使乡村旅游的从业人员素质得到较大的提高，为接待服务礼仪化打下了良好的基础。为了加强乡村旅游经营实体的接待服务礼仪化意识，部分省市开展了星级乡村旅游点的认证工作，督促乡村旅游经营实体加强基础设施建设和从业人员素质培训，提高整体接待服务水平。部分建设较好的乡村旅游集聚区，建立了乡村旅游接待中心和特色产品展销中心，建立了良好的管理体制。

一些建设较好的乡村旅游集聚区和民俗文化村（镇），通过“穿衣戴帽”改造原有民居，实现建筑外观的风格化、特色化、艺术化；游憩区内的植物景观、地面构筑物景观（门楼、凉亭、坐凳、栅栏等）以及景区内的基质、斑块、廊道，都充分考虑了艺术化设计和风格化装饰，从而形成园区整体景观和特色文化。

4. 消费项目多样化

乡村旅游所承载的乡村旅游，通过多样化的消费项目，保证游客的游憩时间，多方位满足消费者的需求。乡村旅游一般都包含有特色餐饮、特色住宿、田园风光与自然景观、名胜古迹与人文景观、特色娱乐、垂钓、猎狩、果蔬采摘、会员制种植、畜禽认养、特色有氧运动、乡风民俗或演艺观赏、传统手工艺实践、农事操作体验、特色农产品或珍稀物种观赏、现代农业新技术示范等消费项目中的若干类，以多样化的游憩资源满足消费者的个性化需求。

八、创意产业经营联盟化趋势

乡村旅游的产业联盟能形成更大的合力和影响力，从而成为各乡村旅游经营实体或同一乡村旅游经营实体内的各种产业，实现优势互补，降低经营风险，拓展发展空间，提高行业整体竞争力。

首先，强化区域横向联盟，提升乡村旅游集聚区的核心竞争力。具有明显区位优势的乡村旅游经营实体，一般都集中分布在城镇周边、景区边缘、传统特色农区、少数民族聚居区、滨水区或库区等地。区域内先行产生效益的经营实体，往往能带动一批后继者从事乡村旅游并承接乡村旅游业务，从而形成乡村旅游集聚区。在同一乡村旅游集聚区内的各乡村旅游经营实体，如果处于一种无序竞争状态，必然导致内耗；反之，如果强化区域内各乡村旅游经营实体的横向联盟，通过特定的农村合作经济组织进行统筹和管理，结合品牌创意策划整体提升乡村旅游集聚区的基础设施建设和公共设施建设，通过合理布局和定向培育不同乡村旅游经营实体的特色消费项目，通过乡村旅游集聚区的规划设计定向培育旅游资源和打造大型农业景观，从而提升乡村旅游集聚区的核心竞争力，吸引更多的乡村旅游消费者，形成更大的市场竞争力。农业部推出的“魅力乡村”建设项目，有力地推进了乡村旅游的区域横向联盟。目前全国各地已有不少乡村旅游集聚区，通过村民委员会或农村合作经济组织，建设乡村旅游接待中心，集中展销乡村旅游集聚区内的特色产品，统一管理区域内各类经营实体，集中调度乡村旅游接待任务，从而形成了一种良好的运作机制。

其次，推动异业联盟，实现第一二三产业的巧妙融合和协同发展。各类乡村旅游经营实体都具有一定规模的生产性经营项目，这些生产性经营项目包括种植业、养殖业、农副产品加工业或其他工副业，种植业和养殖业无疑属于第一产业（农、林、牧、渔业）的范畴，农副产品加工业和其他工副业属于第二产业的范畴。同时，乡村旅游以其特有旅游资源承载乡村旅游，实现对旅游消费者的服务，因此也具有第三产业的基本特征。所以说，乡村旅游是贯穿农村第一二三产业，融合生产、生活、生态功能，紧密联结农业、农产品加工业、现代服务业的新型产业形态和消费业态。乡村旅游重视文化消费项目与第一二三产业的融合和渗透，以各类生产性项目和消费性项目承载传统农耕文明、乡土文化，使乡村旅游经营实体成为传播农村文化的特殊平台。乡村旅游推动产业集聚，以第一产业项目为社会提供优质特色农产品，以第二产业项目为社会提供优质食品和传统手工艺精品，以第三产业项目为社会提供旅游服务和文化消费，全方位提高系统的整体功能和效益，逐步形成区域优势产业带或产业集群，成为促进农民致富、农业增收、农村发展的朝阳产业。

第二节　乡村旅游创意开发的提升策略

创意理念在统乡村旅游的内容中有相关的涉及，但是创造性仅仅属于次要而非主导。在乡村旅游创意的内容中“创意”因素是产业发展的核心，与它具有同等地位的因素还有“休闲”。乡村旅游创意是传统乡村旅游转型升级后的产物，它的发展不仅依托的是传统乡村旅游的发展基础，更多地是创意要素对产业的融入。因而，实现传统乡村旅游向创意乡村旅游的提升必须突出“创意”的核心支撑地位。

一、凸显“创意”和“休闲”的核心支撑作用

创意乡村旅游发展的基础是农业资源、现代农业科技与农业文化，经由在农业内部对产业链的各个部分进行分解组合，并实现各个部分的渗透融合。另外，如何在产业发展中凸显“创意”与“休闲”的核心价值？并非在原有传统乡村旅游的基础上单纯地照搬，而是从个人特有的智慧、灵感创造出的创意出发，改造提升传统的乡村旅游，使其在市场竞争中脱颖而出，创造出大量的社会、经济、生态效益。创意乡村旅游就应当以打造优质农业创意旅游元素为出发点，通过整合“三生”资源（生产、生活、生态），突出农耕文化、乡村文化的精髓，结合农业产业结构的调整，创新发展以农业和林业为主题的生态农业观光旅游、田园风光休闲度假旅游、养生体验旅游的创意旅游发展模式。

二、产业联动增强乡村旅游创意竞争力

传统乡村旅游仅仅是通过以基础的农产品来带动相关的后续产品的开发；创意乡村旅游则是在产业发展中融入创意元素对农业资源进行深度开发，在实现产业联动发展的同时，还赋予了产业发展的“创意”价值理念。创意的理念将会一直占领价值链的最高端，引导乡村旅游发展进入新的时代。

乡村旅游创意涉及多种产业范畴，是产业融合的产物。因而，要增加相关产业的附加值，形成市场核心竞争力就需要深度挖掘创意休闲元素。如乡村旅游产品设计、农业休闲项目设计、乡村旅游建筑设计、乡村旅游园区道路设计、乡村旅游园区内景观绿化设计、休闲农服饰颜色与款式设计、销售模式设计等等产业都属于乡村旅游创意涵盖的范畴，无论从哪个产业方面入手，都可以促进产业乡村旅游的提升。

三、加大政府扶持力度，完善乡村基础服务设施

从中央政府到地方政府的各种鼓励和政策扶持对于乡村旅游的发展具有积极的引导作用。从国家目前对农村地区的相关政策入手，如对旅游业的引导支持政策、扶贫政策等。要提升乡村旅游，在国家的相关支持政策的基础上践行乡村旅游改革是必要条件。

在原有基础完善服务设施和基础设施的建设。乡村旅游的经营场所位于农村地区，面向的消费人群是需要放松的城市居民。因而，消费者对于基础设施的要求就是既能满足生活需要又不影响其欣赏田园风光的美好感受。为满足乡村旅游发展的需要，还需要在原有的基础上对服务设施和基础设施进行完善。

推动促进乡村旅游的各类组织的成立。各级政府部门应当推动成立促进乡村旅游相关的各类组织，积极解决游客在休闲度假过程中遇到的问题。如，通过各类协会组织成立以家庭为主的乡村旅游运营模式，针对解决现有城镇工业化所带来的农村人口锐减等情况。

做好乡村旅游开发前期规划工作。在某个区域进行乡村旅游开发时，必须要对该区域进行前期规划工作。完成市场定位、产品定位等，有针对性地开发利用农业资源。制定发

展规划，能够确保乡村旅游的发展获得各种效益（包括社会效益、经济效益及环境效益）最大化才能少走弯路，避免造成乡村旅游发展时对各方面带来的负面影响，实现乡村旅游的健康可持续发展。

四、创新理念，三产结合，强化体验，满足需求

培育和发展创意农业应树立一种理念、促进两个结合、利用三类资源、营造四种体验、满足五种需求。“一种理念”是指创新的理念，旅游创意农业的关键在于创新，应通过举办培训、组织外出考察、提供智力支持等途径提升农民的学习能力、创新能力、把握市场能力。“两个结合”是指农业发展规律和休闲旅游需求的有机结合，在尊重农业生产客观规律的基础上，结合都市农业发展趋势，考虑都市居民的休闲旅游需求，在农业生产中融入观光、娱乐、购物、教育功能。“三类资源”是指科技研发、文化创意、休闲旅游三个部门和领域的资源，前两者是创意的来源，后者是创意价值实现的重要环节，在规划、建设、运营阶段应发挥文化创意、科技研发、休闲旅游部门的积极作用，做到有创意引领、有技术保证、有市场支撑。“四种体验”是指旅游创意农业应塑造特色景观与环境，组织参与性、娱乐性活动，完善解说与导引系统，为游客提供遁世、审美、娱乐和教育四种类型的体验，这是体验经济的基本要求，也是决定旅游创意农业成败的核心要素。“五种需求”是指旅游创意农业应满足游客视觉、听觉、味觉、嗅觉、触觉五种感觉的要求，努力做到好看、好闻、好吃、好听、好玩，只有这样才能受到大众游客的青睐。

第九章

新时代乡村旅游的业态创新

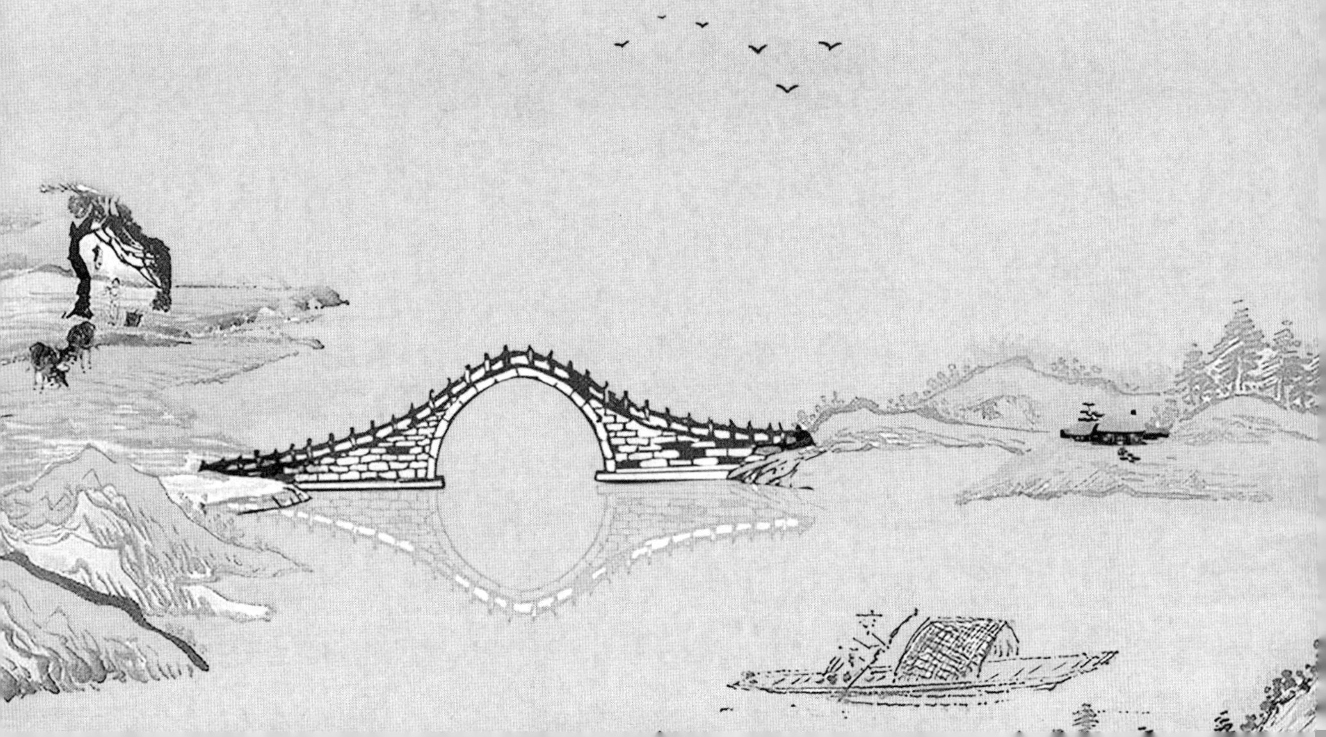

第一节　乡村旅游的发展特点

据农业农村部乡村产业发展司公布的数据，自2015年以来，我国乡村旅游产业发展进入快速发展期，2018年全国休闲农业和乡村旅游接待人次超30亿，营业收入超过8 000亿元，较2017年5 500亿元至少增长45%。乡村旅游作为新时期旅游发展的新业态，已成为乡村振兴的重要突破口，是乡村产业融合的重要抓手，大力推动了乡村振兴战略的实施。随着人们生活方式的日益丰富化，单一的观光旅游对游客的吸引力逐渐下降，增强乡村旅游的文化内涵式吸引游客的一个重要方面。

目前，我国乡村旅游还尚处在不成熟阶段，而游客对乡村旅游的巨大需求量导致很多地区在乡村旅游开发中出现产品结构雷同，档次不高的问题。在乡村旅游开发中，要加强对当地资源的有机整合，丰富文化内涵，使得乡村旅游具有“灵魂”，如乡村民俗、民族风情等的深入挖掘，增强对乡村旅游文化内涵的建设，具有“灵魂”的乡村旅游才能更好地吸引游客。当前，乡村旅游发展的总趋势是：乡村旅游已超越农家乐形式，向观光、休闲、度假复合型转变；个性化休闲时代到来，乡村旅游产品进入创意化、精致化发展新阶段，乡村旅游出现了以下特点。

一、乡村旅游的全域化、特色化、精品化

乡村的城市化一方面导致乡村生态环境的破坏，另一方面也使乡村失去了原有的特色，乡村不再是原始的乡村，一味地拆建让乡村面貌面目全非。有一些乡村旅游是以农村当地的风土人情、民俗文化来吸引游客的，也有一些是以古村镇宅院建筑为吸引物的，这些乡村旅游模式依赖的就是旅游产品的独特性，如果盲目模仿，势必会失去本身的优势。因此对乡村旅游的开发，要注意保护村庄的本色，突出当地特色，强调产品差异化，打造与众不同的旅游产品。许多地方往往共同规划、协调发展，以全村、全镇、全县范围来做乡村旅游。在推动乡村旅游的过程中，为避免同质化竞争、取得差异化优势，各个村镇实行诸如“一村一品”“一户一业态”的差异化发展策略，深挖潜力，精心设计，打造精品，使乡村旅游呈现出特色化、精品化的特点

二、融合发展、新产品、新业态、新模式层出不穷

乡村旅游不仅仅是纯粹的对农业资源的开发，融合发展是中国乡村旅游的一大趋势。国务院办公厅印发《关于推进农村一二三产业融合发展的指导意见》，要求大力推进农村一二三产业的融合发展，拓宽农民增收渠道，构建现代农业产业体系，加快农业发展方式转型，到2020年，要达到农村产业融合发展总体水平明显提升、农业竞争力明显提高，农民收入持续增加、农村活力显著增强的总体目标，基本形成产业链条完整、功能多样、

业态丰富、利益联结紧密、产城融合更加协调的乡村经济新格局。以“旅游+”为发展模式，让乡村与其他资源、产业相融合，也就是形成“旅游+农业”“旅游+工业”“旅游+民俗”“等模式，产生新的旅游产品，提高农民收入水平。

四川成都是乡村旅游发展的先行者，“五朵金花”是其代表。现在乡村旅游很快，走在前列的有诸如江苏省、山东省、浙江省等。江苏省出现了一系列的乡村旅游新业态。山东省扶持力度很大，每一个县都做乡村旅游规划，省政府给予每县乡村旅游规划资金支持，另外，市县级政府还要追加支持经费。浙江省面对较多的境内外高消费客源，发展出了像裸心谷这样的高端乡村旅游产品。北京市郊区，近年来乡村旅游发展也很快，出现了很多新业态，迎来了蓬勃发展的势头。

三、从乡村旅游到乡村生活的绿色发展新理念

乡村旅游是生态旅游与农业旅游相结合的新型旅游方式，体现了游客对原生态自然的向往，乡村的生态化是吸引游客的一个重要因素。但是我国城市化进程的加快，加之我国乡村旅游在现阶段更侧重与经济效益的提高，很多乡村在发展过程中越来越现代化。在此过程中，生态破坏，环境污染问题伴随显现。未来的乡村旅游应该是生态旅游和农业旅游相结合的新型旅游方式，继续与生态相结合，打造生态乡村才能更加吸引游客。一部分游客到乡村已不再是单纯的旅游，而是被乡村的环境所吸引，在当地较长时间地生活和居住，这种现象不仅出现在北京等大都市，也出现在包括如河南这样的省份。部分退休的年长人士，不愿意长期住在城市，一年中往往有数月栖居于乡间。他们认为乡村的生态环境好，能更好地亲近自然和享受有机生态食品。河南有的农场已针对这种需求进行规划。从乡村旅游发展到乡村生活，国外典型的国家之一是日本。日本的退休人士和一些在城市工作的人士，他们一年中有较长一段时间居住在乡村。从乡村旅游到乡村生活，这是一大发展新趋势。因此我们有必要更新我们对乡村及乡村旅游的认识：第一，重新认识乡村，全面认识乡村在生态上、文化上、生活方式上的特色和优势；第二，要复兴乡村，乡村现在面临着一个复兴的问题。从事乡村规划建设的人，应该有一种复兴乡村的使命。

第二节 新时代我国乡村旅游的新业态

乡村旅游是中国旅游发展新热点，是最具潜力与活力的旅游板块之一。2018年全国休闲农业和乡村旅游接待人次超30亿，营业收入超过8 000亿元，较2017年5 500亿元至少增长45%。乡村旅游作为新时期旅游发展的新业态，已成为乡村振兴的重要突破口，是乡村产业融合的重要抓手，大力推动了乡村振兴战略的实施。当前，乡村旅游发展的总趋势是：乡村旅游已超越农家乐形式，向观光、休闲、度假复合型转变；个性化休闲时代到来，乡村旅游产品进入创意化、精致化发展新阶段，在中国乡村旅游发展过程中呈现出十

大新业态。

一、国家农业公园

国家农业公园，是农业——乡村旅游的高端形态，是中国乡村休闲和农业观光的升级版。它可以是一个县、市或者多个园区相结合的区域，也可以是单独的一个大型园区，应该具备农业资源代表性突出的特点，通常需要包括传统农耕文化展示区、现代农业生产区、民风民俗体验区三大基本组成区域。它是集农业生产、农业旅游、农产品消费为一体，以解决三农问题为目标的现代新型农业旅游区。

1. 山东省苍山兰陵国家农业公园——中国首个国家农业公园

总面积 62 万亩，其中核心区 2 万亩，示范区 10 万亩，辐射区 50 万亩。兰陵国家农业公园是国家 4A 级旅游景区，被评为“2014 年全国十佳休闲农庄”。整个项目分为十个功能区：农耕文化区、科技成果展示区、现代农业示范区、花卉苗木展示区、现代种苗培育推广区、农耕采摘体验区、水产养殖示范区、微滴灌溉示范区、民风民俗体验区、休闲养生度假区、商贸服务区等（图 9-1）。

图 9-1　山东省苍山兰陵国家农业公园

来源：http://m.sohu.com/a/219239006_558491

2. 河南省中牟国家农业公园

占地 7 073 亩，主要规划建设设施农业种植示范园、优质水产养殖示范区、农业文化创意园、花卉高新科技示范园、精品果蔬示范园、综合管理服务区 6 个功能分区。

二、休闲农场/休闲牧场

休闲农场是指依托生态田园般的自然乡村环境，有一定的边界范围，以当地特色大农业资源为基础，向城市居民提供安全健康的农产品和满足都市人群对品质乡村生活方式的参与体验式消费需求，融生态农业、乡村旅游、养生度假、休闲体验、科普教育等功能为一体，实现经济价值、社会价值和生态价值的现代农业创新经营体制和新型农业旅游产业综合体。

1. 台湾休闲农场

台湾旅游以其民宿及休闲农场颇具知名度，代表性的牧场包括香格里拉休闲农场、垦丁牧场、飞牛牧场、初鹿牧场、天马牧场等。在运作模式上，除了传统的滑沙、滑草、骑马、放牧等活动及贩售的牛奶、牛肉制品，在牧场内容布置上更类似一处别致的动物园或植物园，一般会精心配有大量极具观赏价值及当地特色的物种供游客观赏，如天马牧场的羊驼、飞牛牧场的蝴蝶等，为牧场增添了特殊的韵味。

2. 美国黑莓牧场

田纳西州大烟山下，是美国第一乡村度假旅游区。黑莓牧场有果林、菜园、牧场、豪华乡村酒店、乡别墅、马术，以及全美最好的农庄 SPA。2010 年被食品网评为“美国十大旅游目的地”，曾被评为世界服务第一、餐饮第一。

三、乡村营地/运动公园/乡村公园

乡村营地当前正与国际积极接轨，迎接需求旺盛的自驾游客群。野营地旅游是国际非常流行的一种旅行方式。

1. 成都都江堰因地哥自驾游营地（中法合作）

都江堰川旅因地哥自驾游营地位于都江堰玉堂镇外江边，由四川旅游发展集团旗下全资子公司四川川旅自驾游投资管理有限公司与法国户拓比亚营地管理公司共同投资修建，并根据国际成熟的自驾游露营地标准规划建设的高标准、高规格、生态环保的具国际标准的示范营地，该营地旨在与自然相融合，带来最贴近自然的感官体体验，倡导了人与自然共融的理念，引领了全新旅游休闲运动的生活方式。

2. 北京丰台区“桃花深处”汽车营地

北京平谷“桃花深处”汽车营地位于北京平谷区山东庄镇大北关村，引入国际房车露营协会（CARSCAMPING）5 星标准，在自然和谐的基础上，以绿色环保的原则，建设具有适合国人口味并且与国际接轨的露营地，对汽车营地在中国的普及和推广具有示范作用，拥有房车区、帐篷区、木屋区、野餐区、休闲健身区五大功能分区，引入国际房车露营协会五星标准，是北京最具人文精神的汽车营地。

3. 河南汝阳大虎岭户外运动基地

该乡村户外运动基地，可以进行越野汽车、摩托车、山地自行车、跑马、射箭、滑翔、滑草、徒步穿越、拓展、CS野战等多种户外活动，拥有摩托车全国超级越野公共赛基地和WRC世界汽车拉力锦标赛基地。

四、乡村庄园/酒店/会所

乡村庄园和乡村酒店在国外兴起较早。英国典型的乡村庄园，以田园诗般的城堡和村落著称。法国的香草庄园主要分布在地中海沿岸，因芳香浪漫而闻名世界。乡村庄园是以养生度假生活为突出特点的高端旅游业态，未来度假庄园可以成为引领乡村旅游升级发展的重要产品。乡村庄园将是代表中国农村今后发展的重要方向。庄园人生，是都市居民的追求。

1. 张裕爱斐堡国际酒庄

北京张裕爱斐堡国际酒庄，位于北京市密云县巨各庄镇，是由烟台张裕集团融合美国、意大利、葡萄牙等多国资本，占地1 500余亩，投资7亿余元，于2007年6月全力打造完成爱斐堡聘请前国际葡萄与葡萄酒局（OIV）主席罗伯特丁罗特先生为酒庄名誉庄主，参照OIV对全球顶级酒庄设定的标准体系，在全球首创了爱斐堡“四位一体”的经营模式：即在原有葡萄种植及葡萄酒酿造基础上配备了葡萄酒主题旅游、专业品鉴培训、休闲度假三大创新功能，开启了中国酒庄新时代。酒庄内还设有多个欧式建筑，乡村田园风格、中产阶级风格、乡绅风格、骑士风格，原版解读欧式风情，精雕细琢，塑造经典，让人回味无穷。

图 9-2　张裕爱斐堡国际酒庄

来源：http://www.b2bhs.com/news/show-1215.html

2. 北京蓝调薰衣草庄园——蓝调庄园

北京蓝调薰衣草庄园，又名：紫香漫境薰衣草庄园，蓝调庄园，位于朝阳区金盏乡楼梓庄，占地 1 200 亩，是北京壹度创意旅游策划的，目前开发的项目以农业文化创意产业为支承，以蓝莓、草莓等特色果蔬种植为基础。生产上，以蓝莓、草莓为主栽品种，并配合其他特色果蔬种植，已发展成为当地绿色地标；生态上，园区呈现的是原生态的田园景观，为崇尚自然，渴望田园生活的市民提供了一个休闲体验的空间。

图 9-3 蓝调庄园

来源：https://www.travelzoo.com/collections/things-to-do/

3. 香草庄园——上海青浦寻梦园

上海青浦寻梦园位于上海市青浦区朱家角镇星光村，一期占地约 26 公顷（400 亩），主要规划为香草种植、种苗销售及乡村观光休闲。目前园区已引进 200 多种香草品种，有百里香、迷迭香、鼠尾草、英国薄荷、罗勒等，并设有种苗基地，由留美归来的专家亲自指导、示范与培育。以薰衣草花海、七彩花丘为最大亮点，配合四季植栽，自春至秋，绿野连绵；花开时节，色彩斑斓、馥郁芬芳。寻梦园入口设有七道紫色彩虹状

图 9-4 上海青浦寻梦园

来源：http://www.sohu.com/a/80810237_349689

拱形门，即为“七情花径”。“七情”即代表人类的七种情感：爱、智慧、幸运、勇气、美丽、快乐、健康、满足、永恒。以代表七条不同情感的体验通道，采用不同品种的香草、精油及香氛激发不同的细腻情感体验，使游客借由色彩和芳香接受心灵的洗涤。

4. 山里寒舍乡村度假酒店

山里寒舍乡村度假酒店位于北京市密云县干峪沟村，长城脚下，自然生态资源丰富，在废弃的宅基地上改造建设近 30 套创意乡村民居，酒店外表保持乡村的原始生态特征，内部则是五星级精装修，管家式服务，自然清幽的山谷，奢华与朴素混搭，舒适和自然结合，将城市化的星级酒店享受与乡村自然宁静的生活自然融合。近 30 套院落，外部均保持着原有的古风古貌，木门、木窗、椽子、石磨呈现出时间的印记，内部则是传统古朴的装修风格，五星级的装修标准。木门木窗加衬双层钢化玻璃，青石铺地，安装地采暖设施以及采用麦秸秆取暖炉等。家具摆设中很多衣柜、备案桌子都是从村民手里淘来的老物件。精品厨卫配备，满足现代品质生活。荣获“2014 年中国最美休闲乡村”称号。

图 9-5　山里寒舍乡村度假酒店

来源：https：//tuan. ctrip. com/group/10254896. html

5. 广东梅县“雁南飞”围龙大酒店

梅州雁南飞围龙大酒店地处雁南飞茶田度假村内，临近桥溪古韵景区、叶剑英纪念园、雁鸣湖度假村，山水秀丽、清新的空气会让您心旷神怡。梅州雁南飞围龙大酒店所处景区总占地面积667公顷，是广东宝丽华集团有限公司投资开发，是一个融茶叶生产和旅游度假于一体的生态农业示范区和旅游景区。酒店拥有各类型客房，房间优美典雅，房内设施齐全，服务个性化、细致。同时，酒店配备茶室、桌球室、乒乓球室、网球场、健身室、按摩室等康乐设施，以完美体现客家文化和茶文化为内涵兴建了围龙食府、茶情阁、会议中心等完整的旅游度假及会议设施。此外，梅州雁南飞围龙大酒店赏心悦目的自然环境和园林艺术、传统与现代相得益彰的围龙屋建筑、精彩优美的客家歌舞和茶艺表演、多情的客家山水、可口的客家美食，让您流连忘返。

图 9-6　广东梅县“雁南飞”围龙大酒店

来源：http://www.mafengwo.cn/sales/2608117.html? cid=1030

6. 泰国清迈四季酒店——世界十大奢华酒店之一

清迈四季酒店位于MaeRim山谷的稻田中，由一大片兰纳王朝式样的建筑组成，离开清迈市区仅几分钟车程。世界级奢华度假酒店。清迈四季度假酒店提供64个优雅别致的阁楼，每个都带有一个隐秘的私人阳台，以及16间华丽的套房。每间客房和套房都仿造泰北家庭建筑装修风格，配有许多现代化的设施。清迈四季度假酒店 SalaMaeRim 餐厅专门提供给客人具有独特风味的泰国北方菜和素食，是来清迈旅游的最佳栖息之所。

图 9-7　泰国清迈四季酒店

来源：http：// www. dearisland. com/hotel/Details/321. html

五、乡村博物馆/艺术村

乡村博物馆：选定古民居、古村落、古街巷，进行保留、保护和维修利用，建成综合性、活态化的乡村博物馆。

乡村博物馆应做好保护和活化乡村历史文化，包括风情文化、建筑园林文化、姓氏文化、名人文化、饮食文化、茶酒文化、婚庆寿庆文化、耕读文化、节庆文化、民俗文化、宗教文化、作坊文化、中医文化等。

艺术村：为艺术家创作研究提供时间、空间支持，让艺术家进入一个充满鼓励和友谊的环境。在国外乡村艺术村很普遍，国内须大力发展。

1. 罗马尼亚海勒斯特勒乌公园乡村博物馆

一座介绍罗马尼亚农村建筑艺术、民间艺术和农民生活习俗的露天博物馆，是一个占地 10 公顷的大花园，展厅就是散布在其中 40 个院落中的 66 座乡村建筑。这些建筑包括房舍、教堂和作坊等，均是20世纪30年代从罗马尼亚各地农村搬迁过来的。乡村博物馆不仅是参观游览的好地方，也是民间歌舞演出和手工艺表演的好场所。博物馆每年都举办民间歌舞比赛和手工艺品制作比赛。

图9-8　罗马尼亚海勒斯特勒乌公园乡村博物馆

来源：https://www.guizhouhong.cn/article-104877.html

2. 贵州梭戛苗族生态博物馆

亚洲第一座民族文化生态博物馆，由中国和挪威合作建设，面积120千米^2，12个自然村寨，总人口5 000余人。

图9-9　贵州梭戛苗族生态博物馆

来源：http://www.sohu.com/a/195733719_247689

此外，还有山西许村国际艺术公社、浙江松阳沿坑岭头画家村、纽约格林尼治村、法国圣保罗艺术村等。

六、市民农园

市民农园又称社区支持农园，是指由农民提供耕地，农民帮助种植管理，由城市市民出资认购并参与耕作，其收获的产品为市民所有，期间体验享受农业劳动过程乐趣的一种生产经营形式和乡村旅游形式。

周末农夫是指居住在城市的白领来到农村租用农民的耕地，在田地里面种植自己喜欢的蔬菜，这些蔬菜平时主要由农夫照顾，社区居民可以根据自己的时间安排去自己的田里浇水、施肥、收获成果。目前国际上，市民农园、田间园艺流行，大有超过高尔夫的趋势。

1. 北京小毛驴市民农园

北京小毛驴市民农园占地 230 亩，2008 年 4 月，北京市海淀区苏家坨镇后沙涧村创立，是我国社区支持农业的典范。

2. 日本仙台园艺中心

仙台园艺中心位于日本东北宫城县仙台市，占地 600 亩，其中市民农园 50 亩，分为 399 块市民体验田，每块约 25 米^2，每年租金 15000 日元（约合人民币 700 多元），供不应求，需要摇号获取。

七、高科技农园/教育农园

高科技农园，立足农业优势产业，探索现代农业发展新路径，突出科技引领和示范带动，引进科技化和智能化项目，发展高科技农业。英国伊甸园是高科技农园的代表。

教育农园指经营者利用农业与农村资源，作为校外大自然教室，提供人们接近自然生态，参与农耕过程，体验农村生活，让人们实质地接触与了解农业生产、农村文化与生活，并经供求双方的互动互补，带动产业与教育发展的农业经营型态。

1. 上海崇明三岛现代农业园区

崇明现代农业园区位于崇明生态岛东北部，于 2000 年 8 月上海市人民政府批准建立的市级现代农业园区，规划总面积为 33 千米^2，是一块利用滩涂资源围垦起来的新生地，园区内自然环境洁净、土地肥沃、水、土、空气、土壤均达到国家一级标准，具备生产绿色食品、有机食品的最佳生态环境，因此 2004 年 8 月被农业部授予国家级绿色食品加工示范基地，崇明现代农业园区是一个综合性现代农业开发区。

图 9-10　上海崇明三岛现代农业园区

来源：http://blog.sina.com.cn/s/blog_7a85eab40100qo1j.html

2. 深圳太空作物园

深圳太空作物园建于 2004 年，占地面积 6 万米^2，培育太空植物 70 余种。植物种子经过太空技术改良之后，可能会变得更加优良。太空植物按培育方法不同主要分为大棚区和露天区，按作用分则可分为药用植物、观赏植物、食用植物。比如说车前草、藿香正气草属于药用植物，荷花、皇冠花属于观赏性植物，而蛇瓜、老鼠瓜、向日葵则是观赏、食用两用性植物。

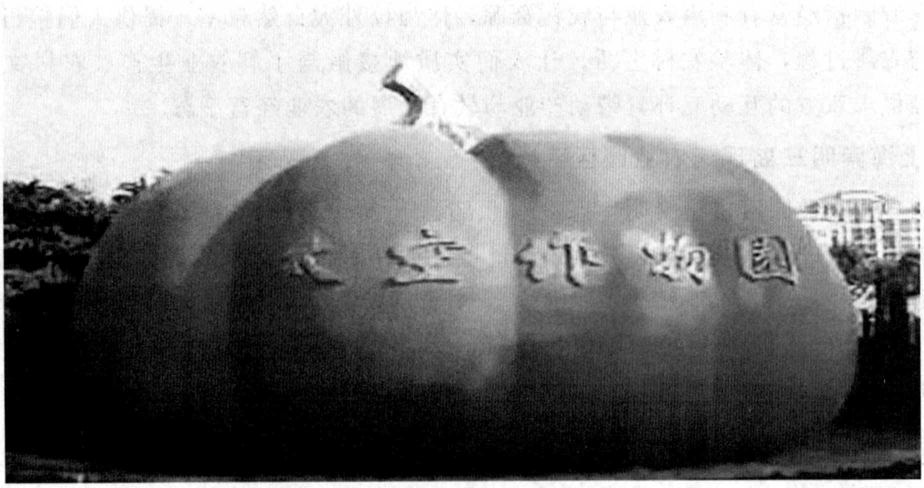

图 9-11　深圳太空作物园

来源：http://www.sohu.com/a/207843071_99933580

八、乡村民宿

乡村民宿是利用自用的住宅空闲房间，结合当地自然生态和人文环境，提供游客以住宿之处。不同于传统的饭店旅馆，可以没有豪华设施，但要让人体验当地的风情和民宿主人的热情。民宿发源于英国，后在中国台湾、日本发展迅速。现中国台湾民宿向精致化、豪华化、高价化、高服务化演进。民宿以特色和服务闻名，在设计上强调舒适、精致、创意、文化艺术，风格多样。民宿的类型，主要有农园民宿、传统建筑民宿、景观民宿、海景民宿、艺术文化民宿、运动民宿、乡村别墅、木屋别墅。

典型案例：山东滨州香坊王村——大地乡居作品

乡居是另一种生活，把闲置农宅改造设计，将乡村生态文化盘活，引进一种设计，引领时尚的乡土度假生活。

图 9-12　山东滨州香坊王村
来源：http://www.sohu.com/a/197599297_807161

九、洋家乐

洋家乐意指外国人办的农家乐。洋家乐崇尚回归自然、返璞归真，并坚持低碳环保理念。这些高端洋气的农家乐，受到了大量外国友人和都市白领的青睐，其中以莫干山裸心谷极具代表性。

典型案例：莫干山裸心谷

近年来，在浙江省德清县莫干山麓，由部分外籍人士创办的低碳旅游新业态——“洋家乐”正渐成风尚。

图 9-13 莫干山裸心谷

来源：http://m.sohu.com/a/223602895_799471

裸心谷位于浙江省莫干山，项目占地 400 亩，建筑用地 20 亩，坐落于私人山谷之中，四周环绕着大型水库、翠竹、茶林以及小村庄。其设有 121 间客房，分布于独栋树顶别墅及夯土小屋之中。裸心谷已成为获得 LEED 白金级可持续发展证书的度假村。

在裸心谷，有各种亲近自然的活动——徒步、山地自行车、骑马、射箭、露天泳池、露天剧场等，而城市中司空见惯的娱乐活动一概没有。

十、文化创意农园

文化创意农园是以农业为基础、以创意为中心，融合了文化教育、科技与创意产业的时尚农业园区。

1. 广西北海田园生态农业园：苗木十休闲娱乐

田野生态园空气清新、环境优美。走进田野，一望无际的土地犹如一幅美丽的风景画，葱郁盎然，色彩斑斓。名优花卉展示区内各类珍奇花卉竞相开放、娇艳浴滴；百果园里鲜嫩的亚热带水果挂满枝头；上万株热带树木郁郁葱葱、笔直挺立，绿色长廊、小桥流水、红花绿树、鸟语花香等形成了极具观赏性的生态美景，让人流连忘返。

图 9-14 广西北海田园生态农业园

来源：https://beihai.cncn.com/jingdian/beihaitianye/profile

2. 北京通州南瓜园：创意瓜果园

京南瓜园位于通州区于家务回族乡，距京津第二高速于家务出口仅 1 000 多米，距京津唐高速采育出口仅 5 公里，交通便利。园区充分利用现有自然资源，体现农业观光休闲特色。以农业休闲为主题的北京观光南瓜园占地 500 亩，是集南瓜观光、休闲娱乐、科普文化、餐饮宴会于一身的综合生态观光园。园区建有 12 000 米^2 的南瓜品种展示大棚，期间设计独具特色，山水环绕，有包含 280 多个品种的南瓜展示长廊，南瓜万圣广场，南瓜雕塑广场，蔬菜科普种植，在建的梦幻科技馆，各式各样奇形怪状的观赏南瓜，让游客仿佛进入了南瓜的童话艺术世界。温室内四季如春，气候宜人。园区内建有 20 栋的日光温室可供游客体验田园式生产种植蔬菜水果，实行开发与保护并举，运用生态学原理实施立体种植，形成资源再利用和良性生态循环，采摘园特聘请经验丰富的园艺师对作物进行种植管理，让游客在采摘的过程中尽享收获的喜悦，其中可采摘的品种有：各种南瓜、草莓、蓝莓、樱桃、杏、桃、李子、枣、西瓜、部分南方水果、特种蔬菜等。

图 9-15　北京通州南瓜园

来源：http://www.dianping.com/shop/2727961/photos? pg = 12

3. 浙江丽水农家乐综合体

农家乐综合体是指以乡村的资源环境为载体，以乡村的原有环境为基础，以乡村的特色产业和地域文化为支撑，以美丽乡村建设为切入口，以养生养老产业发展为契机，以创意文化和特色产业为核心吸引物，秉承“乡村生活”模式，为游客提供最佳乡村休闲度假、观光娱乐、体验劳作、科普教育、文化体验、养生养老、健康生活的第二生活空间，实现“吃、住、行、游、购、娱、养、育”八种功能要素的合理集聚，最终推动农村区域经济发展，带动农民增收致富，从而形成主题特色化、功能集聚化、业态多样化、乡村本质化、吸纳无界化的一种全新乡村旅游的实现载体和形式。

图 9-16　浙江丽水农家乐综合体

来源：http://blog.sina.com.cn/u/2036067332

参考文献

中文期刊：

[1] 毕会成．他们为什么不用节能灯[J]. 读书，2011(4).

[2] 申葆嘉．国外旅游研究进展[J]. 旅游学刊，1996，11(2).

[3] 曹诗图，鲁莉，荀志欣．对旅游异化问题的反思[J]. 武汉科技大学学报(社会科学版)，2008，10(3).

[4] 曹诗图．对“旅游”概念的进一步探讨——兼与王玉海教授等商榷[J]. 人文地理，2013，28(1).

[5] 曹兴平．文化绘图：文化乡村旅游社区参与及实践的新途径[J]. 旅游学刊，2012，27(12).

[6] 陈辰．近二十年国外乡村旅游研究进展[J]. 东南大学学报(哲学社会科学版)，2011(S1).

[7] 陈德广，苗长虹．基于旅游动机的旅游者聚类研究——以河南省开封市居民的国内旅游为例[J]. 旅游学刊，2006，21(6).

[8] 陈家琪．我们如何讲述过去？[J]. 读书，2014(2).

[9] 陈谨．可持续发展的乡村旅游经济四模式[J]. 求索，2011(3).

[10] 陈腊娇，冯利华，沈红．古村落旅游开发模式的比较——金华市诸葛八卦村和郭洞村实证研究[J]. 国土与自然资源研究，2005，(4).

[11] 陈南江．乡村旅游的主体、机制与路径[N]. 中国旅游报，2013-04-24. 第 11 版．

[12] 陈望衡，陈李波．自然性与文化性的统一[J]. 武汉大学学报(人文科学版)，2006(9).

[13] 陈望衡．华夏审美意识基因初探[J]. 华中师范大学学报(人文社会科学版)，2000，39(5).

[14] 陈望衡．农业景观的历史变迁：从农业社会、工业社会到后工业社会[J]. 河南社会科学，2007(4).

[15] 陈望衡．一种崭新的农业理念——农业美学[J]. 湖南社会科学，2004(3).

[16] 陈文君．我国现代乡村旅游深层次开发探讨[J]. 广州大学学报(社会科学版)，2003(3).

[17] 戴斌，周晓歌，梁壮平．中国与国外乡村旅游发展模式比较研究[J]. 北京第二外国语

学院学报,2006(1).
[18] 戴斌. 源于乡村 而归于农民——在2011中国·成都乡村旅游论坛上的主题演讲[OE/BL]. 旅游_中国网 2011-04-03.
[19] 杜维明. 中国成为文化大国之首要[J]. 人民论坛,2012(6).
[20] 杜江,向萍. 关于乡村旅游可持续发展的思考[J]. 旅游学刊,1999,14(1).
[21] 杜娟,张红,白凯. 基于"推—拉"理论的西安农家乐旅游者动机实证分析[J]. 北京第二外国语学院学报,2008(5).
[22] Erik Holm-Petersen,张殿恩 译. 乡村旅游与小城镇发展[J]. 旅游学刊,2011,26(12).
[23] 范家驹,孙大明. 关于优化旅游规划的理论思考——参加编制海南省旅游发展规划大纲的体会[J]. 旅游学刊,1995,10(3).
[24] 范钧,邱宏亮,吴雪飞. 旅游地意象、地方依恋与旅游者环境责任行为[J]. 旅游学刊,2014,29(1).
[25] 范能船. 近十年来旅游文化研究评述[J]. 锦州师院学报,1991(3).
[26] 房士林. 关于当代中国乡村旅游的几点讨论[J]. 江苏大学学报(社会科学版),2012,14(3).
[27] 费孝通. 人类学与21世纪[A]. 费孝通九十新语[C]. 重庆:重庆出版社,2005.
[28] 冯乃康. 中国旅游文学论稿[M]. 北京:旅游教育出版社,1995.
[29] 高建平. 消费主义时代的生产主义[J]. 读书,2013(3).
[30] 郭凌. 乡村旅游开发与文化空间生产——基于对三圣乡红砂村的个案研究[J]. 社会科学家,2014(4).
[31] 国家旅游局. 全国乡村旅游现场会材料汇编. 2006.
[32] 国家旅游局信息中心. 全国旅游扶贫工作综述[OE/BL]. 2014-10-17.
[33] 韩劼. 我国乡村旅游产业组织模式分类与比较[J]. 商业文化(学术版),2009(10).
[34] 韩笑. 国内外乡村旅游开发模式对比研究[J]. 改革与战略,2011,27(9).
[35] 何怀远."生产主义"概念的多种语境及其义域[J]. 河北学刊,2004,24(5).
[36] 何景明,李立华. 关于"乡村旅游"概念的探讨[J]. 西南师范大学学报(人文社会科学版),2002(5).
[37] 何景明. 成都市"农家乐"演变的案例研究[J]. 旅游学刊,2005,20(6).
[38] 何景明. 城乡统筹背景下旅游发展的思考[J]. 旅游学刊,2011,26(11).
[39] 何景明. 国外乡村旅游研究述评[J]. 旅游学刊,2003,18(1).
[40] 何中华. 当代中国文化的难题及其出路[J]. 天津社会科学,1996(4).
[41] 贺勇,孙炜玮,马灵燕. 乡村建造,作为一种观念与方法[J]. 建筑学报,2011(4).
[42] 贺照田. 当代中国精神伦理问题[J]. 读书,2014,(7).
[43] 侯晓丽,董锁成,贾若祥. 旅游规划整合——对"大旅游"内涵的再认识[J]. 旅游学刊,2005,20(4).

[44] 胡敏．我国乡村旅游专业合作组织的发展和转型——兼论乡村旅游发展模式的升级[J]．旅游学刊，2009，24(2)．
[45] 黄晨晨．后现代主义视角下旅游目的地选择行为的解读[J]．旅游学刊，2014，29(7)．
[46] 黄成林．乡村旅游发展若干问题研究[J]．安徽师范大学学报(自然科学版)，2006(4)．
[47] 黄洁．从“乡土情结”角度谈乡村旅游开发[J]．思想战线，2003，29(5)．
[48] 黄向，保继刚，Wall Geoffrey．场所依赖(place attachment)：一种游憩行为现象的研究框架[J]．旅游学刊，2006，21(9)．
[49] 黄郁成，黄光文．论农村旅游开发的资源凭借[J]．旅游学刊，2003，18(2)．
[50] 基辛[R. Keesing] 著，张恭启等译．人类学与当代世界[M]．台北：巨流图书公司，1991．
[51] 江立华，陈文超．传统文化与现代乡村旅游发展[J]．湖北大学学报(哲社版)，2010，37(1)．
[52] 康来云．乡土情结与土地价值观——改革开放30年来中国农村土地的历史变迁[J]．河南社会科学，2009，17(5)．
[53] 雷鸣，叶全良．日本乡村旅游发展的路径与启示[J]．亚太经济，2008(5)．
[54] 雷启立．坚持一种可能[J]．读书，2004(1)．
[55] 李红珍．弗洛姆人性异化论新探[J]．东南学术，2013(3)．
[56] 李承嘉．行动者网络理论应用于乡村发展之研究：以九份聚落1895—1945年发展为例[J]．台湾地理学报，2005(39)．
[57] 李建军，陈清．建立一个大旅游体系：番禺旅游发展规划的思考[J]．华南建设学院西院学报，1999，7(3)．
[58] 李开宇．基于“乡村性”的乡村旅游及其社会意义[J]．生产力研究，2005(6)．
[59] 李立华．论中国旅游可持续发展的规划策略[J]．山地学报，2000，18(1)．
[60] 李鹏杨，桂华．社区参与旅游发展中公平与效率问题研究——以云南梅里雪山雨崩藏族村为例[J]．林业经济，2010(8)．
[61] 李星群．乡村旅游经营实体创业影响因素研究[J]．旅游学刊，2008，23(1)．
[62] 李智．试论美国的文化外交：软权力的运用[J]．太平洋学报，2004(2)．
[63] 梁德阔，王邦虎．世界遗产地西递、宏村经营管理体制探索[J]．合肥学院学报(社会科学版)，2005，22(1)．
[64] 梁漱溟．乡村建设理论[M]．上海：上海人民出版社，2006．
[65] 林继中．试论盛唐田园诗的心理依据[J]．文史哲，1989(4)．
[66] 林宗贤，吕文博，吴荣华，莫晓杜．乡村旅游创业动机的性别差异研究——以台湾为例[J]．旅游学刊，2013，28(5)．
[67] 刘滨谊，王云才．论中国乡村景观评价的理论基础与指标体系[J]．中国园林，2002(5)．

[68] 刘方．中国美学的基本精神及其现代意义[M]．成都：巴蜀书社，2003.
[69] 刘海鸿．乡村旅游：国外的理论与实践对中国的启示[J]．经济问题，2007(7).
[70] 刘红艳．关于乡村旅游内涵之思考[J]．西华师范大学学报(哲学社会科学版)，2005(2).
[71] 刘军．"中国模式"——有耶无耶，是耶非耶？[J]．读书，2013(3).
[72] 刘铁芳．乡村的终结与乡村教育的文化缺失[J]．书屋，2006(10).
[73] 刘英杰，王伟伟．乡村旅游概念体系的新思考[J]．理论界，2006(4).
[74] 龙花楼，邹健．我国快速城镇化进程中的乡村转型发展[J]．苏州大学学报(哲学社会科学版)，2011，32(4).
[75] 龙梅，张扬．民族村寨社区参与旅游发展的扶贫效应研究[J]．农业经济，2014(5).
[76] 吕军，张立明．中外乡村旅游研究的比较[J]．国土与自然资源研究，2005(2).
[77] 栾轶玫．异化理论与媒介批判[J]．国际新闻界，2003(3).
[78] 罗长海．关于形象五层含义的哲学思考[J]．社会科学辑刊，2002(3).
[79] 罗芬，方妮，周琴．内生式乡村旅游发展中的行动者解读研究——以长沙市桃花岭村"农家乐"为例[J]．中南林业科技大学学报(社会科学版)，2012(6).
[80] 罗钢．消费文化读本[M]．南京：南京大学出版社，2002.
[81] 罗许伍．略论乡村旅游组织模式的而选择[J]．江西农业学报，2010，(4).
[82] 马波．乡村的力量　乡民的立场[J]．旅游学刊，2011，26(10).
[83] 马耀峰，白凯．基于人学和系统论的旅游本质的探讨[J]．旅游科学，2007(3).
[84] 马勇．基于产业融合的乡村旅游全价值链体系构建研究[J]．武汉轻工大学学报，2014，33(2).
[85] 孟二冬．中国文学中的"乌托邦"理想[J]．北京大学学报(哲学社会科学版)，2005(1).
[86] 彭兆荣．旅游人类学视野下的"乡村旅游"[J]．广西民族学院学报(哲学社会科学版)，2005，27(4).
[87] 乔力，李茂民．"大旅游"概念与21世纪旅游业的发展[J]．山东社会科学，2000(5).
[88] 邱洁威．旅游在统筹城乡文化建设中的价值[J]．旅游学刊，2011，26(12).
[89] 阮洛瑶．旅游开发与民族文化传承[J]．经济与社会发展，2004，2(6).
[90] 单福彬，周静．基于产业价值体系的乡村旅游产业升级路径分析[J]．贵州农业科学，2014，42(7).
[91] 单文君，王婉飞．乡村旅游产业组织模式的有效性研究——基于交易费用理论视角[J]．浙江树人大学学报，2013，13(4).
[92] 申葆嘉．《国外旅游研究进展》撰后记[J]．旅游学刊，1996，11(5).

英文期刊：

[1] Arie Reichel，Oded Lowengart，Ady Milman. Rural tourism in Israel：service quality and

orientation [J]. Tourism Management 21 (2000).

[2] Nilsson P A. Staying On Farms ——An Ideological Background [J]. Annals of Tourism Research, 2002, 29(1).

[3] Ryan C. Equity, management, power sharing and sustainability-issues of the "new tourism"[J]. Tourism Management, 2002, 23(1).

[4] Sharpley Richard(2003). Rural Tourism and Sustainability——A Critique[M]. in Derek Hall, Lesley Roberts and Morag Mitchell(eds), New Directions in Rural Tourism, New Directions in Rural Tourism, Ashgate.

[5] Walmsley, D. J., 2003, Rural Tourism: a case of lifes tyleled opportunities. Australian Geographer, (1).

[6] Getz D, Carlsen J. Characteristics and goals of family and owneroperated businesses in the rural tourism and hospitality sectors [J]. Tourism Management, 2000, 21(6).

[7] Walmsley, D. J. Rural Tourism: a case of lifes tyleled opportunities[J]. Australian Geographer, 2003(1).

[8] Getz D, Carlsen J. Characteristics and goals of family and owneroperated businesses in the rural tourism and hospitality sectors [J]. Tourism Management, 2000, 21(6).

[9] Aliza Fleicher, Daniel Felsenstein. Support for rural tourism: does it make a difference [J]. Annals of Tourism Research, 2000, 27(4).

[10] Tosun C. Limits to community participation in the tourism development process in developing countries[J]. Tourism Management, 2000, 21(6).

[11] Fleischer A, Pizama. Rural Tourism in Israel[J]. Tourism Management, 1997, 18(6).

[12] N. Gmcgehee, Kyunggmi Kim. Motivation for agri-tourism entrepreneurship[J]. Journal of Travel Research, 2004, 43(2).

[13] Ateljevic I, Doorne S. Staying within the fence: Lifestyle entrepreneurship in tourism [J]. Journal of Sustainable Tourism, 2000, 8(5).

[14] Smith W L. Goals and characteristics of family-owned small businesses: An international replication and comparison between Middle America and Western Australia hospitality providers [J]. International Journal of Management and Enterprise Development, 2006, 3(3).

[15] Getz D, Carlsen J. Characteristics and goals of family and owneroperated businesses in the rural tourism and hospitality sectors [J]. Tourism Management, 2000, 21(6).

[16] Walmsley, D. J. Rural Tourism: a case of lifes tyleled opportunities. [J]. Australian Geographer, 2003(1).

[17] Walmsley, D. J. Rural Tourism: a case of lifes tyleled opportunities. Australian Geographer, 2003(1).

[18] Reichel Arie, Lowengart Oded, Milamn Ady. Rural tourism in Israel: service quality and orientation[J]. Tourism Management, 2000, 21(5).

中文著作：

[1] 保继刚．旅游地理学[M]. 北京：高等教育出版社，1993.
[2] 保继刚，楚义芳．旅游地理学[M]. 北京：高等教育出版社，1999.
[3] 保继刚，王宁，马波，著．旅游学纵横：学界五人对话录[M]. 北京：旅游教育出版社，2013.
[4] 比尔•麦克基本. 自然的终结[M]. 长春：吉林人民出版社，2000.
[5] 蔡碧凡，夏盛民，俞益武．乡村旅游开发与管理[M]. 北京：中国林业出版社，2007.
[6] 常若松．人类心灵的神话：荣格的分析心理学[M]. 武汉：湖北教育出版社，2001.
[7] 陈福义，范保宁．中国旅游资源学[M]. 北京：中国旅游出版社，2003.
[8] 陈寅恪．金明馆丛稿初编[M]. 上海：上海古籍出版社，1980.
[9] 崔功豪，魏清泉，刘科伟．区域分析与区域规划[M]. 北京：高等教育出版社，2006.
[10] 戴斌，杜江. 旅行社管理[M]. 北京：高等教育出版社，2004.
[11] 邓观利．旅游概论[M]. 天津：天津人民出版社，1983.
[12] 杜维明．文明的冲突与对话[M]. 长沙：湖南大学出版社，2001.
[13] 费孝通．进入 21 世纪时的回顾和前瞻[A]. 费孝通九十新语[C]. 重庆：重庆出版社，2005.
[14] 费孝通．土地里长出来的文化•费孝通文集(第四卷)[M]. 北京：群言出版社，1999.
[15] 费孝通．乡土中国[M]. 北京：人民出版社，2010.
[16] 费孝通．重建社会学与人类学经过的回顾与体会[A]. 费孝通．师承•补课•治学[C]. 天津：天津人民出版社，1985.
[17] 冯乃康．中国旅游文学论稿[M]. 北京：旅游教育出版社，1995.
[18] 傅文伟．旅游资源评估与开发[N]. 杭州：杭州大学出版社，l994，142-158.
[19] 辜鸿铭．中国人的精神[M]. 海口：海口出版社，1996.
[20] 郭焕成．乡村旅游理论研究与案例实践[M]. 北京：中国建筑工业出版社，2010.
[21] 何丽芳．乡村旅游与传统文化[M]. 北京：地震出版社，2006.
[22] 黄郁成．乡村旅游 [M]. 北京：中国大百科全书出版社出版，2006.
[23] [美] 黄宗智．华北的小农经济与社会变迁[M]. 北京：中华书局，2000.
[24] 基辛．人类学与当代世界[M]. 张恭启，等译．台北：巨流图书公司，1991.
[25] 季羡林．人生絮语[M]. 杭州：浙江人民出版社，1996.
[26] 李天元．中国旅游可持续发展研究[M]. 天津：南开大学出版社，2004.
[27] 海德格尔．技术的追问[M]. 李小兵等译，北京：东方出版社，1995.
[28] 林善炜．中国经济结构调整战略[M]. 北京：中国社会科学出版社，2003.

[29] 刘茂松,张明娟．景观生态学——原理与方法[M]. 北京:化学工业出版社,2004.
[30] 楼嘉军．旅行社经营管理[M]. 上海:立信会计出版社,2003.
[31] 鲁枢元．生态文艺学[M]. 西安:陕西人民教育出版社,2000.
[32] 罗钢．消费文化读本[M]. 南京:南京大学出版社,2002.
[33] 骆高远,吴攀升,马骏．旅游资源学[M]. 杭州:浙江大学出版社,2006.
[34] 马波．现代旅游文化学[M]. 青岛:青岛出版社,1998.
[35] 马建民．旅游心理学[M]. 北京:中国商业出版社,2003.
[36] 马克思,恩格斯．马克思恩格斯全集(第25卷)[M]. 北京:人民出版社,1974.
[37] 马克思,恩格斯．马克思恩格斯选集(第四卷)[M]. 北京:人民出版社,1995.
[38] 农业部规划组．社会主义新农村建设示范村规划汇编[M]. 北京:中国农业出版社,2006.
[39] 钱理群,等．二十世纪中国文学三人谈·漫说文化[M]. 北京:北京大学出版社,2004.
[40] 秦启文,周永康．形象学导论[M]. 北京:社会科学文献出版社,2004.
[41] 世界旅游组织．旅游业可持续发展——地方旅游规划指南[M]. 北京:旅游教育出版社,1997.
[42] 宋戈．中国城镇化过程中土地利用问题研究[M]. 北京:中国农业出版社,2005.
[43] 唐代剑,池静．中国乡村旅游开发与管理[M]. 杭州:浙江大学出版社,2005.
[44] 陶玉霞,等．乡村旅游建构与发展研究[M]. 北京:经济日报出版社,2009.
[45] 王云才．乡村景观旅游规划设计的理论和实践[M]. 北京:科学出版社,2004.
[46] 王云才．现代乡村景观旅游规划设计[M]. 青岛:青岛出版社,2003.
[47] 维克多·密德尔敦著,向萍等译．旅游锗销学[M]. 北京:中国旅游出版社,2001.
[48] 夏林根．乡村旅游概论[M]. 上海:东方出版中心,2007.
[49] 肖星,严江平．旅游资源与开发[M]. 北京:中国旅游出版社,2000.
[50] 谢彦君．基础旅游学[M]. 北京:中国旅游出版社,2004.
[51] 杨桂华．生态旅游景区开发[M]. 北京:科学出版社,2004.
[52] 杨敏,等．乡村旅游[M]. 昆明:云南科学技术出版社,2007.
[53] 张建春．生态旅游研究[M]. 杭州:杭州出版社,2007.
[54] 郑杭生．社会学概论新修[M]. 北京:中国人民大学出版社,1993.
[55] 周进步．中国旅游地理[M]. 杭州:浙江人民出版社,1985.
[56] 耿红莉．休闲农业与乡村旅游发展理论和实务．北京:中国建筑工业出版社,2015.
[57] 章继刚．创意农业学[M]. 成都:四川科技出版社 2011.

英文著作:

[1] Bennett J. Further remarks on fosters' " image of limited good ", American Anthropologist, 1966, 68(1): 206-210.

[2] Bourdieu, Pearce. Handbook of Theory and Research for the Sociology of Education. Greenwood Press, 1986.

[3] Cevat Tosun. Root of unsustainable tourism development at the local level: the case of Urgup in Turkey. Tourism management, 1998,19(6):595-610.

[4] Coleman J. S.. Foundation of Social Theory. Cambridge: Belknap Press of Harvard University Press, 1990.

[5] David B. Weaver. Magnitude of ecotourism in costa Riea and Kenya[J]. Annals of Tourism Researeh, 1999:792-816.

[6] Donald Getz, Jack Carisen. Family business in tourism: state of the art. Annals of Tourism Research, 2005,32(1):237-258.

[7] European Commission. Green Paper: Entrepreneurship in Europr. Commission of the European Communities, Brussels. 2003.

[8] Fleiseher A., Pizam A.. Rural tourism in Israel=Jl, Tourism Management, 1997,18(6): 367-372.

[9] Fuller A. M.. Farm part-time farming to pluriactivity: a decade of change inrural Europe. Journal of Rural Studies, 990,6(4):361-373.

[10] Geoffiey Wall. Sustainable Development, Sustainable Tourism and Sustainable Livelihood, the 2007 International Tourism Biennial in Qanakkele, Turkey.

[11] Gry Agnete Alsos, Elisabet Ljunggren and Liv Toril Pettersen. Farm-based entrepreneure: what triggers the start-up of new business activities? . Journal of Small Bussiness and Enterprise Development, 2003,10(4):435-443.

[12] Holden A. In Need of New Environmental Ethics for Tourism [J]. Annals of Tourism Research, 2003,30(1):94-108.

[13] Hui Wang, Zhaoping Yang, Li Chen, Jingjing Yang , Rui Li. Minority community participation in tourism: A case of Kanas Tuva villages in Xinjiang, China, Tourism Management, 2010,31 (6) :759-764.

[14] Inskeep E. Tourism Planning An Integrated and Sustainable Development Approach [M]. US: Van Nostrand Reinhold ,1991.

[15] Kneafsey M. Rural Cultural Eeonomy Tourismand Soeial Relations[J]. Annals of Tourism Researeh, 2001,28(3).

[16] Lane B, Bramwell B. Rural Tourism and Sustainable Rural Development . UK: Channel View Publications. 1994.

[17] LiYang, etc. ETHNIC TOURISM DEVELOPMENT: Chinese Government Perspectives, Annals of Tourism Research, 2006,35(3): 751-771.

[18] Marit, S. and HaugenJ. V. Farmers as entrepreneurs: the case of farm-based

tourism. International Journal of Entrepreneurship and Small Business, 2008, 6 (3): 321-336.

[19] O Nelson Graburn. The A nth ropo logy of Tourism[J]. A nnals of Tourism Research, 1983 (1).

[20] Paul Jason Howard. Tourism Development in Ethnic Areas of Southern China, Griffith University, Doctoral Dissertation, 2006.

[21] Philip Feifan Xie. Managing Aboriginal Tourism in Hainan, China Government Perspectives. Annals of Leisure Research, 2003(6):278-299.

[22] Rodrigo de Azeredo Grunewald. Tourism and ethnicity. Horizontes Antropologicos, Porto Alegre, 2003, 20(9):141-159

[23] Sharpley Richard(2003). Rural Tourism and Sustainability—A Critique. in Derek Hall, Lesley Roberts and Morag Mitchell(eds), New Directions in Rural Tourism, New Directions in Rural Tourism, Ashgate.

[24] Sung Jin Kim and Hyun Kim. Promotion Measures For Green Tourism. Seoul, Korea Culture and Tourism Poliey Institute, 2002, 26(5):6-43.

[25] Teresa C. H., Wall, G.. Tourism as a sustainable livelihood strategy. Tourism Management, 2009 (30): 90-98.

[26] Turgut Var: Sustainable Tourism Development, Annals of Tourism Research, Vol. 18. No. 2. 1991.

[27] Walker, J., etc. Livelihood strategy approach to community-based planningand assessment: a case study of Molas, Indonesia. Impact Assessment and Project Appraisal, 2001, 19(4): 297-309.

[28] Williams J., Lawson R.. Community Issuesand Resident OPinions of Tourism. Annals of Tourism Research, 2001, 28(2):26.